마케터,
마케팅을
말하다

마케터, 마케팅을 말하다

K-마케팅포럼 **지음**

구자룡

유희복　　유성덕

황부영　　한석주　　임석빈

백성순　　노진경　　인덕수　　이은성

김태욱　　정진혁　　함기수　　전철호

김종원　　황순영

최흥식

17인의 마케팅 전문가가 전하는 마케팅 이야기

이노다임북스
Innodigm Books

마케팅 고수들의 권법은
어떻게 다를까

K-마케팅포럼은 한국생산성본부에서 마케팅 부문 강의를 하는 교수님들의 모임입니다.

더 좋은 마케팅 지식의 전달과 올바른 마케팅 업무의 향상을 목적으로 2010년 3월 26일 창립되어 10년째를 맞이하였습니다.

매달 한 번씩 정기 세미나를 통해 지식을 공유하고 의견을 나눕니다. 2년 임기의 회장이 대표가 되어 돌아가면서 운영을 하며, 2019년부터는 본인이 다섯 번째 회장을 맡게 되었습니다. 올바른 마케팅의 정립과 지식 전달에 더욱 힘쓰고 있습니다.

K-마케팅포럼의 교수님들은 모두 전문가입니다. 오랜 기간 실무와 강의 경력을 쌓아 오셨지요. 마케팅의 고수들입니다. 궁금했습니다. 다들 인정받는 전문가인데 마케팅에 대한 생각이 어떻게 다를까? 마치 무림의 무술 고수들처럼 각각의 권법에 차이가 있을까? 마케팅 권법을 알고 싶었습니다. 그래서 마케팅에 대한 자신의 생각을 에세이 형식으로 원고 작성을 요청하여 함께 책을 내기로 하였습니다.

마케팅이란 무엇일까? 먼저 마케팅에 대해 정리해 보지요. 참 궁금합니다. 많은 마케터들이 다양한 정의를 이야기하고 있고, 시대의 흐름에 따라 마케팅의 의미도 변화를 하였습니다.

마케팅의 정의로서 중요한 키워드를 이야기해 봅니다.

첫째는 고객입니다. 선택과 결정의 주체로서 고객은 기업들이 최우선적으로 고려해야 할 존재입니다. 기업이 만들어서가 아니라 고객이 선택했기 때문에 제품이 팔리는 것입니다. 고객을 존중하는 마케팅이 기업을 성공하게 합니다.

둘째는 욕구입니다. 고객 마음속의 욕구라는 존재 때문에 고객은 아까운 돈을 지불합니다. 자신의 부족함을 채우려고, 더 좋은 곳을 향하려는 욕심으로 돈을 내고 제품을 구입하는 것입니다. 이 욕구의 본질을 끊임없이 추적하고 연구하는 기업이 결국 성공합니다.

셋째는 가치입니다. 고객이 원하는 것을 받을 때 기분 좋게 느끼는 것이 가치입니다. 기업이 잘 만들어서가 아닌 고객이 받아들이는 관점에서 보아야 합니다. 아무리 애써서 잘 만들었다고 해도 고객이 느끼지 못하면 좋은 것이 아닙니다. 기분 좋게 느끼는 것을 만족이라고 합니다.

넷째는 관계입니다. 마케팅이 일회성이고 단발성이면 기업은 참 피곤합니다. 매번 고객에게 알려야 하고 내 제품이 좋다고 설득해야 합니다. 마치 연애처럼 언제나 좋을 수는 없지요. 가끔은 다투고 관계가 아슬아슬해지기도 합니다. 그러다 끊어지기도 하지요. 기업은 고객과 결혼해야 합니다. 영원한 관계를 맺도록 해야 합니다. 물론 이혼은 절대 안 됩니다. CRM의 본질이 기업과 고객과의 영원하고 지속적인 관계성이라는 점을 생각해 봅시다.

다섯째는 수익입니다. 결국 기업이 바라는 것은 '돈'입니다. 돈을 벌기 위해 탄생한 존재가 기업입니다. 그런데 돈을 목적으로 하는 마케팅은 하수입니다. 조선 후기에 임상옥이라는 거상이 계셨지요. 그분이 이런 말을 남겼습니다. "진짜 장사꾼은 돈을 남기는 것이 아니여, 사람을 남기는 것이지." 친구가 되는 고객이 많아지면 돈은 저절로 쑤욱 하고 들어옵니다.

마케팅의 다양한 정의가 존재하듯이 마케팅과 호흡하며 살아온 분들의 생각의 자락을 펼쳐 보고 싶었습니다. 각자 어느 부분에 집중하고 있을까? 무엇을 중요하게 생각할까? 자유롭게 주제를 정하였는데 17명의 원고는 참 신기하게도 중복된 내용이 없었습니다. 처음부터 어떤 지침도 없이 마케팅에 대한 자신의 생각을 그대로 표현하기로 하였는데 말이지요. 각자가 갖고 있는 고수의 비법이 따로 있는 것 같습니다.

열일곱 분 교수님들의 마케팅 권법을 즐겁게 감상하시길 바랍니다.

2019년 10월
임석빈

CONTENTS

마케팅의 실행은 열정과 프로세스

마케팅의 성공에는 스토리가 있다

PART
4

글로벌 시대, 마케팅이 해답이다

PART 5

알아 두면 쓸모 있는 마케팅 팁

마케팅의 시작은
고객에 대한
통찰력에서부터

1장

본질을 꿰뚫는
마케팅을 하라

경영 구루인 피터 드러커(Peter Drucker)는 사업의 목적을 고객 창출이라고 했습니다. 그렇다면 마케팅의 목적은 무엇일까요? 마케팅의 목적은 고객 창출에서 좀 더 구체적으로 고객 가치의 창출이라고 생각합니다. 고객 가치의 창출을 위해서는 마케팅의 본질을 꿰뚫는 통찰이 필요합니다. 특히 디지털 중심, 데이터 기반으로 비즈니스 환경이 변하는 지금 마켓 센싱(market sensing)과 마케팅 통찰력(marketing insight)은 그 어느 때보다도 마케터가 갖추어야 할 중요한 역량이 되고 있습니다.

1.
왜 마케팅에 사활을 걸어야 할까?

기업 경영의 기본적인 기능은 마케팅과 혁신입니다. 시장에서 혁신을 하지 못하면 지속 성장을 할 수 없고, 제대로 마케팅을 하지 못하면 생존이 불가능합니다. 마케팅에 사활을 걸 수밖에 없는 것입니다. 이렇듯 너무나 중요한 마케팅을 함부로 아무에게나 맡길 수 없습니다. 그래서 전문성과 경험을 갖춘 마케터가 필요하고, 마케터는 마케팅의 본질을 꿰뚫어 볼 수 있는 눈이 있어야 합니다.

(1) 마케팅의 본질은 가치 창출이다

마케팅의 본질은 무엇일까요? 최근에 매출 6천억 원 규모의 한 아웃도어 기업에 근무하는 마케팅 팀장으로부터 "북한산에서 홍보성 이벤트를 진행하고 그 결과를 사장님께 보고했어요. 그런데 사장님께서 그 행사로 인해 추가 매출이 어느 정도 발생했는지를 질문했습니다. 어떻게 답변해야 할지 몰라 답답했습니다."라는 하소연을 들었습니다. 그 사장은 마케팅 행사를 했으니 당연히 매출이 올라갔을 것이라고 가정하고 질문한 것으로 생각됩니다. 마케팅을 영업이나 판매 촉진과 구분하지 못한 것은 아닐까요?

영업이나 판매 촉진의 목적은 당연히 매출 증가입니다. 영업이나 판매 촉진 활동을 포함하여 전반적인 브랜드 활동을 총체적으로 기획하는 마케팅 역시 매출 증가를 추구하는데 이는 목적이 아니라 결과인 것입니다. 즉, 마케팅의 본질은 매출 증가가 아니라 가치 창출이며, 가치 창출 활동으로 얻어진 결과가 매출 상승으로 나타나야 합니다. 따라서 마케팅 활동에 따른 결과는 단기적으로는 매출 증가가, 장기적으로는 브랜드 가치 향상이 되어야 합니다.

마케팅은 기업과 고객 사이에서 고객의 가치를 창출하기 위한 기획과 전략을 바탕으로 제품과 서비스를 통해 고객이 원하는 편익을 제공함으로써 가치를 창출하는 과정입니다. 여기서 가치는 고객이 지불하는 가격과 다르게 고객이 얻고자 하는 그 무엇을 말합니다. 가격은 생산자가 받고 싶은 것이라면 가치는 고객이 얻고 싶은 것을 말합니다. 고객이 얻고 싶은 것을 제공함으로써 고객은 가치를 느끼며 그에 대한 반대급부로 가격을 지불하는 것입니다. 고객이 지불한 금액에 대비하여 만족한다면 대체로 재구매를 할 것이고 주변 사람들에게 추천을 하고 또 좋은 구전을 일으킬 것입니다.

이런 고객들이 많아지면 기업은 자연스럽게 추가적인 마케팅 비용 부담 없이 지속적인 판매를 할 수 있기 때문에 이윤이 상승하게 됩니다. 그러면 종업원들도 더 많은 성과급으로 더 큰 만족을 얻게 되고 결과적으로 기업의 가치도 높아지면서 궁극적으로 브랜드 가치도 높아집니다. 즉 마케팅은 고객의 가치를 창출함으로써 강력한 브랜드를 만들어 지속가능 경영을 가능하게 하는 활동입니다. 착한 마케팅, 진정성 있는 마케팅이 우리 사회를 보다 아름답고 가치 있게 만들고 있습니다.

(2) 트렌드 분석의 본질은 새로운 기회를 찾는 것이다

시장의 변화, 고객의 변화, 사업의 변화를 파악하고자 하는 욕구는 사업을 하거나 기획 업무를 하는 모든 사람들의 관심사입니다. 트렌드를 잘 파악하면 신사업이나 신제품 개발을 통해 새로운 시장을 만들 수 있습니다. 그것도 시장을 리드하는 선발자로 독점적 지위를 상당 기간 유지할 수 있는 멋진 일이 됩니다. 이런 트렌드를 남들이 알기 이전에 나만 알아야 의미가 있습니다. 공개된 트렌드는 트렌드일 뿐 사업 기회가 될 나만의 트렌드 파악이라고 할 수 없습니다.

일반적으로 트렌드는 유행이나 경향, 추세를 말합니다. 소비자 입장에서는 유행을 따라가는 소비를 하는 것이 어쩌면 당연합니다. 시대에 앞서간다는 의식 역시 소비의 중요한 가치 중 하나이기 때문입니다. 그러나 사업가나 마케터 입장에서 본다면, 유행이 되고 있는 것은 이미 수많은 사업자들이 시장에 진입해 있다는 반증입니다. 이미 메가트렌드가 된 것입니다. 그만큼 시장에서 기회가 아니라 위기가 곧 도래할 가능성이 높습니다. 유행을 쫓아가는 것이 아니라 유행을 창출할 수 있어야 한다는 말은 성공 비즈니스의 오래된 금언입니다. 이제 유행이 아니라 진정한 트렌드에 대해 고민해 볼 필요가 있습니다.

비즈니스 차원에서 트렌드란 유행이 아니라 '예측'이 되어야 합니다. 물론 미래를 예측하는 것은 어려운 일입니다. 예측의 정확도 역시 매우 낮을 가능성이 높습니다. 그렇지만 트렌드는 기본적으로 사람에 대한 것입니다. 사람들은 흔적을 남깁니다. 흔적 같지 않은 흔적을 찾아 그 흔적이 유행이 될지 알아내는 것이 중요합니다.

예를 들면, '언택트 기술'이라는 것이 있습니다. 언택트는 접촉을 의미하는 '콘택트(contact)'에 부정의 뜻인 '언(un)'을 조합한 신조어로, 소비자와의 대면 접촉을 최소화하거나 비대면으로 관련 기기를 사용하는 경우를 말합니다. 그런데 이런 언택트 기술을 이용한 비대면 비즈니스를 우리는 지금이 아니라 이미 10여 년 전부터 경험하고 있습니다. 새로운 트렌드로 보이지만 사실 비대면 서비스는 오래전부터 있어 왔던 방식입니다. 쇼핑, 식사, 여행 등 우리의 일상생활에 적용되고 있어서 사실 새로운 트렌드로 느끼지 못할 정도로 보편화되어 있습니다. 이미 메가트렌드가 되고 있는 것입니다. 유통업을 하고 있다면 빨리 이런 서비스를 도입할 필요가 있습니다. 만약 지금이 트렌드로 새로운 사업을 구상한다면 시장을 선도할 새로운 사업 기회를 만들어 내기는 어려울 것입니다. 왜냐하면 이미 관련 기술과 소비 습관이 보편화되고 있기 때문입니다.

기업에서 트렌드 분석을 하는 목적은 새로운 사업 기회를 만들기 위해서입니다. 따라서 트렌드 분석은 경향이나 유행을 파악하는 것이 아니라, 예측을 통해 미래에 도래할 사업을 선도적으로 개척하기 위한 것입니다. 돌이켜 보면 애플에서 아이폰이 처음 출시된 2007년에 국내에서는 이동 통신 사용자가 4천만 명 정도였습니다. 비슷한 시기에 삼성전자에서 블랙잭이라는 스마트폰을 출시했고 10만 명 정도의 사용자가 있었습니다. 스마트폰 사용자 비율이 0.25%였습니다. 당시 국내 휴대폰 제조사와 이동 통신사들은, 스마트폰 사용자들은 얼리 어댑터일 뿐이고 잠시 유행하다 사라질 것이라고 생각했습니다. 2년의 시간이 그냥 흘러갔습니다. 2009년 말 다급하게 스마트폰 체제로 돌아선 삼성전자는 그나마 다행으로 현재 세계 스마트폰 시장을 선도하고 있습니다. 물론 아직까지도 스마트폰 영업 이익의 80% 정도를 애플에 내주고 있는 것이 현실입니다. 사업가라면, 마케터라면 메가트렌드가 아니라 마이크로트렌드에 관심을 가져야 합니다. 누군가가 이미 분석해 놓은 트렌드가 아니라 내가 시장을 예측하고 트렌드를 만들어 가야 새로운 기회가 있습니다. 새로운 가치를 창출할 수 있을 때 트렌드 분석의 진정한 의미가 있습니다.

(3) 돈이 없다. 그래서 마케팅을 못한다?

마케팅 코칭을 위해 부산에 있는 한 화장품 회사를 방문했습니다. "제품은 좋은데 마케팅을 할 돈이 없습니다. 돈만 있으면 마케팅을 잘할 수 있습니다."라는 설명을 들었습니다. 마케팅을 하지 못하는 이유가 과연 돈의 문제일까요? 만약 돈만 있으면 마케팅을 할 수 있을까요? 아니 마케팅이 될까요? 돈만 있으면 마케팅이 된다면 마케팅은 식은 죽 먹기입니다. 하지만 현실에서는 돈을 충분하게 투입했음에도 불구하고 성과를 내지 못하는 상황들이 있습니다.

현대자동차는 '세련되고 당당한' 포지셔닝 전략을 수립하고 2005년부터 2010년까지 커뮤니케이션을 전개했었습니다. 이때 사용한 슬로건이 "Drive Your Way"입니다. 혹시 독자들 중에서 위의 두 가지 '세련과 당당', 'Drive Your Way'라는 단어를 기억하고 있나요? 그리고 2011년부터 현재까지 사용하고 있는 현대자동차의 브랜드 방향과 슬로건이 무엇인지 알고 있습니까? 고객이 기대하는 현대자동차의 가치는 무엇일까요?

고객이 그 브랜드를 구매해야 할 이유를 밝혀 주는 것이 브랜드의 방향(고객 가치)과 슬로건입니다. 만약 고객 혹은 잠재 고객이 우리가 제안하는 가치를 모른다면 그동안 진행한 커뮤니케이션에 문제가 있는 것입니다. 돈이 있어도 마케팅을 하는 것은 결코 쉬운 문제가 아닙니다. 마케팅은 고객의 마음을 얻어야 하는 것입니다.

락앤락은 밀폐력으로 강력한 포지셔닝을 구축한 브랜드입니다. 돈이 많아서 포지셔닝된 것이 아니라 평범한 용기임에도 고객들이 절대적으로 요구하는 밀폐력을 구현했기 때문입니다. 제품의 본질로 마케팅이 된 것입니다. 그런 락앤락이 밀폐력과 관계없는 조리 기기와 유아용품으로 확장을 했습니다. 확장의 결과는 생각보다 좋은 것 같지 않습니다.

다시 앞으로 돌아가 질문한다면 돈이 없어서 못한 것일까요? 돈이 있는데도 안 한 것일까요? 이미 돈이 있는 회사가 되었음에도 불구하고 확장에 따른 성과가 잘 나타나지 않는 이유는 무엇일까요? 전략의 부재라고 진단하고 싶습니다. 브랜드가 제안하는 핵심 가치가 같다면 확장에 문제가 없습니다. 만약 핵심 가치가 다르다면 확장에는 한계가 있을 수밖에 없습니다. 락앤락은 밀폐력을 강조하는 제품으로는 무한 확장이 가능할 수 있지만, 밀폐를 하지 않는 제품으로는 확장의 한계가 있습니다. 돈의 문제가 아니라 전략의 문제라고 생각합니다.

앞에서 언급한 부산의 한 기업은 에스테틱 화장품 회사입니다. 주로 전문 숍 납품을 했습니다. 매출 규모에 비해 거래처와 브랜드의 수, 그리고 제품의 종류가 너무 많았습니다. 그리고 B2C 브랜드가 되고 싶어 했습니다. 그래서일까요? 아이돌 가수를 모델로 광고도 제작했었습니다. 에스테틱인데 아이돌 모델에 자연을 주장하고 있었습니다. 뭔가 이상하지 않은가요? 창업을 한 지 꽤 되지만 제품 판매를 강조할 뿐 마케팅 전략에 대해서는 별 관심이 없었습니다. 마케팅을 입발림 소리로, 포장으로 잘못 생각하고 있는 것은 아닌지 의심스러웠습니다.

예시한 바와 같이 전략이 약하면 돈이 있어도 마케팅이 잘 되지 않습니다. 고객에게 제안할 핵심 가치부터 찾아야 합니다. 마케팅은 고객의 가치를 창출하는 것이 본질입니다. 따라서 고객이 원하는 것을 찾아 제안할 때 시장은 열리게 되어 있습니다. 화장품 시장은 이미 포화 상태입니다. 고객에게 그만큼 차별적인 가치를 제안하기 어렵습니다. 그럴수록 뾰족한 제안을 해야 합니다. 돈이 아니라 전략이 먼저입니다.

2.
마케팅의 뉴 노멀은 디지털이다

새로운 일반화를 뉴 노멀(new normal)이라고 합니다. 마케팅은 항상 시장의 변화, 고객의 변화를 관찰하고, 그 속에서 트렌드와 니즈를 파악하려고 합니다. 마케팅의 뉴 노멀은 무엇일까요? 이미 우리 사회는 디지털화되어 있습니다. 디지털이 일반화된 시장에서 고객의 데이터를 파악하고 그에 따른 마케팅을 전개하는 것은 너무나 당연한 것입니다. 디지털로 새로운 가치를 만들어야 합니다.

(1) 디지털과 데이터는 어떻게 세상을 움직이는가?

기업의 경영 환경은 계속해서 변해 왔습니다. 빠르게 변화하는 시장에서 살아남을 수 있는 유일한 방법은 갑작스러운 변화가 들이닥치기 전에 먼저 변화하는 것입니다. 최연소의 나이에 GE의 최고 경영자가 되어 GE를 세계 최고의 기업으로 성장시킨 잭 웰치(Jack Welch)는 기업이 변화해야만 하는 이유에 대해 다음과 같이 이야기한 바 있습니다. "만일 당신이 스스로 변화를 시도하지 않는다면, 외부의 다른 누군가에 의해 변화될 것이다."[1] 이 말은 기업이 변화에 휩쓸리지 말고 변화를 이끌어야 하는 이유를 설명한 것으로 판단됩니다. 누군가가 변화의 필요성을 제기하기 전에 먼저 변화해야 시장에서 차별화를 이루어 내고 지속 가능한 성장을 도모할 수 있습니다.

로저 맥나미(Roger McNamee)는 "시대에 따라 새롭게 변화된 양상이 오랫동안 지속되어 일상화되는 즉, '새로운 일반화'가 이루어지고 있다."라고 뉴 노멀의 시대를 예고했습니다.[2] 마케팅의 기본 원리는 시대가 바뀌어도 크게 변하지 않습니다. 하지만 소비자와 시장은 끊임없이 바뀌고 있고 그 변화에 따라 끊임없이 마케팅도 바뀌고 있습니다.

데이터 홍수의 시대입니다. 스마트폰으로 인해 발생하는 개인의 데이터뿐만 아니라 기업이 원활한 운영을 위해 필요로 하는 데이터, 그리고 국가에서 공공의 목적으로 수집하는 데이터에 이르기까지 온 세상이 데이터로 넘칩니다. 특히 기업에서는 경영과 마케팅 차원에서 빠르게 증가하는 데이터를 어떤 관점과 목적으로 접근해야 할지 기로에 서 있습니다. 어쩌면 데이터가 기업에게는 사활이 걸린 중요한 자산이 될 수도 있습니다. 《마이크로트렌드 X》의 저자인 마크 펜(Mark Penn)은 "앞으로는 석유나 금이 아니라 데이터가 지구상에서 가장 값진 자산이 될 것입니다."라고 했습니다.[3]

이러한 데이터는 어떤 현상의 단편을 포착하여 수치화 혹은 기호화한 것입니다. 자유롭게 변환되고 활용되어 어떤 현상이나 결과를 유추할 수 있고, 지속적이고 반복적으로 수집하여 일정한 형태(테이블)를 갖추고 있을 때 의미 있는 데이터라고 할 수 있습니다. 결과적으로 데이터는 데이터 자체만 가지고는 의미가 없습니다. 즉, 데이터의 본질은 데이터를 활용하여 새로운 가치를 찾아내고, 비즈니스에 변화를 일으키는 것입니다.

따라서 데이터를 분석하는 기술보다 데이터를 통해 어떤 현상을 제대로 이해하고 개선할 수 있는, 또는 발견을 할 수 있는 데이터 마인드(Data Mind)가 중요합니다. 데이터라는 렌즈를 통해 복잡다단한 현상에 대한 바르고 정확한 지식을 얻고, 이를 지렛대 삼아 주어진 문제를 해결할 때 데이터의 진

정한 의미가 있습니다.[4]

데이터를 마케팅에 활용하여 성공한 대표적인 기업으로 숙박 공유 서비스 업체인 '에어비앤비(Airbnb)'가 있습니다. 에어비앤비는 데이터 기반의 의사 결정을 통해 급성장하는 계기를 만들었습니다. 2010년에 에어비앤비의 뉴욕 지역의 숙소 예약률은 매우 저조했습니다. 숙소 광고에 사용된 사진의 질이 형편없다는 사실을 발견하고 "사진의 질을 높이면 예약률이 높아질 것이다."라는 가설을 실험하기로 했습니다. 실험은 전문 사진사를 고용하여 고품질 사진을 사용한 숙소와 그렇지 않은 숙소를 비교하여 어느 쪽의 예약률이 높아지는지를 확인하는 방법을 사용했습니다. 조사 결과 고품질의 사진을 사용한 숙소에서 시장 평균보다 2~3배 더 많은 예약을 받았습니다.

에어비앤비는 간단한 실험(A/B Testing) 데이터를 기반으로 전문 사진 서비스를 제공했고 그 결과 급속한 성장의 발판을 마련했습니다.* 공동 창업자 중 한 사람으로 데이터 과학자인 네이선 블레차르지크(Nathan Blecharczyk)가 있어서 가능한 측면도 있습니다. 데이터를 통해 당면한 문제를 적극적으로 해결하고 성장 동력을 확보하는 과정에 데이터 마인드를 가진 경영자나 마케터가 있다는 것은 매우 중요한 경영 자산입니다.

국내 사례를 살펴볼까요. 자동차 용품 전문 회사인 불스원은 엔진 세정제 시장에서 국내 시장 점유율 90%로 1위 기업이지만 신규 고객 매출이 기대보다 낮고, 해외 경쟁사의 국내 진출로 기존 고객마저도 빼앗길 수 있다는 위기 상황에서 데이터를 기반으로 하는 마케팅으로 극복했습니다. 불스원은 제품에 대한 사람들의 반응을 파악하기 위해 불스원샷 제품에 대한 뉴스, 커뮤니티, 블로그, 카페 상의 데이터를 수집해 키워드 분석을 진행했습니다.

---

* A/B Testing은 전체 디자인에서 한 가지 요소에 대한 두 가지 이상의 버전을 실험하여 더 나은 것을 판별하는 기법으로 무작위 비교 연구(RCT : Randomized-controlled trial) 방법입니다. 디자인, 인터페이스, 상품 배치 등을 개선하는 데 주로 사용됩니다.

분석 결과 불스원샷 연관 검색어(사람들이 특정 키워드와 함께 검색한 키워드) 상위 20개 중 '넣는 법'과 '사용법'과 같은 의미의 키워드가 상위로 나타났습니다. 불스원샷 화제어(특정 키워드와 함께 언급된 글의 주제어) 분석 결과에서도 '엔진오일', '주유구' 등이 꾸준히 언급되었습니다. 이를 심층 분석한 결과 많은 고객이 불스원샷의 용도와 사용법을 모른다는 시사점을 도출했습니다. 이런 결과를 바탕으로 제품을 알면서도 사용 방법과 효과를 제대로 인지하지 못한 고객 군을 타깃으로 교육적 차원의 마케팅을 진행했습니다.

불스원샷을 사용하면 엔진 때가 제거되는 원리를 이미지 대신 이해하기 쉬운 동영상으로 제작했고, 이를 자체 블로그와 차량 관리에 관심이 많은 커뮤니티로 배포했습니다. 또한 전문가 인터뷰를 인용해 제품의 효과를 증명할 신뢰도 높은 콘텐츠를 제작해 지속적인 마케팅을 진행했습니다. 그 결과 2016년 대비 2017년 12%의 매출 증대와 3% 포인트의 신규 고객 증가의 성과를 얻었습니다.[5]

불스원의 사례를 통해 데이터와 마케팅이 결합되어야 보다 높은 효과를 얻을 수 있다는 점을 확인할 수 있습니다. 불스원은 제품에 대한 소비자의 인식을 정확히 판단하는 단계에 데이터가 활용되었고, 이런 데이터에 근거한 마케팅 활동으로 제품의 장점을 고객들이 명확히 인지할 수 있도록 하여 효과를 높였습니다. 데이터 기반 마케팅의 효과는 데이터 자체가 아니라 데이터를 통해 새로운 가치를 창출할 때 나타납니다.

(2) 빅 싱킹 데이터 마인드가 필요하다

인터넷과 모바일이 바꾸어 놓은 세상에 수많은 센서들이 연결되면서 어마어마한 데이터들이 마케터가 파악할 수 없을 정도로 빠르게 쌓여 가고 있습니다. 이런 데이터의 가치를 깨달은 기업들은 이미 오래전부터 데이터를 수집하고 분석하여 마케팅에 활용해 왔습니다. 물론 기대 이상의 마케팅 성과를 거둔 기업들도 있지만 대체로 기대한 만큼의 성과를 내지 못하고 있습니다. 또한 아직도 많은 기업들은 아날로그 상태에서 주먹구구식 마케팅을 하고 있습니다.

왜 그럴까를 고민해 보면 과거에는 데이터의 품질에 문제가 있다고 생각했지만 이제는 데이터의 품질을 의심하는 사람은 별로 없습니다. 고객의 구매 이력, 소셜 미디어, 센서, 이메일, 로그 데이터 등을 통해 양질의 데이터들이 실시간으로 수집 및 처리되고 있습니다. 또한 과거에는 데이터를 활용하기 위한 정보 시스템 구축에 과도한 예산과 전문 인력이 필요했지만 이제는 직접 정보 시스템을 구축할 필요도 전문 인력을 육성할 필요도 없어지고 있습니다. 클라우드 시스템을 이용하여 마케팅에 필요한 데이터를 분석하고 정보화할 수 있게 되었습니다. 그럼에도 불구하고 아직까지 제대로 마케팅에 활용되고 있지 못하는 이유는 무엇일까요?

마케터에게 중요한 데이터는 빅 데이터가 아니라 마케팅의 성과를 높이는 데 필요한 의사 결정에 통찰력을 제공해 줄 수 있는 데이터입니다. 그동안 마케팅에서는 서베이나 구매 이력 등 정형화된 데이터를 중심으로 분석했으며, 이를 바탕으로 신제품 개발이나 마케팅 전략을 수립하는 데 기초 자료로 활용해 왔습니다. 그러나 어느 순간부터 이런 데이터만으로는 마케팅 문제를 해결하기 어려워졌습니다. 특히 고객들의 행동 패턴을 이해하는 데 많은 어려움이 발생했습니다. 빅 데이터가 출현하면서 이런 한계를 극복할 수 있는 대안으로 생각했지만 빅 데이터의 시대인 현재도 여전히 한계에 봉착하고 있습니다.

바로 데이터의 본질을 간과한 측면이 있는 것입니다. 마케터에게 필요한 데이터는 의사 결정에 통찰력을 제공해 줄 수 있는 스마트 데이터입니다. 스마트 데이터는 빅 데이터에도 스몰 데이터에도 있습니다. 마케터가 필요로 하는 데이터와 분석 결과를 정확하게 요구할 수 있다면 이런 문제는 발생하지 않습니다. 즉, 데이터가 아니라 싱킹이 문제인 것입니다. 그것도 빅 싱킹이 되어야 합니다.

디지털 환경으로 마케팅 패러다임이 바뀌고 있습니다. 마케터는 이런 시대 흐름에 맞추어 데이터를 기반으로 하는 마케팅을 어떻게 전개해야 할지에 대한 통찰력을 갖추어야 합니다. 이미 마케팅의 주도권이 기업에서 고객으로 넘어갔습니다. 고객의 정보는 시장에 있고 그 데이터는 실시간으로 우리의 내·외부에서 축적되고 있습니다. 고객의 구매 여정을 한눈으로 확인할 수 있는 싱글 뷰 시스템을 도입한 기업들도 늘어나고 있습니다. 살아 있는 고객의 정보를 확인하고 이를 마케팅에 반영하는 것은 선택이 아니라 생존의 문제입니다. 빅 데이터가 아니라 데이터 기반으로 빅 싱킹을 해야 하는 시대입니다.

데이터는 복잡다단한 현상에 대한 바르고 정확한 지식을 얻고, 이를 지렛대 삼아 주어진 문제를 해결하려는 사고방식으로 하나의 렌즈와 같습니다. 어떤 관점으로 렌즈를 통해 사물을 들여다보느냐의 문제이지 데이터 규모의 문제가 아닙니다. 따라서 데이터는 양이 아니라, 기술이 아니라 마인드입니다. 데이터를 통해 무엇을 할 수 있을 것인가를 생각하고, 그 결과를 바탕으로 어떻게 활용할 것인가를 고민한다면 스몰 데이터로도 필요로 하는 시장의 변화를 감지(sensing)하고 통찰(insight)을 할 수 있습니다.

3.
본질을 꿰뚫는 마케터가 되자

기업 내 다양한 직무 중에서 선호도가 가장 높은 직무는 단연 마케팅입니다. 일이 재미있으며, 다양한 업무를 합니다. 그러나 항상 책임이 따르고, 스트레스가 많습니다. 그렇지만 일을 성공시켰을 때 느끼는 성취감은 다른 어떤 것으로도 바꿀 수 없습니다. 선망의 대상이 되고 싶은 마케터는 자기 계발을 지속적으로 해야 하고 변화에 적극적으로 대응해야 합니다. 그러다 보면 어느 순간 본질을 꿰뚫는 마케터로 성장해 있을 것입니다.

(1) 디지털 시대, 그 변화의 중심에 내가 있어야

4차 산업 혁명이든 아니든 간에 이미 우리 사회와 산업은 새로운 환경으로 변하고 있습니다. 그 변화의 핵심은 디지털 트랜스포메이션(digital transformation)입니다. 경쟁의 본질이 바뀌고, 소비자 행동도 바뀌고 있습니다. 카카오 뱅크가 서비스를 시작하기 전에 기존 은행들 중에서 카카오를 경쟁사로 생각한 은행이 있었을까요? 소비자들은 개인적으로 구매하던 습관에서 소셜 커뮤니티의 추천을 통해 사회적으로 구매하는 행동으로 변하고 있습니다. 디지털 환경이 조성되고 있기에 가능한 변화입니다. 지금 같이 급변하는 시장 환경에서는 선제적으로 방향을 전환할 필요가 있습니다. 제품에서, 사업 모델에서, 성장 엔진에서 방향 전환을 통해 변화에 빨리 적응하는 기업만이 살아남습니다.

고대 그리스의 철학자인 헤라클레이토스는 "변하지 않는 것은 오직 '변한다'는 사실 뿐입니다."라고 했습니다. 문제는 '변화에 어떻게 대응할 것인가'입니다. 제주 커피 수목원의 김영한 대표는 "변화는 위험합니다. 그러나 변화하지 않는 것은 더 위험합니다."라고 했습니다. 김 대표는 서울에서 마케팅 전문가로 활동했으며, 65세에 은퇴한 이후 제주로 이주하여 국내 최초로 커피를 노지에서 재배하고 있습니다.

모두가 수입산 커피만 마실 때 왜 커피를 수입에만 의존해야 하는지에 대한 의문에서 시작한 커피 재배가 이제는 커피 껍질을 원료로 빚은 커피 와인까지 생산하고 있습니다. 커피 재배에서 와인 판매까지 6차 산업을 개척하고 있습니다. 고객 체험을 늘리기 위해 전시회와 같은 오프라인 현장을 찾고, 입소문을 일으키기 위해 페이스북과 같은 소셜 미디어를 활용하여 커피 농부 스토리를 전파하고 있습니다. 아날로그 사업에 디지털을 결합하여 고객과 직접 소통하는 디지털 변혁을 선도하고 있습니다. 비즈니스는 새로운 관점으로 사고할 때 새로운 기회가 옵니다. 기업의 규모나 사업 자금의 규모가 아니라 위기를 기회로 바꾸고자 하는 통찰과 실천이 변화를 선도하는 핵심입니다.

변화는 대체로 새로운 기술에서 시작됩니다. 4차 산업 혁명을 이끌고 있는 인공 지능과 로봇, 빅 데이터와 클라우딩, 3D 프린팅과 퀀텀 컴퓨팅, 사물 인터넷과 센서 등 새로운 기술로 인해 시장 환경은 급변하고 있습니다. 케빈 켈리는 《기술의 충격》에서 "기술은 하나의 방향성이다."라고 했습니다.[6] 누가 개발했던 그 기술의 방향이 맞으면 그 기술을 어떻게 활용할 것인가를 고민해야 합니다.

따라서 우리는 기술을 일종의 제2외국어로 생각할 필요가 있습니다. 기술은 알면 편하고 모르면 불편합니다. 스마트폰이 왜 필요한가에 대한 갑론을박이 있었지만 이제 스마트폰을 이용하지 않고 할 수 있는 일이 별로 없는 환경으로 바뀌었습니다. 이제는 누가 더 잘 그 기술을 활용하는가의 문제입니다. 그동안 우리는 오감에 의존해서 생활해 왔습니다. 디지털 시대에는 기술이 없는 오감으로는 더 이상의 경쟁력을 발휘하기 어렵습니다. 오감에 더하여 육감이 필요합니다. 육감은 우리의 신체 내부가 아닌 외부로부터의 감각입니다. 오감을 더욱 강화시켜 줄 수 있는 하나의 감각이 더 필요한데 바로 기술 활용입니다. 기술을 얼마나 잘 활용하는가가 성패를 좌우하게 됩니다. 기술 자체가 아니라 기술로 구현된 본질을 잘 활용할 수 있는 감각으로, 새로운 시대 변화의 중심에 세워야 합니다. 변화는 거부한다고 거부할 수 있는 것이 아닙니다. 변화는 내가 선택하면 기회가 됩니다.

(2) 통(通)하는 마케터가 갖추어야 할 핵심 역량

경쟁에서 이기는 마케터에게 필요한 핵심 역량은 무엇일까요? 가장 중요한 역량은 바로 통찰력입니다. 사물을 훤히 꿰뚫어 보는 통찰력을 갖추기 위해서는 먼저 분석력과 창의력과 설득력이 필요합니다. 이를 통해 통찰력을 얻을 수 있습니다. 이를 정리하면 아래 [그림 1-1]과 같습니다.

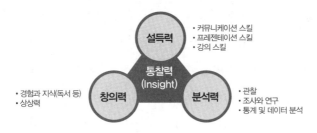

[그림 1-1] 마케터에게 요구되는 핵심 역량[7]

첫째, 분석력은 데이터를 원하는 목적에 맞게 분석할 수 있는 능력을 말합니다. 물론 분석 이전에 데이터를 수집하는 능력도 중요합니다. 관찰은 사물을 꿰뚫어 볼 수 있는 가장 기초적인 방법으로 분석력을 기르는 좋은 방법입니다. 시장 조사라고 할 때 고객이 있는 시장에서 고객이 어떤 행동을 하는지 관찰하게 되고 그 내용을 분석하여 의미 있는 결과로 활용하게 됩니다. 이를 보다 체계적으로 접근할 때 조사와 연구를 계획하고 실사를 하고 통계 분석을 하게 됩니다. 데이터가 의미 있는 정보로 바뀌는 순간입니다. 분석력에 의해 의미 있는 정보가 되거나 경우에 따라서는 쓰레기가 되기도 합니다. 빅 데이터 분석은 고객의 소리와 사용 후기 등과 같은 텍스트 데이터, 각종 이미지와 동영상 등 다양한 유형의 비정형 데이터도 분석할 수 있습니다. 숨겨진 고객의 마음을 들여다볼 수 있는 좋은 방법입니다. 빅 데이터를 수집하고 분석하는 기술도 중요합니다. 그리고 빅 데이터 분석을 통해 고객의 잠재된 니즈를 찾아내고 이를 마케팅에 활용할 수 있어야 합니다.

둘째, 창의력은 기존의 것을 새로운 목적에 부합하도록 연결하는 사고 능력으로 상상력과 함께 이를 실제로 구현하는 실행력까지 포함하는 개념입니다. 즉, 창의력이란 새로우면서도 적절한 아이디어를 찾아내는 힘을 말합니다. 창의력은 다른 말로 문제 해결 능력입니다. 창의력은 오로지 개개인이 끊임없이 고민하고 노력해야만 얻을 수 있습니다. 사실 새로운 아이디어라고 해서 멀리 있는 것만은 아닙니다. 어떤 문제든 좀 더 관심을 기울이고 주의 깊게 살펴보면 그 문제와 관련된 현상들에 대해서 좀 더 면밀하게 알게되고 문제 해결의 단서를 찾을 수 있습니다. 이런 결과를 얻기 위해서는 지식의 축적이 먼저 이루어져야 합니다. 1%의 영감인 창의력을 얻기 위해서는 99%의 노력이 있어야 합니다. 지식을 축적하는 가장 좋은 방법은 독서입니다. 자신이 관심을 가지고 있는 영역의 서적을 중심으로 집중적으로 독서를 하면 그 분야의 전문성을 확보할 수 있습니다. 마케팅 책은 기본서 한 권이면 충분합니다. 나머지는 새로운 마케팅 이슈가 있는 책을 통해 시장의 흐름과 소비자의 특성을 분석한 책과 개인적으로 관심 있는 분야를 집중적으로 파고들어 가 보면 새로운 아이디어를 얻을 수 있습니다. 적어도 1년에 50권 정도는 읽어야 합니다.

셋째, 설득력은 소비자나 의사 결정자 그리고 부하 직원들과 소통을 통해 원하는 것을 얻는 능력입니다. 바로 커뮤니케이션 스킬, 프레젠테이션 스킬, 강의 스킬이 필요합니다. 커뮤니케이션 스킬은 마케팅 활동의 중심에 있는 대고객 커뮤니케이션을 할 수 있는 기본적인 스킬입니다. 프레젠테이션 스킬은 수립된 마케팅 전략을 의사 결정권자나 상사 및 동료들에게 제안하여 사업의 타당성과 실행 여부를 설득하는 스킬입니다. 프레젠테이션을 통해 설득이 이뤄지지 않는다면 그동안 공들여 만든 기획안은 아무짝에도 쓸모없는 것이 됩니다. 나아가 선택된 기획안을 실행에 옮기는 과정에서는 마케팅 전문 지식을 바탕으로 관련 실무자들에게 체계적이고 효과적으로 전달할 수 있는 강의 스킬이 필요합니다.

만약 마케터가 분석력, 창의력, 설득력을 갖추고 있지 못하거나 부족한 경우에는 아웃소싱을 통해 전문가들로부터 지원을 받을 수도 있습니다. 마케팅 활동 중에서 조사 및 통계 분석은 아웃소싱을 통해 가장 많이 지원을 받는 영역입니다. 그러나 최종적인 조사 및 분석 결과에 대한 판단은 마케터의 몫이므로 마케터가 통찰력을 가지고 있지 못한다면 그 결과물은 무용지물이 될 가능성이 큽니다.

따라서 마케터는 창의적인 발상과 분석적인 사고를 바탕으로 통찰력을 발휘해 새로운 수요를 만들어 내는 진정한 혁신가가 되어야 합니다. 혁신적인 마케팅으로 고객의 가치를 창출하는 마케터, 바로 여러분들이 이룩할 미래입니다.

2장

마케팅과 영업의 사랑과 전쟁

유희복

1.
협업의 중요성

협업의 사전적인 정의는 '무언가를 생산하기 위해 누군가와 협력을 하는 행위'입니다. 협력은 한쪽이 다른 한쪽을 위해 일방적인 측면에서 힘을 사용하는 것이라면, 협업은 협력보다 큰 범위의 말로서 상호간의 협력을 의미하는 뜻이 담겨 있습니다. 이러한 협업의 특징을 나타내는 말로 최근에는 콜라보라는 말을 많이 쓰고 있습니다. 학술적으로 또는 기업에서도 사용하지만, 최근에는 일상생활에서도 많은 사람이 쓰고 이해할 수 있는 단어가 되었기 때문에 상황에 따라 병행해서 사용하도록 하겠습니다.

지금 기업의 가장 핵심적인 주제는 협업입니다. 협업을 나타내는 대표적인 고사성어로 '줄탁동시(啐啄同時)'라는 말이 있습니다. 병아리가 알에 있는 시간이 어느 정도 지나면 어느 정도 커지게 되고 병아리는 알에 있는 게 답답해져 삐악삐악 하고 소리를 낸답니다. 이런 소리를 '줄'이라고 합니다. 그런데 이 소리가 알에 덮혀 있어 매우 미약하겠지요. 이렇게 미약한 소리를 알아듣고 어미 닭이 소리가 나는 부위를 부리로 쪼아대는 것을 '탁'이라고 한답니다. 이것이 동시에 이루어져야 건강한 병아리가 태어날 수 있다는 말로 어느 한쪽만의 최선으로 되지 않는 콜라보의 중요성을 나타내는 말입니다.

생활 속에서 가장 널리 알려진 콜라보 사례의 예를 들면 우리가 잘 알고 있는 '슈퍼스타K'(Mnet에서 진행한 오디션 프로그램)에서 보여 준 콜라보의 사례를 들 수 있습니다. 이 사례는 행복한 바오바브의 이은경 이사의 글에서 인용하여 내용을 각색하였습니다. '슈퍼스타K' 우승자인 ○○○이 강력한 경쟁자였던 □□□와 노래를 함께 부르는 일이 있었습니다. 이전까지 이 노래는 유명 가수의 대표곡으로 알려져 있었습니다. 물론 이 가수도 마찬가지로 1987년 ○○○라는 가수의 곡을 리메이크한 곡입니다. 콜라보의 사례로 이 사례를 드는 이유는 그들이 불렀던 노래는 원곡 가수의 곡보다 더 인기리에 지금도 많은 사람이 듣고 있기 때문입니다. 많은 가수들이 서로 리메이크나 협력을 통해 노래를 부르지만, 원곡보다 더 많이 불리는 경우는 그렇게 많지 않습니다. — 물론 저는 아직도 과거 가수들이 불렀던 노래를 더 좋아합니다. — 그렇게 되려면 전체 노래 중에서 각자가 부르는 부분도 더 잘 불러야 하지만 함께하는 파트에서 각자의 목소리의 개성을 보여 주고 그것이 전체 곡의 느낌으로 합쳐졌을 때 이전 곡에서 느낄 수 없는 더 좋은 소리와 느낌을 주어야 하기 때문입니다. 즉 시너지로써 둘이 합쳐 하나의 새로운 소리를 낼 수 있어야 합니다. 그러기 위해서는 여러 조건이 필요합니다. 첫 번째는 상호 간의 실력이 비슷해야겠지요. 또한, 둘이 협력했을 때 둘 모두에게 좋은 결과로 나타나야 합니다. 만약에 협력을 했는데 그 결과로 한 명만 올라간다면 서로는 콜라보를 할 수 없을 것입니다. 이렇듯 말은 쉽지만 좋은 콜라보가 되기 위해서는 여러 조건이 필요합니다. 결혼도 대표적인 콜라보입니다. 이렇듯 협업은 오디션 프로그램뿐만 아니라 우리 생활 곳곳, 다양한 곳에 존재하고 또 요구됩니다. 어쩌면 인생을 살아 나가는 많은 일 중에서 콜라보가 아닌 것을 찾는 게 더 쉬울지도 모릅니다. 조직으로 목표를 달성해야 하는 기업에서는 절대적으로 필요한 역량일 것입니다.

2.
마케팅과 영업의 본질

데이트할 때 하지 말아야 할 이야기 중에 군대에서 축구한 이야기라는 우스개가 있습니다. 그런데 판매의 중요성을 가장 잘 비유할 수 있는 조직이 바로 군대입니다. 군대에서는 전방에서 보초를 서고 유사시에 전투하는 전투병이 있습니다. 전투병들에게 전투할 수 있도록 밥을 지어 주는 사람도 있는데 일반적으로는 조리사라고 부르지만, 군대에서는 취사병이라고 부릅니다. 이렇듯 군대에서는 소속된 모든 사람이 하는 기능은 달라도 모두 군인이라 부릅니다. 마찬가지로 회사에 소속된 사람들이 하는 기능과 역할은 달라도 모두 근본적으로 판매와 관련된 일을 직·간접적으로 하고 있다는 점에서 보면 모두 판매원이라고 할 수 있습니다.

(1) 기업의 존재 이유는 판매

기업이 시장에서 생존하기 위해서는 많은 부서가 필요하지만, 모든 기업에게 공통으로 필요한 부서는 아마도 인사, 회계, 마케팅, 영업, 생산 부서 등이 아닐까 생각합니다. 모든 물건에 수명이 있듯이 기업의 부서도 필요 때문에 만들어지기도 하고 없어지기도 합니다. 최근에는 총무나 생산은 외부 조달로 돌려 공장 없는 회사도 많아지고 있습니다. 그렇다면 기업의 핵심 업무는 무엇일까요? 여러 견해가 있을 수 있지만 윌슨 러닝을 만든 래리 윌슨 (Larry Wilson)은 "Selling은 조직의 가장 높은 비즈니스 목적이다. 판매는 회사

내의 단순한 기능이 아니라 회사의 기능 그 자체이다."라고 이야기한 적이 있습니다. 저자도 이 말에 동의합니다. 기업의 존재 이유는 이익을 내기 위해서이고 이익을 내려면 그것이 제품이든 서비스든 팔아야만 하기 때문입니다. (물론 회사의 이익은 예외적으로 판매가 아닌 방법으로도 낼 수 있기는 합니다.) 따라서 축구의 궁극적인 목표가 골을 넣는 것이라면 기업의 궁극적인 기능은 판매라고 할 수 있습니다.

(2) 어느 부서가 많이 싸울까?

기업 내의 모든 조직이 상호 소통하고 협력적이라면 어느 부서가 핵심 부서냐와 상관없이 그 기업은 시장에서 무한한 성장을 하게 될 것입니다만, 현실은 오히려 그 반대로 세대, 계층, 부서 간의 갈등으로 인해 고객들에게 일관된 커뮤니케이션이 되지 않음으로 인해 많은 기업이 시장에서 어려움에 부닥쳐 있습니다. 그렇다면 기업에서 여러 갈등 중 부서 간의 갈등이 가장 많은 부서는 어디일까요? 이에 대해서 학술적으로 연구한 자료는 없습니다만, 간이 설문으로 조사한 자료가 《한국경제신문》에 나온 적이 있었습니다. 물론 모든 연구 자료가 제대로 된 통계적 검증을 거친 것은 아니므로 이 자료를 100% 신뢰할 수는 없지만 참고는 할 수 있을 것입니다. 그런데 이 데이터의 결과는 매우 의외였습니다. 대부분 가장 큰 갈등 부서로 개발과 영업의 관계를 이야기하는 경우가 많습니다. 많은 사람이 아직도 전통적인 영업에 대한 관점과 잘못된 선입견으로 인해 영업팀은 막무가내처럼 요구한다는 인식이 강하고, 개발팀은 기술이나 생산과 같은 여러 가지 제약적 이유를 들어 예스보다 노우 맨인 경우가 많다고 생각하기 때문입니다. 경험적 측면에서 영업과 개발 간에 가장 많은 갈등이 있지 않나 하고 추측했었는데, 막상 결과를 보니 가장 갈등이 많은 부서는 마케팅 부서로 마케팅은 모든 회사의 부서와 대립하고 있는 것으로 나타났습니다. 그중에서도 가장 갈등이 많은 부서가 영업 군이었습니다.

1위 '마케팅 vs 영업' (23.7%)

2위 '마케팅 vs 경영 직군' (20.9%)

3위 '개발 vs 경영 직군' (19.7%)

4위 '개발 vs 마케팅' (14.5%)

출처 : 《한국경제신문》 2011년 3월 28일, 10면

(3) 마케팅과 영업의 공통점과 차이점

여러 부서 중에서 판매하는 데 필요한 대표 부서는 마케팅과 영업입니다. 일반적으로 규모가 작은 대부분의 우리나라 중소기업들의 경우 마케팅은 곧 영업으로 인식되기도 합니다. 인원이 적으면 문제가 되지 않지만, 회사가 커지면 마케팅과 영업의 영역이 구분되기 시작합니다. 전문적인 사람을 고용하게 되고 마케팅은 독립적인 역할을 하게 됩니다. 그렇다면 기업의 가장 중심적인 판매 기능은 부서적 관점에서는 마케팅 팀의 영역일까요, 영업 팀의 영역일까요? 위의 자료에서 보듯 두 부서가 상극인 견원지간 또는 금성과 화성이라고 하는데, 판매에 직접 관련 있는 둘 사이에 무슨 사연이 있기에 이런 결과가 나왔을까요? 이러한 현상에 대한 이유를 알기 위해서는 마케팅과 영업의 본질이 무엇인가를 먼저 이해해야 합니다.

마케팅에 대한 정의는 학자마다 너무나 다르고 범위도 넓어서 명쾌하게 정의를 내리기 어렵습니다만, 가장 보편적인 정의로 알려진 미국 마케팅 협회, 즉 AMA 정의에 의하면 "마케팅이란 개인이나 조직의 목표를 만족시키는 교환을 창출해 내기 위해 아이디어, 재화, 서비스의 개념 설정, 가격 책정, 촉진

및 유통 활동을 계획하고 집행하는 과정이다."라고 정의하고 있습니다. 이 정의에서 핵심은 교환이라는 관점과 마케팅은 기업이 아닌 모든 조직이 필요하다는 관점이 핵심이라고 생각됩니다. 피터 드러커(Peter Ferdinand Drucker)의 경우는 극단적으로 "마케팅은 존재하는 물건을 파는 행위가 아니라 '팔릴 것을 만들어 내는 것'이다." 라고 정의하고 있습니다. 이 정의에 의하면 판매가 필요 없게 하는 것이 진정한 마케팅이라고도 해석해 볼 수 있습니다. 다시 말해 영업 부서가 필요 없게 만드는 것이 마케팅이라고도 해석할 수 있습니다.

그렇다면 영업은 무엇일까요? 영업도 마케팅과 마찬가지로 다양한 정의가 존재해서 명쾌하게 하나로 정리하기 힘듭니다. 영업을 기업적 차원에서 정의하면 '고객과의 직접적인 커뮤니케이션을 통해 상품을 판매하고, 고객과의 관계를 구축하고자 하는 기업의 총체적 활동'이라고 할 수 있습니다.

위의 마케팅과 차이를 보면 영업은 간접적이 아닌 고객과의 직접적인 커뮤니케이션이라는 관점이 가장 큰 차이점이 아닌가 생각됩니다. 대상이라는 관점에서 보면 마케팅의 대상은 시장이며 좀 더 중장기적인 관점에서 시장의 욕구를 찾아 그 시장을 선도할 상품을 만들어 내고 이에 맞는 고객 집단에서 기회를 찾아내는 것이라 하면, 영업은 마케팅보다는 좀 더 단기적 관점에서 시장보다 고객이 중심이고 욕구보다는 개별 고객의 요구를 충족시켜 주어진 기간에 매출을 극대화하여 목표를 달성하는 데 초점을 맞추고 있다고 볼 수 있습니다. 비유하자면 마케팅은 망원경이고 영업은 현미경으로, 마케팅을 대포라고 하면 영업은 보병으로도 구분할 수 있습니다. 둘 다 판매라는 큰 기능 속에 있지만, 목적과 시간 전망, 관점, 소구 대상 등이 차이가 있지요.

학술적 측면에서 보면 영업은 마케팅의 4P 중 프로모션의 일부로, 마케팅이라는 거대한 빙산의 일각으로 서술되는 것이 일반적입니다. 그런데 학술적으로 보는 것과는 달리 대부분 기업에서는 마케팅과 영업은 상하 관계와

선후 관계가 아닌 동등한 부서로서 존재하고 있습니다. 또한, 기업 마케팅 실무자들이 하는 일은 상품이나 서비스에 대한 고객의 관심을 창조해 내고 이에 따라 발생하는 기회를 만들어 내기도 하지만, 영업을 지원하고 활성화해 기업의 이익을 최대화하는 일도 하는 경우가 많아 오히려 영업의 지원 부서적인 역할을 하는 예도 있습니다.

개념과 실제적인 여러 차이로 인해 현실에서는 두 부서의 보이지 않는 전쟁이 여러 측면에서 벌어지게 되는 것입니다. 예를 들면 다음과 같은 경우가 발생하겠지요. 현재의 고객에게 시장의 요구에 초점을 맞춘 제품이라고 생각해서 만들어 낸 제품이 실제 시장에서 전혀 소구력이 없을 경우, 영업 부서에는 '마케팅 부서가 현장을 너무 모른다' 또는 '가격을 너무 높게 책정해 시장에서 먹히지 않는다', '우리 제품이 가장 비싸서 영업해도 소용이 없다', '쓸데없는 프로모션에 의미 없는 돈을 쓴다', '시장 조사해서 정확하게 고객의 니즈를 어떻게 파악하나?', '광고에 사용되는 돈이 실제 판매로 이어지지 않는다'라고 비난할 것입니다.

또한, 영업 부서에서 같은 상품을 가지고 여러 기업에 다른 내용으로 영업함으로써 기업 전체의 이미지와 신뢰에 안 좋은 영향을 미쳐 시장에서의 평판이 안 좋아지면 마케팅 부서는 '단기적인 매출 달성도 중요하지만, 장기적인 전략을 너무도 이해하지 못한다' 또는 '판매가 부진하면 영업부가 영업을 너무 못한다'라고 영업을 비난하게 됩니다. 시장에서의 평판은 잃기는 쉬우나 다시 회복하려면 오랜 시간이 필요하기에 마케팅에서는 매우 중요한 포인트가 되지만, 영업 측은 목표 달성이 우선이기 때문에 이런 문제가 발생합니다.

또한, 많은 영업 사원이 우리의 제품은 차별화 포인트가 어려워 가격 영업을 한다고 주장합니다. 특히 범용화된 제품을 판매하는 영업 사원들에게는 일상적으로 나오는 불만이지요. 이때 영업은 자사 내부의 팀들, 즉 구매, 개발, 제조, 특히 마케팅 팀에 시장과 고객 정보를 제안하고 소통하여 차별화를 만들도록 노력해야 합니다. 시장에서 일관성 있게 자신의 제품이나 회사에 대해 유리한 인식을 고객에게 불어넣는 것을 포지셔닝(차별화)이라고 하는데, 이를 위해서는 마케팅 부서의 도움이 필요하게 되는 경우가 발생합니다. 그런데 이것을 실천하는 영업 부서나 영업 사원이 많지 않은 것이 현실입니다. 거꾸로 마케팅 부서에서 일하는 사람들은 자신들의 역할이 영업 사이클에 어떤 영향을 주는지 잘 설명하지 못합니다. 마케팅 직원들에게 영업 사이클이 무엇이냐, 영업의 사이클을 단축하기 위한 계획이 있느냐고 물으면 아마도 대답하기 어려울 것입니다. 왜냐하면 대부분의 마케팅 계획이 영업 계획과 분리되어 진행되는 경우가 많기 때문입니다.

이와 더불어 문화적인 차이도 이 두 부서의 갈등을 일으키는 요인이 될 수 있습니다. 마케팅 부서가 좀 더 분석적이고 데이터 지향적이며 방침을 바꾸는 것에 대해 용인하지 않는 성향이 강하지만, 영업 부서의 직원들은 좀 더 현실적이고 융통성이 있으며 인간관계 지향적인 성향을 보입니다. 모든 전쟁이나 싸움이 상대방의 문화를 이해하지 못한 상태에서 발생하듯 마케팅과 영업 갈등도 비슷합니다. 어쩌면 가장 유기적이어야 할 마케팅과 영업이 바로 사일로, 즉 부서 이기주의나 부서 중심의 사고로 인해 가장 갈등이 많은 부서가 되는 것입니다.

3.
판매 환경과 구매 여정의 변화

기업을 운영하는 데 있어서 장기적 시각과 단기적 시각, 시장과 직접적 고객의 이해, 이상적 욕구 충족과 현실적 매출 달성 모두가 필요한 것이라는 점에서 마케팅과 영업의 갈등은 필연적이고 없어서는 안 될 조직의 갈등입니다. 이러한 갈등을 없애기 위해 IBM은 과거에 영업과 마케팅 그룹을 합쳐서 'CHANNEL ENABLEMENT'라는 마케팅도 영업도 아닌 새로운 기능을 만들기도 했을 정도로 이 문제는 기업 생존에 매우 중요한 논쟁거리가 되고 있습니다. 특히 이 두 부서의 통합적 일관성을 필요로 하는 이유는 급속한 기업 환경의 변화 때문입니다. 지면상 두 가지만 살펴보겠습니다.

(1) 경쟁자의 변화

2018년에 초등학교 아이들에게 대히트했던 노래가 있었습니다. 어느 연예 기획사의 보이 그룹 '아이콘'의 2집 주제곡인 〈사랑을 했다〉라는 곡입니다. 저도 따라 불러 보니 "사랑을 했다 우리가 만나"라는 가사 부분이 중독성이 있더군요. 떼창을 부르는 초등학생들의 모습이 유튜브에 많이 올라와서 쟁점이 되기도 했습니다. 그런데 2019년 지금 이 노래를 따라 부르는 아이들은 거의 없습니다. 2019년 '스카이 캐슬'이 공전의 히트를 했지만, 배우 김서형의 "저를 믿으셔야 합니다."라는 유행어도 한 달을 넘지 못하고 이제는 듣기 힘듭니다. 너무나 빠르게 세상이 흘러가고 있습니다.

기업의 세계에서도 마찬가지입니다. 몇 개월 전만 해도 유행했던 제품이 언제 사라졌는지 모를 정도로 이름만 남아 있는 경우가 많이 있습니다. 이러한 영업 환경의 변화가 여러 각도에서 벌어지고 있지만, 주의 깊게 살펴봐야 할 것은 기술의 변화로 인한 대체 경쟁의 심화입니다. 이전에는 같은 제품을 파는 기업이 경쟁자가 되었고 따라서 경쟁자와 어떻게 우리 제품을 차별화하여 고객을 공략하는 것이 마케팅이나 영업의 기본 방향이었습니다. 그런데 이러한 경쟁 차별화보다 지금은 더 높은 범위에서의 차별화가 필요해지고 있습니다. 2014년《한국경제신문》11월 13일자 10면에 단신 기사가 났습니다. 스쳐 지나갈 수 있는 사례이긴 하지만 우리에게 지금까지 보아 오던 경쟁을 다른 각도에서 보게 하는 재미있는 사례라고 생각되어 풀어서 소개합니다.

혹시 세계적인 경영 컨설팅 기업인 맥킨지에 대해서 마케팅이나 영업에 몸담은 분들은 대부분 한 번 정도는 이름을 들어보았을 겁니다. 그렇다면 맥킨지의 최대 경쟁자는 누구일까요? 전통적인 시각에 의하며 보스턴, 베인, BCG 같은 컨설팅 회사일 것입니다. 그런데 기사에 의하면 최근 맥킨지의 가장 큰 경쟁 회사로 대두되고 있는 회사는 다름 아닌 맥라렌이라는 회사라는 것입니다. 아마도 맥라렌이라는 회사는 우리에게는 생소한 회사이고 잘 모르는 회사입니다. 사실 이 회사는 세계 최고 자동차 경주 대회 포뮬러 원(F1)의 명문 팀으로 1963년 창단한 영국 자동차 경주 그룹입니다. 그렇다면 맥라렌이 왜 맥킨지의 최대의 경쟁자로 대두되고 있을까요? 기사에 의하면 맥라렌의 엔지니어들은 경기 전날까지 수차례 부품 점검을 하고 시뮬레이션을 돌려 전략을 설계하며 경기 당일에는 0.0001초라도 기록을 앞당기기 위해 120개가 넘는 센서를 차량과 레이서 몸에 부착해 압력, 온도, 힘, 회전 각도, 공기 저항 등을 단 몇 초 안에 원격으로 분석해 낸다고 합니다.

빅 데이터에 관한 관심과 실증적 결과들이 나오면서 최첨단 속도전을 벌이며 달려온 맥라렌의 기록 단축을 위해 쌓아 온 빅 데이터와 분석 능력을 필요로 하는 기업이 늘어나자 맥라렌은 2009년 엔지니어였던 제프 맥그래스를 비롯해 12명의 데이터 분석 팀을 분사해 자회사 맥라렌 어플라이드 테크놀로지스(MAT)를 만들었으며, 데이터 분석 팀엔 의학, 물리학, 경영학, 회계학 등 다양한 분야의 전공자가 포함되었습니다. MAT의 빅 데이터 분석과 성능 향상 기능이 검증되면서 이들의 활동 영역은 확장되어 직원 수가 500여 명으로 늘어났고, 이를 바탕으로 MAT은 현재 센서를 통해 건강 검진을 받기 어려운 유아의 건강을 분석하는 모니터링 시스템, 히스로 공항 등 국제공항의 비행기 스케줄 관리 시스템 등을 설계, 운영하고 있으며, 영국 최대 제약사인 글락소 스미스 클라인(GSK)의 의약품 개발과 GSK 자회사의 치약 등 생활용품 개발에 대해서도 컨설팅하고 있습니다.

블룸버그 통신은 "빅 데이터를 활용한 정확하고 빠른 맥라렌의 분석 능력은 세계적인 컨설팅 그룹 맥킨지를 위협할 만큼 뛰어나다."라며 "의학, 공학, 소비재 등 모든 분야를 망라해 영향력이 커지고 있다."라고 전했습니다. 기술의 변화는 이렇듯 누가 경쟁자가 될지 모르는 상황을 만들기도 하지만 더욱 중요한 것은 이것이 고객들에게 현재의 경쟁 제품보다 더욱 높은 범위에서 선택하고자 하는 고객 수준의 변화를 일으키고 있다는 것입니다. 단순하게 우리 제품이 경쟁 제품보다 좋다는 방식에서 고객의 선택 수준이 어떤 범위까지 와 있는지 보다 넓은 독수리의 시각에서 고객을 보려는 노력이 필요합니다.

(2) 온라인을 통한 구매자 시장으로의 전환

기술의 변화는 또한 시장을 판매자 우위의 시장에서 구매자 우위의 시장으로 바꿔 놓고 있습니다. 이전에는 대부분 정보가 판매자에서 나왔다면 최근에 정보는 판매자뿐만 아니라 인터넷을 기반으로 하는 다양한 소스에서 나오고, 또 이를 비교하고 평가하는 다양한 기관이 나옴에 따라 더욱더 구매자 우위의 시장으로 변하고 있다고 할 수 있습니다. 오늘날의 고객은 B2B와 B2C 모두 구매 초기 단계에서 정보의 소스로서 더 영업 사원에게 의존하지 않고 인터넷을 기반으로 한 SNS에 의존하고 있고 그 의존도는 더욱 커질 것입니다.

골든 플래닛의 자료에 의하면 B2B의 경우에도 구매 여정 전에 인터넷을 이용하는 비율이 50%를 넘어가고 있다고 합니다. B2B 고객조차도 이제는 영업 사원과 만나는 것이 시간 낭비라고 생각합니다. 이러한 고객의 구매 여정은 B2B 기업의 판매 영역에서 온라인의 중요도를 높이고 있습니다. 따라서 온라인을 통해 효과적으로 고객을 끌어들이지 못하면 기업은 고객의 존재 여부를 알기도 전에 그 기회를 잃어버리게 되는 것입니다. 이러한 현상은 B2B 세일즈에 있어서 세일즈맨의 역할이 무엇인가를 다시 돌이켜 보아야 할 단서를 제공하고 있습니다.

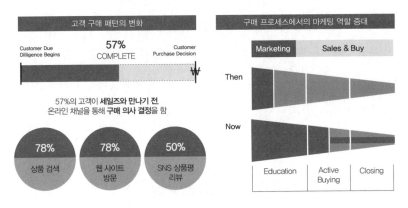

[그림 2-1] 골든 플래닛 마케팅 자동화 소개 자료

정리하면 경쟁의 형태가 변하고 어디에서 경쟁자가 나올지 알 수 없는 이런 상황에서 마케팅과 영업 부서가 서로 다른 경쟁 포인트와 접근을 하고 있다면 시장에서의 도태는 시간 문제일 것입니다. 따라서 마케팅은 영업에 한발 더 다가가야 하고 영업은 조금 더 마케팅으로 한발 더 다가갈 수 있어야 하며, 상호 신뢰와 이해를 기반으로 한 집중이 요구된다고 할 것입니다. 마케팅과 영업의 문제는 부서 차원의 문제가 아니고 전사 차원의 문제입니다. 그런데도 많은 CEO가 이 문제를 간과하거나 회피하거나 처리할 능력이 없어 방치되는 경우가 많습니다. 그러면 어떻게 협업을 할 수 있을까요?

4.
어떻게 마케팅과 영업의 콜라보를 만들어 나갈 것인가?

많은 콜라보의 연구 결과에서 '비협력적인 전문가 집단'보다 '협력적인 비전문가 집단'이 더 높은 성취를 보여 주고 있습니다. 즉 이 사실은 뛰어난 사람들조차도 '협력'을 위한 노력을 하지 않으면 팀에서 그들의 능력을 충분히 발휘할 수 없다는 뜻입니다. 그렇다면 다양한 환경 속에 놓여 있는 기업의 입장에서 마케팅과 영업 두 전문가 집단의 콜라보를 어떻게 만들어 나가야 할까요?

(1) 현재 협업 수준의 이해와 단계별 협업 추진 내용

협업의 가장 큰 문제는 상식적인 이야기지만 소통 문화를 만들어 가는 것입니다. 그렇다면 우리 회사의 세일즈(영업)와 마케팅의 소통을 파악하기 위해서 무엇을 파악해야 할까요? 이를 파악하기 위해서 다음과 같은 내용을 점검해 볼 수 있습니다.

첫 번째는 현재의 관계 수준입니다. 현재 마케팅 부서와 영업 부서 상호 간의 '레벨별 접촉이 이루어지고 있는가' 입니다. A 레벨(최상층), C 레벨(실무자급)의 모든 층에서 이루어지고 있다면 소통이 잘 이루어지고 있다고 볼 수 있습니다.

두 번째는 정보에 대한 공유입니다. 마케팅 부서가 오늘 무슨 일을 하고 있고 어떤 계획을 하고 있는지 영업 부서가 모두 파악하고 있거나, 영업 부서의 현재 실적과 미래 접촉할 고객, 그리고 현재 진행되고 있는 프로젝트의 진척과 장애가 무엇인지 마케팅 부서가 모두 알고 있다면 마케팅과 영업의 소통이나 관계는 매우 좋다고 볼 수 있겠지요.

세 번째는 서로가 얼마나 상대방의 조언을 요청하거나 또는 그 요청에 대해 수용하고 있는지에 대한 여부입니다. 상호 간의 간섭과 조언에 대해 인정하고 수용하는 정도가 높다면 상호 간의 협력이 잘 되고 있다고 볼 수 있겠지요. 서로가 조언 요청도 하지 않고 조언에 대해 비판적이라면 둘의 협업을 위한 소통은 낮은 단계라고 할 수 있습니다.

마지막으로 라이프 스타일입니다. 마케팅과 영업 부서 모두 상대방 부서의 사람들에 대해 일 이외에 얼마나 많은 것을 알고 있느냐 하는 것입니다. 일 이외의 문화적인 공통점을 가지고 있지 않으면 진정한 관계를 쌓아 나갈 수 없을 것입니다.

이러한 관계의 단계는 수준에 따라 여러 단계로 구분해 볼 수 있겠지만 4단계로 구분해 보겠습니다. 마찰이나 갈등이 발생할 때만 협의하는 관계로 상호 간 평상시의 소통이 형성되어 있지 않은 1단계, 갈등이 발생하고 이를 피하고자 상호 간의 프로세스와 규칙을 정하는 협력 단계, 공동으로 함께 프로젝트에 참가하는 상호 의존 단계, 마지막으로 유연하게 상호 간의 관계가 환경과 프로젝트에 따라 통합되기도 하는 통합 단계의 4가지 단계로 나누어 볼 수 있을 것입니다.

여러분의 조직은 어느 단계입니까? 그런데 관계에 대한 상호 간의 지각 차이가 발생할 수도 있습니다. 만약에 지각의 차이가 발생한다면 왜 이런 차이가 발생하는지 원인을 분석해 보아야 합니다. 그렇다면 각 단계에서 다음 단계로 나가기 위해서는 어떻게 해야 할까요? 우선은 1단계는 업무적 소통을 진행하는 단계입니다. 업무적 소통이 잘 이루어지고 있다면 2단계는 자원의 결합(시간, 예산)을 진행하는 단계입니다. 마지막으로 세 번째는 PEOPLE BOND 단계로서 상호 간의 인간적, 문화적 차원을 발전시켜 나가는 것입니다. 현재 관계의 단계 포지션을 알았다면 다음 단계의 협업 목표를 정하고 관계를 발전시키기 위해서 업무적, 과정적, 문화적 내용을 어떻게 진행할 것인지를 CEO의 중재하에서 진행해야 합니다.

(2) 세일즈 펀넬의 미세 조정

두 번째 협업을 위한 방법은 업무적 소통의 일환으로서 세일즈 펀넬의 미세 조정입니다. 고객의 구매 여정을 판매적 측면에서 다루는 것이 바로 세일즈 펀넬입니다. 그러나 전통적인 세일즈 펀넬의 경우 온라인의 변화와 기술의 변화를 반영하고 있지 않습니다. 특히 오랜 기간의 관행과 작업 방식을 바꾸는 것은 매우 어렵습니다. 기업의 생존을 위해서는 현재의 세일즈 펀넬을 — 고객이 디지털을 어떻게 사용하는지를 이해하고 고객의 새로운 구매 여정에 맞게 — 수정하기 위한 노력과 투자를 해야 합니다. 그리고 새로운 세일즈 펀넬의 역할과 과정에 현재의 마케팅 팀과 영업을 어떻게 개입시킬 것인지 논의해야 합니다. 많은 경우에서처럼 고객의 구매 여정이 잘못 할당되거나 구매 여정을 정확하게 이해하지 못하고 설계된다면 마케팅과 영업의 갈등은 사라지지 않을 것입니다. 많은 갈등의 원인은 변화, 그중에서도 고객의 변화에서 오므로 고객의 구매 여정에 따라 마케팅과 영업의 역할과 임무를 수정하기 위한 투자와 노력이 필요합니다.

새로운 고객의 구매 여정을 이해하는 것이 첫 번째라면 두 번째는 데이터입니다. 성공적인 협업의 방법에서도 중요한 것이 정보입니다. 상호 간의 정보를 어떻게 제공하느냐, 서로가 정보에 기초해서 상호 간의 조언이나 협력을 받을 수 있느냐 하는 것입니다. 이런 문제를 해결하기 위해서 나온 CRM, SFA 등이 등장을 하였습니다만, 마케팅과 영업 부분을 통합하기 위한 시스템적인 노력은 부족했습니다. 이러한 인터넷과 온라인의 변화를 반영하듯 최근에는 마케팅 자동화란 영역도 새롭게 등장했습니다. 마케팅 자동화란 가망 고객들을 리드로 전환하고, 궁극적으로는 구매 고객으로까지 전환시키기 위해 더 개인적이고 가치 있는 인터넷 중심의 콘텐츠를 활용해 가망 고객들을 육성하는 방법의 하나입니다. 이 마케팅 자동화의 도입은 이제 B2B 기업들에도 필수적으로 될 것입니다. 이러한 마케팅 자동화를 성과 있게 전개하려면 기존의 영업 시스템과의 효율적인 미세 조정이 필요하게 될 것입니다.

(3) 성과와 보상 시스템의 개선

세 번째는 구매 여정에 따른 정확한 성과의 측정과 보상입니다. 복잡한 구매 여정, 더욱 긴 세일즈 사이클로 인해서 B2B는 어느 부서가 매출에 이바지했는지를 파악하는 것이 매우 어려운 것이 현실입니다. 고객의 구매 여정이 과거에 비해 온라인의 구매 여정이 길어졌다 해도 온라인과 오프라인에 걸쳐 있기 때문에 구매 여정 단계별 전환을 추적하지 못하면 마케팅과 영업 부문의 성과 측정에 있어 항상 갈등이 존재하게 될 것입니다. 새로운 구매 여정에 의한 각 단계별 성과 전환에 대해 마케팅과 영업 부서의 끊임없는 토론과 피드백, 그리고 상호 간의 동의가 필요합니다. 결과적으로 두 부서 간 협업의 결과로서 성과가 나오는 시스템을 만들려는 구조적인 협력이 요구됩니다. 성과와 더불어 같이 정비해야 할 것이 보상입니다. 성과와 보상 문제는 많은 회사가 영원한 숙제이기도 합니다. 그런데 이런 성과 시스템을 결정할 때 구조적 협력 시스템을 마케팅 부서와 만드는 것이 필요합니다. 경쟁은 '구조적 경쟁'이라는 것과 '의도적 경쟁'이라는 것을 구별해 볼 수 있습니다. 전자는 상황에 기인한 것이고, 후자는 태도나 개인적인 스타일에 기인한 것입니다. 즉 구조적 경쟁은 승패의 구조와 관계가 있고 외부적인 것인데 반하여, 의도적 경쟁은 내부적인 것이며, '넘버 원'이 되고자 하는 개인의 소망에 관한 것입니다. 협력도 '구조적 협력'과 '의도적 협력'으로 구분해 볼 수 있습니다. 구조적 협력이란, 내가 승리하기 위해서 상대방도 승리해야만 하는 구조로 협력을 유도하는 것입니다. 내 개인의 이익을 추구한다는 측면에서 이타주의와 다르지요. 이런 구조 속에서는 타인을 돕는 것이 내 개인의 이익이 되게 하는 것입니다. 구조적 협력을 가장 잘 만들어 낼 수 있는 것이 바로 성과 시스템이라고 봅니다. 따라서 이를 잘 설계하면 마케팅과 영업의 구조적 협력을 만들어 낼 수 있습니다. 구조적 협력하에서 의도적 협력이 될 수 있도록 문화를 바꾸어 나가면 진정한 협업이 가능하게 될 것입니다.

5.
맺음말

기업이 환경의 변화에 대응하여 안정되게 성장하려면 세 가지가 모두 제대로 서 있어야 합니다. 논의하는 주제에서 그 첫 번째는 뛰어난 마케팅 능력이며, 두 번째는 뛰어난 영업 능력이며, 마지막이 이 둘을 하나로 묶을 수 있는 리더의 능력입니다. 리더의 역할은 마케팅과 세일즈의 문화적 차이를 좁히는 유연한 방식을 통해 명확하고 공통된 목표를 중심으로 팀으로서 목표를 달성하게 하는 것입니다. 어떤 선수도 팀보다 위대하지 않습니다. 자신의 부서가 아무리 잘해도 타 팀이 뒷받침되지 못하면 성과를 낼 수 없음을 인식해야 합니다. 통합으로 일을 하는 것은 아마도 마케팅보다 개별적 상황에 민감하게 반응할 수밖에 없는 영업 팀이 더 어려울 수도 있습니다. 그리고 이러한 통합을 만들기 위해서는 최근의 기술적 환경의 변화를 뒷받침할 만한 인재와 중재자적 인재 선발이라는 인사 조직적 혁신도 요구됩니다. 가장 중요한 것은 이들의 모든 협업이 바로 제품과 기술 중심이 아닌 시장과 고객 중심으로 이루어져야 한다는 사실입니다. 즉 디지털 기술과 데이터로 구현된 새로운 기능을 최대한 활용하고, 오늘날 B2B 고객이 기대하는 구매 경험을 제공하는 것이 가장 기본적인 협업의 전제 조건입니다. 마지막으로 필요한 역량을 구축하고 조직 간 통합과 협업을 가능케 하는 문화적인 변화를 이루기 위해서는 짧은 시간이 아닌 긴 시간이 필요할 수 있습니다. 협업을 진행하는 과정에서 서로가 상대방에게 잘못을 전가하는 '으르렁 지대'가 발생합니다. 대부분의 협업이 어려운 이유는 이 지대에서의 갈등을 풀어 나가는 능력이 부족하고 그러한 훈련이 되어 있지 않은 까닭입니다. 그러나 이 갈등 기간이 사실은 협업의 과정에서 반드시 견뎌야 하는 코스라는 것입니다. 이 으르렁 지대에서의 스트레스를 견뎌야만 협업을 할 수 있으므로 긴 시간 동안 흔들리지 않고 초심의 협업 문화를 만들기 위해서는, 어느 문제나 그렇듯 기업 내·외부 환경의 어려움을 극복할 수 있는 리더의 콜라보에 대한 굳은 의지가 절대적으로 필요할 것입니다.

3장

브랜드 혁신을 위한 소비자 이해하기와 통찰력

유성덕

1.
브랜드 혁신이란 무엇인가?

(1) 브랜드 혁신의 의미

우리의 브랜드는 성장하기도 하고 퇴보하기도 합니다. 오랜 시간 동안 정체하고 있다는 것도 결국 경쟁에서 추월당하게 되어 시장에서 밀려나게 되겠죠. 마케터들의 핵심 과제는 보유하고 있는 브랜드의 지속적인 경쟁 우위를 확보하고, 이를 통해 '수익성 있는 성장(profitable growth)'을 유지하는 데 있습니다.

브랜드 혁신이란, 새롭고 가치 있는 아이디어를 만들어 내고, 그것을 강력한 콘셉트(concept)로 발전시켜 구체화하고, 소비자(표적 고객)에게 성공적으로 전달될 수 있도록 노력하는 과정을 말합니다. 따라서 어떤 브랜드가 지속해서 수익성 있는 성장을 만들어 낸다는 것은 반드시 혁신하고 있다는 것을 의미합니다. 즉 브랜드 혁신은 정기적인 브랜드 리뉴얼, 브랜드 자산의 유지 관리, 자산 형성 단계별 적절한 개선을 위한 수단이며, 자산 확장을 위한 새로운 아이디어를 창출해 내고, 새로운 성능 플랫폼과 혜택 전달을 강화하는 수단이 됩니다.

우리가 혁신을 말할 때 '비약적' 혹은 '점진적' 혁신의 서로 다른 입장에서 혁신이란 용어를 사용합니다. 두 입장 모두 같은 노력으로부터 만들어질 수 있다고 주장하기도 합니다. 어떤 팀이 비약적 혁신을 위한 도전을 수행한다면, 그 도전 속에 점진적 혁신 아이디어도 만들어질 수 있을 것입니다. 그러나 '점진적 혁신'을 수행하고자 한다면, 그 속에서 비약적인 혁신 아이디어를 만들어 낼 가능성은 거의 없다고 봐야 합니다.

(2) 브랜드 혁신 수행을 위한 전제 조건 및 당위성

우리가 관심을 가지는 브랜드 혁신은 좀 더 강력하고 비약적 혁신에 목표를 두고 있습니다. 이러한 혁신 목표를 달성하기 위해서는 첫째, 표적 고객에 대한 깊은 이해를 바탕으로 혁신적인 아이디어 개발이 선행되어야 합니다. 그 아이디어들은 단순히 새로운 기술이나 새로운 포장 방법, 유통 등 단편적인 정보로부터 찾아지는 것이 아니라, 표적 고객들이 사용하고, 느끼고, 원하고, 필요로 하는 욕구가 무엇이며, 어디서 그것을 얻으려 하는지에 대한 종합적인 검토와 깊은 이해를 통하여 표적 고객과 공감했을 때 얻어지는 것입니다. 우리는 그러한 깊은 이해를 '통찰력(insights)'이라고 합니다. 여러분들이 이미 알고 있듯이 소비자들은 제품이나 브랜드가 주는 혜택을 사는 것입니다. 세탁 세제를 살 때 단순히 옷을 세탁하기 위해 구매하는 것이 아니라, 그 행위 속에서 깨끗함 – 청결함/위생 – 좋은 이미지 – 좀 더 확장되면 그런 이미지를 가진 퍼스널리티를 추구하기 위하여 구매한다고 볼 수 있죠.[1] 그것들이 세탁 세제가 주는 혜택(benefits)들입니다. 결국 혜택은 세탁이란 행위에서 소비자가 직면하는 문제(필요 욕구)를 해결하는 솔루션(solution)이 됩니다.

두 번째로 그렇게 얻어진 아이디어는 가시적인 경쟁 우위를 확보할 수 있는 독특(unique)하거나 차별화(differentiation)된 점을 가져야 한다는 것입니다. 그 독특하고 차별적인 혜택 포인트는 소비자들이 경쟁 브랜드 대비 우리 브랜드를 구매할 이유이며, 회사가 소비자와 커뮤니케이션하고자 하는 핵심 제안이 되는데 우리는 이것을 '콘셉트'라고 합니다. Winning Concept는 브랜드 아이덴티티(개성)와 포지셔닝(차별화) 전략의 근간이 되어 소비자의 브랜드에 대한 개념적 가치를 구축하는 데 원천으로 작용합니다.

세 번째로 브랜드가 혁신 목표를 달성하기 위해서는 그 콘셉트가, 회사가 보유한 핵심 역량을 통하여 구체적이고 소비자가 지각하는 혜택의 품질로 실체화되어야 한다는 것입니다. 여기서 이야기하는 혜택의 품질이란 기능적 품질만을 이야기하는 것이 아닙니다. 첫 번째 조건에서 이야기하였듯이 '소비자가 원하는 혜택'이란 '기능적, 정서적, 상징적' 혜택을 포함하는 것이므로 '혜택의 품질'이란 이 세 가지 차원에서 소비자가 주관적으로 지각하고 판단하는 품질을 의미합니다.

이러한 것들이 고려된 브랜드 혁신 목표의 달성은 시장에서 뛰어난 성과를 보일 것이고, 혁신 전의 브랜드보다 높은 가격을 책정할 수 있을 것이며, 또한 강화된 브랜드 자산을 통해 지속적인 가격 인상을 가능케 할 것이며, 이를 통해 브랜드의 경제적 부가 가치(EVA)를 극대화하는 것이 쉽게 될 것입니다.

따라서 앞서 말한 것처럼 기업이나 마케터의 핵심 과제인 브랜드의 '수익성 있는 성장(profitable growth)'은 혁신을 통해서만 이루어질 수 있는 것이며, 이 혁신 목표의 달성은 소비자(표적 고객)의 깊은 이해를 바탕으로 한 통찰력 확보가 핵심입니다.

(3) 브랜드 혁신 과정

혁신에 유용한 통찰력을 확보하는 과정은 다음과 같이 의외로 단순하게 3단계로 이루어집니다. 하지만 각 단계를 완성해 나가는 것은 다양한 지식과 노력, 끊임없는 도전을 필요로 하는 쉽지 않은 작업입니다.

[그림 3-1] 유용한 통찰력을 확보하는 3단계 과정

첫 단계는 새로운 기회를 이해하고 발견할 수 있는 정보를 수집하는 것입니다. 이 활동은 브랜드, 카테고리, 제품, 소비자, 경쟁자, 그리고 외부적인 요인들에 대한 것이며, 마케터가 브랜드 비즈니스를 하는 동안 내내 이루어져야 하고, 정보의 원천과 내용이 의심할 바 없이 어떤 수준에 도달해 있어야 합니다. 한마디로 '무슨 일이 일어났는가와 일어나고 있는가?'에 대한 정보의 수집을 말합니다.

두 번째 이해의 단계란 수집한 정보를 통해 '왜 그 일이 발생했는가?'를 알아내는 것입니다. 즉 소비자의 구매 행동과 감정에 대한 동기를 알아내는 것이죠.

마지막의 통찰력 확보란 이해의 결과 '그래서' 즉, 소비자가 처한 문제의 솔루션에 대한 '유레카'의 단계입니다. 이 단계에서 비로소 창의적이고 혁신적인 기회를 발견하거나 갖게 됩니다. 이 발견이 브랜드를 통해 소비자(표적고객)들에게 새로운 가치를 어떻게 제안할 수 있는지를 설명해 줍니다.

2.
통찰력 확보를 위한 정보와 정보의 원천은 어디일까?

우리가 잘 모르는 지역에 왔을 때 그 지역의 지형지물 등을 광범위하게 파악하고자 한다면 높은 곳으로 올라가라는 것이 우리가 신봉하는 가장 오래된 조언 중의 하나입니다. 더 많은 정보를 얻고자 한다면, 더 높이 올라가야 하겠죠. 통찰력 확보를 위한 소비자 정보도 마찬가지입니다. 혁신을 위한 통찰력은 소비자에 관련한 국소적인 어떤 현상의 파악으로부터 나오는 것이 아니라 전체적인 소비자의 내적·외적 영향 요인을 파악하고 이해함으로써 이루어지는 것입니다.

(1) 통찰력을 가지기 위한 필요 정보

만약 여러분의 브랜드가 활동하고 있는 카테고리가 식품 분야라고 가정하고 간단한 예를 들어보겠습니다. 여러분의 회사가 CJ 제일제당 식품 사업 본부나 대상 등의 회사가 될 수 있겠죠. 우선 이런 질문을 던져 봅시다. 그 회사들이 끊임없이 성장할 수 있는 동력원을 제공해 준 곳은 어디일까요?…… 예, 맞습니다. 바로 밥상입니다! '햇반' 등의 밥 종류부터 국 등 조리 없이 먹는 제품, 반찬 등 조리를 해야 하는 제품들과 조리에 필요한 각종 소스 및 조미료, 나아가 식사 후에 먹는 후식류까지 우리의 아침, 점심, 저녁 밥상에 올라갈 수 있는 이 모든 것들이 브랜드, 나아가 회사의 성장 동력을 만드는 아이디어들이 됩니다. 마케팅 관점에서 이러한 영역을 정의하는 것을 "기회 시장을 정의한다."라고 합니다. 이 정의를 내리기 위해서는 전체 식품 시장, 서브 카테고리, 개별 영역들에 관련된 시장 흐름, 기술 동향, 유통 환경, 경쟁 환경, 소비자 만족도 등 여러 가지 정보들이 필요합니다. 두 번째 이런 질문을 던져 봅시다. 여러분이 이 회사 중 하나에 소속하여 어떤 브랜드를 담당하고 있는 마케터인데 최근 그 브랜드의 성과가 좋아졌다든가 혹은 나빠졌다든가 하는 상황에 부닥쳤다면 그 이유를 어떻게 설명하시겠습니까? 마케터의 노력 여부? 회사의 지원? 영업의 노력 여부? 경쟁 환경? 등…… 맞아요! 모두 이유가 될 수 있겠죠. 그러나 궁극적으로는 바로 소비자의 구매 결정 행동 때문입니다. 여러분의 좋은 실적은 소비자가 여러분의 브랜드나 제품에 대해 경쟁 제품 대비 지갑을 많이, 자주 열어 준 결과이고, 나쁘다면 그 반대의 행동 때문이겠죠. 따라서 기업의 성장과 직결된 소비자의 이러한 행동을 좋은 방향으로 강화 혹은 수정하여 전략적으로 활용하기 위해서는 소비자의 행동과 그 행동에 영향을 주는 내적·외적 정보가 필요합니다.

그렇다면 도대체 마케터가 알아야 하는 영역은 어디인지, 마케터가 알고자 하는 정보는 무엇인지, 어디서 얻을 것인지 구체적으로 생각해 봅시다.

소비자들의 구매 의사 결정 마인드를 이해하고, 관련 정보를 수집하고, 그것을 바탕으로 제품 및 제품의 믹스, 커뮤니케이션, 판매 등의 마케팅/세일즈 전략을 구축하는 데 유용하게 사용할 수 있도록 중요한 로드 맵을 제공해 주고 있는 대표적 소비자 구매 의사 결정 과정 모형이 있습니다. 개발자 이름을 딴 EBM(Engel-Blackwell-Miniard) 모형이라 합니다(이하, CDP : consumer decision process model이라 칭함).[2] CDP의 개략적인 과정은 [그림 3-2]와 같습니다.

[그림 3-2] 소비자 구매 의사 결정 프로세스 모델(EBM)

Needs(필요)의 인식(문제의 인식이란 표현을 쓰는 학자들도 있음)이란 의미는 소비자가 어떤 상황에 직면했을 때 그 상황에서 가장 이상적인 상태와 그렇지 못한 현재 상태의 불일치가 발생하는데 그 불일치의 정도가 어떤 수준(level)이나 문턱치(threshold)에 도달하거나 초과했을 때 니즈를 인식하는 것을 말합니다.[3] 또한 이 불일치를 느꼈을 때, 소비자들은 육체적 또는 정신적 상태의 불균형에 의해 야기되는 심리적 긴장 상태에 놓이게 되고, 그 긴장 상태를 해소하기 위해 목표 관련 행동을 하게 된다는 것입니다. 즉 긴장 상태가 행동을 일으키는 동력으로 작용한다는 것이죠. 예를 들면 소비자가 현재 배고픔을 느꼈다면(현재 상태), 그리고 그 느낌이 어느 수준에 이르거나 넘어서게 되면, 그 느낌을 제거하고 싶은(이상적 상태) 욕구를 경험하게 됩니다. 이처럼 동적에너지를 지닌 심리적 긴장 상태를 '동기 유발 상태(motivation)'라고 합니다.[4]

이 모형을 근간으로 마케터가 알아야 할 소비자 정보들을 분류해 보면 다음의 [표 3-3]과 같이 3가지 차원에서 접근할 수 있습니다. 소비자의 구매 동기, 구매 행동과 이 두 가지 차원에 영향을 주는 요인인 배경(맥락) 정보가 그것입니다. 모두가 중요하지만, 통찰력의 근간이 되는 가장 핵심 정보는 구매 동기입니다. 독일의 철학자 쇼펜하우어는 "인간의 모든 행동에는 동기가 있다."라고 했습니다. 동기 유발이 인간의 행동, 즉 정보 처리 및 의사 결정 행동에 영향을 끼친다는 말입니다.[5] 이때 Needs는 불일치를 메우려는 행동 동인(동기, motive)으로 작용합니다. 소비자가 경험하는 니즈에 대해 심리학자 매슬로(A. Maslow)는 단순하긴 하지만 나름대로 유용하게 5가지 범주로 나누었고,[6] 박충환 등은 니즈를 ① 사회적 니즈와 비사회적 니즈 ② 기능적, 상징적, 쾌락적 니즈로 구분할 것을 제안하였습니다.[7]

니즈 외에 동기 유발을 활성화하는 강력한 요인으로 개인적 관련성과 지각된 위험을 들 수 있습니다. 개인적 관련성이란 우리의 개인적 삶과 직접적인 관련이 있거나 중요한 의미를 가지는 정도를 말합니다.[8] 소비자들은 자신의 가치관, 정서, 자아 개념(self-concept), 기대감 등과 일치되는 마케팅 정보나 브랜드들을 개인적인 관련성이 있는 것으로 지각하고, 가치 있는 것으로 느끼며, 이러한 관련성 때문에 소비자들은 적극적으로 구매 의사 결정과 행동을 하게 됩니다. 지각된 위험이란 소비자가 제품의 획득, 사용 또는 처분 행동에서 느끼는 불확실한 정도를 말합니다.[9] 이 불확실성은 ① 제품 정보가 거의 없거나 ② 신제품 ③ 가격이 비싼 경우 ④ 기술적으로 복잡하거나 ⑤ 브랜드가 품질이 다르고 경험이나 확신이 없는 경우 ⑥ 다른 사람의 의견이 중요한 경우 등에서 커지는 경향이 있습니다.

구분	동기(Motive)	행동(Behavior)	맥락/배경(Context)
관찰 정보	Needs의 유형 Real Needs Unmet Needs 관여도	구매 빈도 구매량 사용 빈도 사용량 가격 민감도 인지도 이미지 사전 지식 기존 태도	인구 통계적 정보 사회 문화적 정보 준거 집단 가족 구매 목적/상황 사용 목적/상황

[표 3-3] 마케터가 소비자 행동을 이해하기 위해 필요한 정보
(자료 출처 : 저자가 참고 문헌의 내용을 정리하여 만든 표)

이러한 소비자의 동기 유발과 관련된 내면적 정보가 왜 마케터가 알아야 할 핵심적인 정보인지를 보여 주는 마케팅 내부 활동을 살펴봅시다.

마케터들은 가능한 마케팅 정보를 소비자, 특히 표적 고객들이 자신과 관련성이 높다고 느끼게 만들고, 브랜드가 제안하는 것을 소비자 자신의 니즈를 충족시키는 최적의 혜택으로 받아들이도록 만들어 동기 유발을 강화할

수 있습니다. 그래서 우리는 마케팅을 "고객에게 가치 있는 제공품(유형의 제품이나 무형의 서비스)을 창출하고 커뮤니케이션하고 전달하여 교환하는 과정"이라 정의하고, '고객 가치'를 강조하고 있을 뿐만 아니라 흔히 말하는 것으로 "고객의 니즈를 파악해라.", "니즈를 기반으로 팔리는 제품을 만들어라."라고 역설하고 있습니다. 한 단계 더 나아가 한 카테고리 내에서 소비자의 니즈를 콘셉트로 제시하는 유사한 브랜드나 제품들이 다수 존재하는 요즈음, 시장에서는 마케팅이 니즈의 싸움이 아니라 카테고리 욕구의 차별적 세분화를 중심으로 한 '원츠(wants)'의 싸움이라고 주장하는 경우도 있습니다.

이렇듯 표적 고객이 제품 카테고리에서 어떤 필요 욕구(needs)를 가지고 있는지, 어떤 욕구가 미충족된 욕구(unfulfilled needs)이고 그 정도가 어떠한지를 파악하는 이유는 그것을 바탕으로 시장 세분화가 가능하며, 브랜드 혁신을 위한 새로운 니즈의 창출과 제품 개발, 갈등 관리를 위해 커뮤니케이션의 효과를 강화할 수 있기 때문입니다. 그런데 소비자의 동기 유발과 그 결과에 영향을 주는 리얼 니즈(real needs) 또는 미충족 욕구(unfulfilled needs)의 정도를 파악한다는 것은 매우 어려운 일입니다. 단순한 질문서나 응답으로 이루어진 소비자 조사를 통해서는 거의 불가능한 일입니다. 종종 소비자들은 자신들의 니즈를 인식하지 못하고 그것을 잘 설명하지 못하기도 합니다. 그래서 [표 3-3]에서 보듯이, 우리는 특정한 상황에서 나타난 소비자의 행동 및 그 결과들을 관찰하고, 영향을 주는 주변 배경(맥락)을 조사하여 이를 바탕으로 소비자의 동기에 대한 깊은 이해와 통찰력을 확보한 후, 소비자의 real needs 나 미충족 욕구 및 그 정도를 추론하고 판단하는 간접적인 과정을 거치게 됩니다. 완벽하지 않지만, 이러한 추론을 이용할 수 있는 것은 소비자의 개인적 관련성과 관여도, 지각된 위험, 사전 지식, 기존 태도, 개성, 개인적인 능력(금전, 권한), 주관적 가치나 규범뿐만 아니라 소비자를 둘러싼 사회 문화적 요소, 준거 집단, 특정 상황에 따라 소비자의 동기 유발 정도가 달라지고, 이에 따라 소비자의 구매 행동 및 사용 행동, 처분 행동까지 다르게 나타나기 때문입니다.[10]

(2) 정보의 원천과 그 선택

광범위한 정보들을 어디서, 어떻게 수집할 것인지에 대한 탐색 노력이 필요합니다. 이 노력은 적절하고 신뢰할 수 있는 정보와 그 원천을 확보할 수 있을 때까지 지속해서 해야 하는 일입니다.

통찰력 확보를 위해 가장 먼저 수집·분석해야 할 데이터 및 정보는 소비자 트렌드가 반영되어 나타나는 표면적 현상인 시장 상황에 관련된 정보입니다. 소비자 트렌드란 소비자가 장기적으로 보이는 구매, 사용 및 폐기까지를 포함한 행동의 경향성으로, 이는 동기 유발의 방향성 및 유발 요인의 변화를 의미합니다. 그 시장 상황 데이터의 원천은 Retail Audits(유통 내 판매 현황 조사)로, 비즈니스 혹은 브랜드의 성과(점유율)와 가격 동향, 그 비즈니스나 브랜드가 속해 있는 카테고리 혹은 산업 부문의 시장 규모, 성장 추세 등의 정보를 제공합니다. 앞의 사례에서 설명하였듯이 숫자로 나타나는 자사 브랜드와 경쟁 브랜드의 성과는 소비자가 각 브랜드에 대해 나름대로 주관적 의사 결정에 의거하여 기꺼이 지갑을 연 이유이고, 전체 카테고리의 시장 동향은 그 결과들이 반영된 것이기 때문입니다. 따라서 Retail Audits와 자사 보유 비즈니스 데이터를 통해 시장 트렌드가 변화하고 있다고 파악된다면, 그것은 소비자가 자신이 직면한 문제점을 해결하는 데 그 경향성이 변화하고 있다는 것을 의미합니다.

다음으로 필요한 정보의 수집 및 분석은 소비자 패널을 활용한 추적 조사가 있습니다. 정기적인 추적 조사를 통해서 가정 내 침투율, 구매 빈도, 구매량, 충성도 및 소비자 프로파일 등의 변화를 상대 비교할 수 있습니다. 이 정보는 Retail Audits 자료의 해석과 이해를 도와줍니다.

세 번째로 여러 정량적 변수들의 조합을 통하여 트렌드를 알아보는 다변량 조사로 '소비자 사용 및 태도 조사(Usage & Attitude test)라는 것이 있습니다. 이 조사 또한 정기적으로 사용자의 프로파일, 고려 상표군, 사용 기회, 사용자의 태도, 브랜드 이미지, 사용 빈도, 사용량을 조사하여, 그 변화 정보를 제공함으로써 앞에 설명한 정보들을 추가 해석하는 데 좋은 증거들이 됩니다. 덧붙여 필자가 적극적으로 추천하는 조사로 관찰 조사가 있습니다. 점포 내의 구매 상황이나 가정 내의 사용 상황 등의 관찰은 마케터들에게 어떤 사람들이 제품을 선택하고, 구매 순간에 어떤 제품들과 경쟁하며, 우리 제품이나 브랜드와 함께 어떤 제품들이 사용되고 있는지, 제품의 사용에 내포되어 있는 사용자들의 활동이나 사용 목적이 무엇인지, 얼마나 오래 제품을 보유하고 사용하는지에 대한 정보를 제공합니다. 또한 이 조사는 FGI(Focus Group Interview)와 같은 정성 분석 기법을 함께 적용시킬 수 있습니다. 이 기법은 사용자에게 '왜'를 질문할 수 있고, 무엇이라 말할지 그리고 무엇을 의미하는지를 들어볼 수 있게 합니다. 이렇게 얻은 정보들은 소비자들을 깊이 이해하는 데 훌륭한 근거들이 됩니다.

마지막으로 마케터들은 고객 센터에서 올라오는 정보에도 관심을 기울이는 것이 좋습니다. 소비자 불만은 고객의 불만족 또는 미충족 욕구를 파악하는 핵심 정보이기 때문입니다. 그 외에 마케터들은 소비자의 심리적 특성에 영향을 주는 각종 유행, 사회 문화적 이슈, 경제, 정치적 이슈, 인구 통계적 특성, 기술 동향과 같은 거시 경제적 특성들을 알 수 있는 정보 원천에도 관심을 기울여야 합니다. 이러한 거시 환경의 트렌드를 이해함으로써, 이것들이 우리의 고객에게 어떻게 영향을 주고 나아가 카테고리 및 브랜드 성과가 어떻게 영향을 받을 것인지를 예측할 수 있게 합니다.

3.
소비자를 이해하기 위해 무슨 노력이 더 필요할까?

이해란 '왜 이런 현상이 발생했는가?'에 대한 원인 파악과 현상으로부터 의미를 추출하는 과정을 말합니다. 이해는 우리에게 단순한 관찰이나 정보 분석보다도 더 깊게 파헤칠 것을 요구합니다. 그리고 브랜드나 제품의 사용과 그 결과에 대한 소비자들의 행동과 감정에 대한 동기 유발의 원인을 밝히는 것을 목적으로 합니다.

이 과정에서 우리가 고려해야 할 사항은 다음과 같습니다.
  ① 얻어진 데이터와 정보를 어떻게 해석할 것인지?
  ② 무엇이 소비자의 경험과 태도에서 일반적인지?
  ③ 어떻게 소비자의 일반적 요인들이 서로 연결되어 있는지?

우리는 각종 조사 및 정보 원천으로부터 수집된 정보나 데이터들이 어떻게 서로 연결되는지를 확정할 필요가 있습니다. 그러한 확정은 동기 유발과 관련하여 소비자를 이해하는 데 도움을 주며, 마케터들이 정보를 더 깊이 파고 들어가도록 더 많은 의문과 그 의문을 탐색하도록 만듭니다.

앞의 설명에서 브랜드 혁신을 위한 통찰력을 확보하기 위해서는 소비자의 구매 및 사용 행동, 영향 요인 정보를 근거로 소비자의 니즈와 동기 유발요인들을 추론하여야 한다고 했습니다. 그런데 이 일은 매우 어려운 일입니다. 여러분의 브랜드와 비즈니스 카테고리의 소비자들은 여러분이 자연스럽게 느끼고 생각하는 것처럼 느끼거나 생각하지 않을 수 있습니다. 추론된 니즈가 특정한 행동과 연결되지 않을 수 있기 때문입니다. 다시 말하면 같은 니즈(예 : 소속 욕구)로 동기 유발이 되었다 하더라도 여러 가지 다양한 행동(친구 방문, 동호회 참가)으로 나타날 수 있고, 그 반대로 같은 행동(고급 차 구매)이라도 다양한 니즈(안전, 승차감, 과시-소위 하차감)를 나타내기도 합니다. 따라서 브랜드 혁신을 목표로 하는 마케터들이 소비자 중심의 사고방식을 유지하는 것은 필수 불가결한 것입니다. 이것은 진정으로 마케팅의 알파와 오메가입니다. 소비자 중심의 사고방식을 채택하기 위해서는 다음과 같이 소비자와 친밀감을 강화하는 훈련 활동을 진행할 필요가 있습니다.

① 제품 혹은 브랜드 사용하기

'설명서처럼 누구에게나 안전한가?', '얼마나 쉽게 포장을 열 수 있는가?', '지시 설명서는 명확한가?', '브랜드의 혜택은 명확한가?', '사용 전, 사용 중, 사용 후에 느낌은 어떠한가?' 등의 질문에 답해 보십시오.

② 제품이나 브랜드를 친구 혹은 가족과 함께 논의해 보기

'그들이 가지는 불만이 무엇인가?', '그들이 가지는 의문점은 무엇인가?', '우리의 제품이나 브랜드 또는 이들이 속해 있는 카테고리에 대해 그들이 표현하는 감정은 무엇인가?' 등을 알아보는 활동이 필요합니다.

③ 상점 내에서 관찰하기

앞서 저자가 추천하는 조사 기법이라고 했습니다. 여러분의 브랜드가 속해 있는 카테고리에서 소비자들이 구매 결정을 내릴 때 걸리는 시간이 얼마인지, 라벨은 읽는지, 선택된 제품을 장바구니 속에 아무렇게나 던져 넣는지 혹은 조심스럽게 다루는지, 자신이 구하고자 하는 해법과 일치하는 혜택을 가진 제품인지를 고민하는지, 어떤 제품과 비교하는지 등을 관찰하길 바랍니다. B2B건 B2C이건 현장에 나가 관찰하지 않는 마케터는 자격이 없습니다.

④ 가정 내에서 관찰하기(가정에서 사용하는 제품이나 브랜드와 관계있는 마케터)

가족이나 친지 혹은 친한 친구들의 가정을 방문했을 때, 혹은 공식적인 조사 의뢰를 통해서 가정 내에서 제품이 보관되는 장소(냉장고, 찬장, 다용도실, 차고 등)를 살펴보는 것으로 많은 것을 배울 수 있습니다. '집에는 몇 개의 다른 브랜드가 있는지?', '포장은 얼마나 오래된 것인지?', 그리고 어떤 상태가 흥미롭다면 '왜?'라고 질문하길 바랍니다.

⑤ 그들처럼 행동하기

표적 고객의 집단으로 들어가길 바랍니다. 그들이 속해 있는 집단에서 좋아하는 취미나 브랜드, 관심 있는 프로그램 등을 즐기고, 보고, 듣고 하길 바랍니다. 그들의 사고와 감정을 동감(sympathy)하고, 공감(empathy)할 수 있을 것입니다.

⑥ 소비자의 관점에서 브랜드 보기

이러한 접근은 소비자의 마음속에 우리를 들어가게끔 도와주는 간단하지만 강력한 방법입니다. 여러분의 마음속에 소비자와 함께하는 공간을 넣어 보기도 하고, 그 사람의 관점에서 그 사람의 세계를 보도록 하시길 바랍니다. 그렇게 함으로써 마케터들은 소비자의 관점에서 사물이나 브랜드를 진정으로 바라볼 수 있게 됩니다.

이 활동들을 하다 보면 각각의 활동들은 여러분들에게 어떤 새로운 정보를 제공하여 줄 것입니다. 물론 이 정보들은 통계적으로 유의미하지 않을 것이며, 보편적인 것으로 그 타당성을 추론할 수도 없습니다. 그러나 이 활동들은 여러분에게 앞서 언급한 정보의 원천들로부터 어떤 정보를 얻어야 할지, 또는 무엇을 질문해야 할지에 대한 새로운 아이디어를 줄 수 있으며, '왜'

그런지를 질문할 기회를 여러분에게 제공하게 될 것입니다.

4.
브랜드 혁신에 유용한 통찰력 확보하기

혁신에 유용한 통찰력이란 이해의 결과인 "그래서 어떤데?" 혹은 유레카라고 외칠 수 있는 "그래서!"를 의미합니다. 소비자에 대한 깊은 이해로부터 나오는 새롭고 창의적인 시장의 기회를 말합니다. 영향력 있는 통찰력을 유도할 수 있는 가장 좋은 방법은 지금까지 언급한 소비자들에 대한 모든 정보로부터 이해한 모든 것을 기반으로 하여 우리 자신에게 우리 브랜드를 통해서 소비자들에게 어떤 새로운 가치를, 어떻게 부가할 수 있는가를 질문하는 것입니다. 이 과정은 마케터 혼자 진행하기보다 브랜드 혁신 팀(마케팅, 영업, 연구소, 공장)을 구성하여 진행하는 것이 좋습니다. 앞서 진행했던 소비자의 모든 것 수집하기, 이해하기를 마케터 혹은 마케팅 팀이 진행했다면 그것들을 혁신 팀 내에서 공유하고 토론하는 시간을 가져야 합니다. 혁신 팀은 6~8명 정도로 구성하는 것이 좋습니다. 공유와 토론을 위해서 마케팅은 구성원들에게 조사한 내용을 발표합니다. 발표가 진행되는 동안 팀 구성원들은 각기 맡은 분야에서 "무엇이 나에게 새롭고 놀라운가? 혹은 흥미로운가?", 또한 "어떤 정보들이 내가 알고 있었던 사실을 확실하게 확인시켜 주었는가?"를 정리합니다. 만약 새로운 조사를 필요로 하는 의문이 생겼다면 "이것도 알고 싶다."라고 정리하면 됩니다. 들으면서 혁신 아이디어가 떠오를 수도 있는데 '떠오른 아이디어'로 분류하여 놓습니다. 이 과정에서는 명확함을 위한 질문은 할 수 있으나 논쟁이나 토의, 혹은 조사 결과가 의미하는 바를 해석하는 질문은 하지 말아야 합니다. 이 단계를 가칭 '능동적 청취 과정'으로 명명합니다. 이 과정에서 얻어진 노트들은 모아서 공유하고, 중복되는 것을 제외하여 유용한 토론을 위하여 한 차트에 모아 순번을 매기고 정리합니다. 그 내용을 차례대로 장점에 대해 논의하고 생각과 아이디어를 모아 봅니다. 이 과정에서 Clustering 기법을 사용하면 좋습니다.[11] 이 토의 과정은 다음의 사항에 동의할 때까지 논의를 계속합니다.

① 완전히 새로운 것은 무엇인지?

② 무엇이 확인되었는지?

③ 도출된 핵심 지식이나 정보는 무엇인지?

④ 추가적인 소비자 조사를 통해 알아야 할 중요 사항은?

이 토의 과정을 마친 후, 마지막 단계는 통찰력 개발하기입니다. 통찰력은 겉으로 보기에는 아주 단순한 표현일 수 있습니다. 앞에서 언급한 것과 같이 "그래서 어떤데?" 혹은 "그래서!"를 의미합니다. 통찰력은 완벽한 아이디어가 아닙니다. 그러나 이 통찰력은 제시하는 — 가치를 지닌 — 여러 형태의 제품들에 대한 많은 아이디어를 낳게 하는 원천이 됩니다. 이 통찰력을 표현하는 설명문을 'Insights worksheet'라 합니다. 이 설명문은 3가지의 질문으로 구성되어 있습니다.

① 소비자는 무슨 생각이나 신념, 혹은 감정에 근거한 행동을 하고 있는가?

② 왜 그러한가?

③ 그렇다면 우리는 소비자들에게 다음과 같은 방법으로 가치를 제공할 수 있을 것이다.

모든 정보와 이해를 영향력 있는 통찰력으로 집약하는 것은 도전입니다. 거의 없지만 데이터에서 툭 튀어나오는 경우 여러분은 정말로 행운아입니다. 대부분 매우 어려운 작업입니다. 어떤 경우이든 간에 당신의 통찰력을 완성하는 훈련은 아주 유용한 것으로, 여러분은 그 훈련 속에서 자신의 통찰력이 발전하는 것을 발견할 것입니다.

4장

마케터의
오해

황부영

마케터는 마케팅을 업(業)으로 삼고 있는 사람들을 일컫는 말입니다. 마케팅을 직접 수행하지 않더라도 마케팅 마인드를 가지고, 마케팅 중심의 사고를 하는 사람들은 마케터입니다. 마케터는 무엇을 미션으로 삼아야 할까요? 마케터의 미션은 문제 해결자가 되는 것입니다. 조직이나 기업에서 문제를 해결해서 성과를 만들어 내는 문제 해결자가 되는 것이 마케터의 존재 이유입니다. 마케터는 시장과 기업의 소리를 잘 듣고 문제와 문제점을 파악하여 해결책을 제시하는 사람이어야 합니다. 마케터의 가치는 '마케터에게 의논하면 답이 나오는 것 같다'는 확신을 조직 내·외부에 심어 주는 것에 있습니다. 문제 해결자를 지향해야 하는 마케터에게도 문제 해결이 어려운 경우가 많이 있습니다. 해결해야 할 문제가 워낙에 까다로워서 그럴 수도 있습니다만, 제 경험상 그런 경우는 대부분 마케터의 오해 때문에 발생하는 것 같습니다. 이때 오해란 틀에 박힌 생각, 본질을 깊이 헤아리지 못한 표면적인 이해를 가리킵니다. 마케터의 오해는 '사람들이 제대로 이해하지 못해서 발생하는 오해', 즉 'misconception'을 뜻합니다. 오해는 해결해야 하는 문제를 잘못 규정하게 만듭니다. 문제에 대한 규정이 잘못되면 해결책도 엉뚱한 방향으로 도출되게 됩니다. 마케터가 흔히 빠지기 쉬운 함정, 문제를 잘못 규정하는 대표적인 마케팅 오해에는 제품, 차별화 등에 대한 오해가 있습니다. 이런 대표적인 오해에서 벗어나 진정한 문제 해결자로 마케터가 기능하기를 바랍니다.

1.
제품에 대한 오해

(1) 마케터는 제품이 아니라 상품을 다루는 사람이다

마케팅이 실현되는 축은 제품, 가격, 촉진, 유통의 4P입니다. 소비자들은 4P를 통해서 기업의 마케팅 방향을 경험할 수 있게 됩니다. 4P야말로 기업의 마케팅 전략이 구체화되는 실체입니다. 그중에서도 출발점이 되는 것은 Product입니다. 제품을 제외한 4P 요소는 따져 보면 제품을 잘 팔리게 하는 수단이라고 볼 수 있기 때문입니다. 우리는 Product를 보통 '제품'이라고 번역합니다. 마케터는 달라야 합니다. 마케터는 Product를 의식적으로라도 '상품'이라고 불러야 합니다. 제품과 상품은 다릅니다. 제품은 '만들어진 물건'입니다. 상품은 '팔리는 혹은 팔아야 하는 물건'을 뜻한다고 보면 됩니다. 생산자가 만들어 낸 것은 제품입니다. 팔리든 안 팔리든 일단 만들어진 것은 제품이 되는 것입니다. 상품은 소비자들이 사는 제품, 마케터가 팔아야 하는 목표물을 의미합니다. 마케터는 제품 전략을 고민할 때 Product를 제품으로 보지 않고 상품으로 바라보는 관점을 유지하고 있어야 합니다. Product를 제품으로만 보면 '어떻게 하면 더 잘 만들 수 있는가'를 고민하는 것이 제품 전략의 전부가 되기 때문입니다. 이러다 보면 제품이 안 좋으니 마케팅이 어렵다는 허무한 결론을 내리게도 됩니다. 마케터가 해서는 안 되는 얘기입니다.

반면 Product를 상품으로 보게 되면 '어찌해야 잘 파는 마케팅을 할 수 있을까'를 고민하게 됩니다. 물론 우리 제품이 경쟁자들과 비교해서 형편없이 나쁘지는 않아야 합니다. 현실적인 제약 때문에, 만들어진 제품의 상태가 경쟁 제품을 압도하는 수준이 되지 못했더라도 마케터는 어쨌든 마케팅을 해야 합니다. 잘 팔아야 합니다. 마케터는 Product를 제품이 아니라 상품으로 볼 수 있어야 합니다. 잘 팔리려면 소비자로 하여금 사고 싶은 마음이 들게 만들어야 합니다. 소비자에게 사고 싶은 마음이 들게 하는 것은 콘셉트입니다. 마케터는 Product를 제품이 아니라 상품으로 보고 소비자들이 써 보지 않았어도, 심지어 직접 보지 않았어도 얘기를 듣고 나니 '사고 싶다'는 생각을 들게 만드는 콘셉트, 그 콘셉트를 뾰족하게 뽑아내야 합니다. 생산된 제품을 팔리는 힘을 가진 상품으로 만들기 위해서는 네 가지 정도를 깊이 고민하고 그중 하나 이상을 활용해서 차별적인 콘셉트를 도출하면 됩니다.

① 새로운 카테고리를 만들어 본다.
② 타깃을 새롭게 규정해 본다.
③ 제품 속성 중 새롭게 보일 만한 것을 뽑아낸다.
④ 사용자에게 주는 차별적인 편익을 남다르게 규정해 본다.

(2) 파는 것은 '고객 입장'의 해결책이다

《드릴을 팔려면 구멍을 팔아라》라는 책이 있습니다. 마케터는 제품이 아니라 상품, 제품이 아니라 가치나 해결책을 팔아야 한다는 것을 잘 나타내는 제목입니다. 기업 입장에서야 제품(Product)은 기능을 갖춘 물건이지만 소비자에게는 해결책/가치(Solution/Value)여야 합니다. 마케터는 우리가 제공하는 제품을 '돈 받고 파는 물건'이 아니라 '소비자에게 주는 해결책이나 가치'로 봐야 합니다. 먼저 우리 회사가 하는 사업의 본질이 무엇인지 '시장과 고객'

의 입장으로 정리할 필요가 있습니다. 무엇보다 고객 입장에서 우리 제품을 재정의하는 것이 꼭 필요합니다. '독자들은 특정 사안에 대해 우리가 어떻게 생각하는지를 궁금해 한다'면서 세계적인 경제 잡지의 편집장은 다음과 같이 말했다고 합니다. "우리는 독자에게 정확한 경제 기사를 파는 것이 아니라 똑똑해졌다는 느낌을 판다." 기업 입장의 제품이 아니라 고객 입장의 해결책을 팔아야 하는 것이 마케팅임을 깨닫게 하는 말입니다. 세븐앤아이 홀딩스의 전 회장인 스즈키 도시후미(鈴木敏文)는 주목할 만한 말을 했습니다. "기본은 항상 '고객의 입장에서' 생각하는 것이다. 나는 어떤 경우라도 판매자는 '고객을 위해서'가 아니라 '고객의 입장에서' 생각해야 한다고 말한다. '고객을 위해서' 생각하는 것과 '고객의 입장에서' 생각하는 것은 언뜻 보면 비슷해 보이지만 전혀 다른 대답이 나올 수 있기 때문이다. 이것을 철저히 실천하기 위해 나는 회사 안에서 '고객을 위해서'라는 표현의 사용을 금지한 적이 있을 정도다." '고객을 위해서'가 아니라 '고객의 입장에서' 정의하는 것이 중요합니다. 출발점이 아예 다른 것이 되니까요.

고객 입장에서 우리 사업의 본질이나 우리 제품을 재정의하는 것을 흔히 '업의 재정의'라고 합니다. 미션을 고객 입장으로 정리하는 것입니다. 고객 입장에서 업을 재정의하면 사업의 기회도 많아질 수 있습니다. 다음 [그림 4-1]에 나오는 레블론처럼 업을 "좋은 화장품을 판다(We sell cosmetics)."가 아니라 "아름다워지는 희망을 판다(We sell hope)."로 재정의하면 꼭 화장품이 아니어도 아름다워지는 데 도움이 되는 제품을 팔아도 전혀 자가당착에 빠지지 않기 때문입니다. '온화하고 간결한 라이프 스타일의 향유'를 자신들의 미션으로 재정의했기에 무인양품은 중국에 무인양품 점포는 물론 호텔까지도 열 수 있었습니다. 온화하고 간결한 라이프 스타일이 향유될 수 있는 방식으로 호텔까지 연 것입니다.

	제품/기업 입장의 정의	고객 입장의 정의
REVLON	We Sell Cosmetics	We Sell Hope
AUCTION.	인터넷 경매	자유롭게 사고파는 공간
xerox	복사기	사무 생산성 향상
Walmart	초우량 Selling Company	초우량 Purchasing Company

[그림 4-1] 업의 재정의 사례

(3) 가치가 크다고 느껴야 산다

소비자는 결국 '가치'를 삽니다. "Price is what you pay. Value is what you get." 워런 버핏(Warren E. Buffett)의 말입니다. 과거의 마케팅이 '기업이 제품이나 서비스를 제공하고 소비자로부터는 돈을 받는 것'이었다면 최근의 마케팅은 '기업이 가치를 제공하고 소비자로부터는 브랜드 충성도를 받는 것'이라고 규정됩니다. 가치 공식으로 살펴보겠습니다. [그림 4-2]는 소비자가 어떻게 가치를 지각하는지를 정리한 간단한 공식입니다. 가치 공식에서 가치는 총 혜택을 총비용으로 나눈 값이 됩니다. 가치를 크게 만들려면 비용을 적게 하거나 혜택(품질)을 크게 하면 된다는 것입니다. 혜택(Benefit)이란 소비자가 상품이나 서비스를 구매함으로써 자신의 욕구가 충족되거나 만족하는 것, 그러니까 효용을 느끼는 것을 말합니다. 소비자가 느끼는 가치는 바로 이 혜택을 자신이 지불한 여러 비용의 합으로 나눈 것이 됩니다.

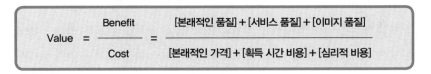

$$Value = \frac{Benefit}{Cost} = \frac{[본래적인\ 품질] + [서비스\ 품질] + [이미지\ 품질]}{[본래적인\ 가격] + [획득\ 시간\ 비용] + [심리적\ 비용]}$$

[그림 4-2] 가치 공식

가치를 크게 만들려면 분모인 Cost를 줄이거나 분자인 Benefit을 키우면 됩니다. '본래 품질/본래 가격'은 흔히 말하는 가성비(가격 대비 품질)에 해당합니다. 경쟁 제품과 품질은 같은데 우리 제품의 가격이 낮거나 경쟁 제품들과 가격은 비슷한데 우리 제품의 품질이 더 좋은 경우입니다. 가성비를 좋게 하려는 노력은 기본입니다. 마케터가 집중해야 할 일은 나머지 분자를 크게 하거나(서비스 품질이나 이미지 품질을 높이는 것) 나머지 분모를 작게 하는 것(획득 시간 비용이나 심리적 비용을 줄이는 것)입니다. 서비스 품질은 '제품/서비스가 고객에게 전달되는 과정의 우수성'을 의미합니다. 전반적인 소비자 경험의 개선으로 서비스 품질은 높일 수 있습니다. 이미지 품질은 '경쟁사 대비 우수한 이미지'를 뜻합니다. 브랜드 연상의 긍정적 강화로 높일 수 있습니다. 분자를 크게 하는 작업인 서비스 품질, 이미지 품질 제고는 말이 쉽지 단기간에 실천하고 또 성과를 거두기가 만만치 않습니다. 굳이 고르자면 분모(획득 비용, 심리적 비용)를 줄이는 노력으로 우리 제품의 가치를 끌어올리는 것을 먼저 생각하는 것이 좋습니다.

마케터는 획득 비용이나 심리적 비용을 낮춰서 가치를 높이는 아이디어를 먼저 고려해야 합니다. 획득 비용은 '제품/서비스를 구매하는 데 소요된 시간이나 관련 정보를 얻는 데 드는 시간' 등을 뜻합니다. 정보 탐색을 쉽게 만들거나 옴니 채널처럼 온오프를 유기적으로 연동하는 등의 대응 방법이 있습니다. 같은 물건이라도 빠르게 전달하는 쿠팡의 로켓 배송도 여기에 해당됩니다. 고객의 질문에 빠르게 그리고 매우 정성껏 답변을 달았던 것으로 유명한 세스코의 사례도 획득 비용을 줄인 모범이 됩니다. 정보 획득의 비용을 줄인 것입니다. 실제 획득 시간을 줄이지 못하더라도 고객의 인식을 바꿔서 성공할 수도 있습니다. 유명 놀이 공원의 경우, 인기 있는 놀이 기구에는 항상 사람이 많고 기다리는 줄도 길기 마련입니다. 획득 시간 비용이 매우 큽니다. 대기 시간을 일률적으로 줄일 수 있다면 좋겠지만 그건 불가능합니다. 기다리는 시간을 짧게 하려고 놀이 기구를 타는 시간을 줄인다면 본래의 품질을 떨어뜨리게 되니까요. 그래서 나온 대응책은 고객들이 서 있는 대기 줄에 안내판을 설치한 것이었습니다. '여기서부터 20분' 등 기다리는 시간이 얼마나 걸릴지를 알려 준 것입니다. 언제 내 차례가 되는지 전혀 모르고 하염없이 기다리는 것과 얼마 정도만 기다리면 내 차례가 온다는 것을 알고 기다리는 것은 고객 입장에서 하늘과 땅 차이입니다. 이 또한 획득 시간 비용을 줄이는 마케팅 아이디어입니다.

심리적 비용은 '이게 제대로 될까 하는 불안감, 사용 시 예상되는 주변의 부정적 반응' 등을 가리키는 말입니다. 괜히 사서 오히려 손해를 보지는 않을까 하는 불안감이라고 보면 되겠습니다. 이런 불안감은 원칙적으로 긍정 구전을 창출하고, 구매 정당화 커뮤니케이션을 통해 줄일 수 있습니다. 카카오 택시의 경우, 밤 시간에 택시를 이용하는 승객(특히 여성 승객)의 불안감을 낮춰서 성공했습니다. 심리적 비용의 본질은 '손해를 보기 싫다'는 소비자의 마음입니다. 이런 소비자의 마음을 간파해서 성공한 독특한 성공 사례도 있습니다. 1997년 일본에서는 소비 세율이 3%에서 5%로 인상되었습니다. 안 그래도 불황기였는데 소비세 인상은 전반적인 소비 감소로 이어졌습니다. 이듬해인 1998년 이토요카도(イトーヨーカド, 일본 최대 슈퍼마켓 체인)에서는 불황 돌파 기획으로 '소비세 분 5% 환원 세일'이란 엉뚱한 행사를 했습니다. 20% 할인을 해도 어렵다고 생각되었던 시기에 불과 5%를 할인해 주는 행사에 고객들이 매력을 느낄 리 없다고 생각하는 사람들이 많았습니다. 하지만 결과는 매출 60% 증가라는 대박이었습니다. 1벌에 몇만 엔씩 하는 캐시미어 코트 등 고가의 상품이 특히 잘 팔렸습니다. '심리적 비용'을 줄인 탁월한 마케팅 아이디어였습니다. '소비세 분 5% 환원 세일'도 단순한 '5% 세일'이었다면 고객은 별 반응을 보이지 않았을 것입니다. '5% 세일'이 아니라 '소

비세 분 5% 환원 세일'은 자신이 손해 본 것(올라간 세금 때문에 안 내도 될 돈을 더 내는 불만)을 만회하는 느낌의 표현이 됩니다. 안 내도 될 돈 때문에 비싸게 살 것 같다는 불만, 이익보다 손실에 민감한 소비자의 성향을 정확히 포착한 마케팅이었습니다.

2.
차별화에 대한 오해

(1) 다르게 만드는 것만이 차별화가 아니다

차별화가 무엇인가 물어보면 흔히 듣게 되는 답은 '달라야 산다', '어떻게든 남과는 달라야 한다'란 것입니다. 경쟁자와 달라야 한다는 강박 관념은 제품이나 서비스를 어쨌든 다르게 만들어 내는 시도로 이어집니다. 그런데 제품이나 서비스를 남과 다르게 만드는 차별화에는 비용도 만만찮게 소요됩니다. 마케터는 차별화를 추구하면서 수반되는 비용을 무시해서는 안 됩니다. 제대로 차별화를 이루어 내기 위해서는 차별화에 영향을 미치지 않는 모든 영역에서, 비용을 감소시키는 노력이 반드시 함께 이뤄져야 합니다. 이런 노력이 없게 되면 제품은 월등하게 차별화되었음에도 불구하고 수익이 전혀 개선되지 않거나 오히려 손해가 날 수도 있게 됩니다.

'무조건 달라야 한다'는 차별화 강박증은 딱히 고객이 원치 않는 속성을 개선하느라 자원을 낭비하게 만들 수 있습니다.

몇 년 전 소개되었던 휘어지는 스마트폰도 그 한 사례입니다. 신기해 보이기야 했습니다만 고객의 눈이 아닌 기술자의 관점으로 제품을 바라봄으로써 고객에게 필요하지도 않은 기능을 만들어 놓고는 차별화했다고 자부했던 해프닝이었습니다.

차별화는 무조건 다르게만 하면 되는 것이 아닙니다. 차별화를 달성한다는 것은 어떤 기업이 구매자들에게 폭넓게 인정받는 독특한 영역을 갖춰야 한다는 말입니다. 무엇보다 '지각된 독특성'이 중요합니다. 실제로 다른 것만큼이나 다른 것으로 여겨져야 하는 것이 더 중요하다는 말입니다. '다른 것'보다 '달라 보이는 것'이 핵심입니다. 제품/서비스를 무조건 경쟁사와 다르게 만든다는 강박에서 벗어나 차별화를 추구하는 방법은 크게 두 가지가 있습니다. 제품/서비스가 비슷하더라도 쓰는 사람이 다르면 달라 보일 수 있습니다. 우리 기준으로 시장을 남다르게 나눠 보고, 그 세분 시장 중에서 강력한 경쟁자가 없는 시장(사용자 집단)을 찾아내고, 그 시장에 맞춘 제품이나 브랜드로 입지를 굳히는 것도 훌륭한 차별화입니다. 강자가 버티고 있는 장으로부터 벗어난 곳에서 싸우려는 '정면 대결의 지혜로운 회피'입니다. 포화한 영양제 시장에서 '철분 영양제'로 경쟁자가 별로 없던 '임산부 시장'을 집중적으로 공략한 사례를 떠올리면 되겠습니다. 거의 같은 제품이라도 보여 주는 방식, 전달하는 방법을 다르게 만들어 '달라 보이게 하는 것'도 또 하나의 차별화 방법입니다. 파리바게뜨는 아침 일찍 완제 빵과 식빵을 미리 구비하여 시각적으로 선택할 수 있는 빵이 많다고 생각하게 했습니다. 그리고 그 시간에 매장에서 빵을 굽도록 했습니다. 맛있는 빵 냄새가 매장 가득 퍼지니까 고객들은 시각과 후각 측면에서 만족감을 느낄 수 있었습니다. 경쟁사보다 맛있는 빵을 판 것이 아니라 '맛있어 보이게' 만들었던 것입니다. 차별화는 독특한 가치를 제공하는 '남다른 규정'임을 잊지 말아야 합니다.

(2) 당연한 결론을 피하라

제품으로 차별화해야 할 경우, 마케터는 핵심 상품 영역에서 남다르게 만들면 되겠다는 당연한 결론을 피하도록 노력해야 합니다. 레빗(Theodore Levitt)은 [그림 4-3]과 같이 제품의 3가지 수준(Three levels of product) 개념을 제시한 바 있습니다. 한 제품은 세 가지 차원으로 되어 있다는 말입니다.

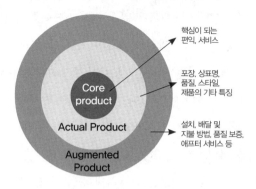

[그림 4-3] 레빗의 '제품의 3가지 수준' 개념

① 첫 번째 수준 – Core Product, 핵심 상품 영역

사람들의 구매 이유이자 생산자가 구매자에게 제안하는 핵심적인 편익(혜택)을 의미합니다. 제품을 통해 소비자들이 얻게 되는 가장 중요한 혜택이라고 보면 됩니다. 제품 카테고리가 제공하는 본원적인 혜택인데 진통제라면 '속효성'이, 휴대 전화라면 '통화 품질'이 여기에 해당할 것입니다.

② 두 번째 수준 – Actual Product, 구체 상품 영역

제품의 품질이나 디자인 등에 초점을 맞춘 구체적인 제품을 의미합니다. 눈에 바로 보이는 포장이나 브랜드 네임 등이 여기에 해당합니다.

③ 세 번째 수준 – Augmented Product, 부속 상품 영역

제품의 본질적인 혜택과는 직접적인 연관이 없는 영역입니다. 제품이 제공하는 추가적이지만 무형적인 혜택이 여기에 해당한다고 보면 됩니다.

제품/서비스 차별화를 수행하는 경우를 생각해 봅시다. 많은 경우 '제품 차별화'를 문자 그대로 해석해서 '제품이나 서비스의 본원적인 속성'만을 중심으로 아이디어를 도출하려 합니다. 핵심 상품(Core Product) 영역에서만 차별화 포인트를 찾으려 하는 우를 범하게 되는 것입니다. 핵심 상품 영역에서 경쟁자를 완전히 압도한다는 것은 현실적으로 거의 불가능하다는 것을 자꾸 잊기 때문입니다. 진통제를 예로 들어 보겠습니다. 경쟁 제품은 먹고 나서 30분이 지나야 통증이 그치는데 우리 제품은 복용 후 3분 만에 통증 완화 효능이 생기게 만들 수 있을까요? 비슷한 가격대의 제품을 만들면서 핵심 상품 영역에서 경쟁자를 완전히 압도하는 제품을 만들어 내기란 결코 쉬운 일이 아닙니다. 게다가 소비자는 핵심 상품 영역에서 쉽게 만족하지 못하고 버릇처럼 불평하기 마련입니다. 소비자 조사를 평면적으로 수행하다 보면 이런 식의 결론이 나오곤 합니다. '근본적인 제품 카테고리의 혜택(진통제면 속효성, 휴대 전화면 통화 품질 등)에 소비자는 불만을 많이 가지고 있다' → '아직 우리를 포함해 어떤 제품도 이 부분을 만족시키지 못하고 있다' → '그러니 이런 핵심 상품 영역에서 소비자의 인식을 압도하면 마케팅은 성공할 것이다'와 같은 이런 도식적인 결론을 내리는 경우가 꽤 많습니다. 어떤가요? 현실성이 있다고 보이나요?

차별화의 기회는 제품의 수준 전체를 넓게 생각해 볼 때 오히려 쉽게 찾을 수 있습니다. 차별화 기회는 핵심 상품 영역보다는 실제 상품(Actual Product) 영역이나 부속 상품(Augmented Product) 영역에서 더 많이 찾을 수 있습니다. 제품을 가지고 차별화를 시도해야 하는 마케터라면 특히, 부속 상품 영역에서 더 많은 아이디어를 도출해 보는 것이 기회의 수를 늘리는 방법임을 잊지 말아야 합니다. 큰 변화가 일어나지 않던 종합 감기약 시장에 몇 년 전 진출한 대원제약의 경우를 생각해 보면 좋겠습니다. 2015년 9월 중견 제약 업체인 대원제약은 성인 감기 환자를 겨냥한 새로운 타입의 시럽제 감기약 2종을 출시, OTC(Over The Counter, 일반 의약품. 일반인이 의사의 처방전 없이 살 수 있는 의약품) 시장에 본격 진출했습니다. 종합 감기약 시장은 전형적인 레드 오션 시장입니다. 이 시장에 대원제약은 복용 방법(짜 먹는 감기약)을 달리한 차별화로 도전장을 내민 것입니다. 사실 복용 방법은 약효에 큰 차이를 가져오는 요인은 아닙니다. 핵심 상품 영역이 아닙니다. 차별화 포인트를 부속 상품 영역인 복용 방법으로 설정한 대원제약은 광고 등을 통해 차별점에 의미를 부여하는 커뮤니케이션에 집중하고 있습니다. 매우 성공적인 차별화 사례입니다.

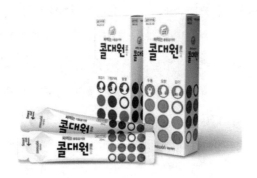

[사진 4-4] 대원제약의 콜대원(2015년 출시 제품)

(3) 가치 사슬 어디에서도 차별화는 가능하다

마이클 포터는 기업의 활동을 본원적 활동(Primary activity)과 지원 활동(Support activity)으로 나누고 세부 과정이 연결되는 것을 가치 사슬이라고 명명했습니다. 가치 사슬이란 고객에게 가치를 주는 기업의 활동(Performance)과 이 활동을 가능케 하는 생산 과정(Process)이 밀접하게 연결돼 고객의 욕구(needs)를 충족시키는 전체 과정입니다.

기업이 결과적으로 이윤을 얻도록 만드는 모든 활동이 어떻게 연결되어 있는가를 밝혀 준 것입니다.

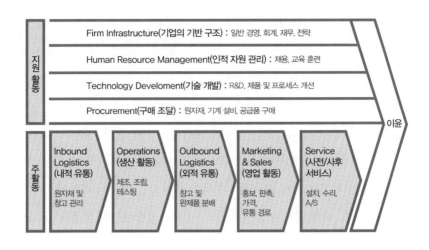

[그림 4-5] 마이클 포터의 기업 활동 구조

마케터는 제품/서비스를 다르게 하는 것만이 곧 차별화란 오해에서 벗어나야 합니다. 차별화는 기업의 기반 구조에서 서비스에 이르는 가치 사슬의 전 과정 중 어디에서도 가능하다는 것을 명심할 필요가 있습니다. 인적 자원과 유통에서의 차별화로 성공한 사례가 있습니다. 그것도 금융업에서의 사례입니다. 금융업은 제품/서비스의 차별화가 매우 어려운 업종입니다. 증권사도 마찬가지입니다. 자본 시장이 가장 발달한 미국 증권업계에서 차별화 전략으로 성공을 거둔 증권사로 에드워드 존스(Edward Jones)가 꼽힙니다. 에드워드 존스의 제품/서비스가 경쟁사보다 차별화된 독특한 것은 아니었습니다. 에드워드 존스의 주요 차별화 전략은 한마디로 1인 점포를 통한 대면 영업 집중입니다. IT 거품이 붕괴된 2001년, 미국의 주가는 폭락했습니다. 최대 증권 회사였던 메릴린치(Merrill Lynch) 증권의 직원들도 구조 조정 대상이 될 정도였습니다. 그러나 업계에서 중위권을 차지하고 있던 증권 회사인 에드워드 존스는 계속 꾸준히 성장했습니다. 이유는 이러했습니다. 에드워드 존스 지점의 85%는 인구 10만 명 미만의 지역에 개설되어 있었는데, 온라인 증권 회사가 아니면서도 인구가 작은 지방 도시의 시장을 중점 공략하는 외적 유통의 차별화 때문이었습니다. 에드워드 존스의 지점은 직원이 두 명 정도에 불과한 소규모여서 고정비가 매우 적게 들어가는 것도 성장에 기여한 요인일 것입니다. 그러나 진정한 차별화 포인트는 인사 정책에 있었습니다. 이 회사의 직원들은 원래 목사나 교사 등 그 지역에서 이름이 알려진 사람들을 중심으로 구성되어 있습니다. 시골 사람들이 자신의 재산을 믿고 맡길 수 있는 지역의 덕망 있는 인사들을 직원으로 채용해서 철저하게 훈련시킨 것입니다. 시장 규모가 작기에 한번 지점을 설립하면 다른 회사가 나중에 그 지역에 진출하려 해도 채산성이 맞지 않아, 사실상 독점에 가까운 위치를 구축할 수 있었습니다. 에드워드 존스는 유통 및 인적 자원 관리에서 특별한 차별화를 이루어 성공한 것입니다. 또 다른 사례로는 스타벅스가 있습니다. 스타벅스의 경우, 매장 직원의 친절한 응대에 감동을 받았다는 고객의 이야기가 많이 있습니다. '스타벅스에서 일하는 것이 자랑스럽다'는 자부심을 가질 수 있는 보상 체계와 공감을 중시하는 교육 등이 이런 평가를 만들어 왔을 것입니다. 이 또한 인적 자원에서의 차별화 사례입니다.

3.
혁신에 대한 오해

(1) 기술 혁신만이 혁신은 아니다

언제 들어도 옳은 얘기를 맞지 않는 맥락에서 계속 주장하는 전문가가 가장 비겁하다고 생각합니다. 혁신이 기업 경영에서 잊지 말아야 할 화두임은 분명하지만, 혁신 그것도 기술 혁신만이 기업 성장의 유일한 대안이라고 주장하는 사람들을 볼 때 느끼는 감정입니다. '비연속적 변화'를 가져오는 '기술 혁신'을 통해 경제 발전이 일어난다는 슘페터의 혁신 이론이 등장한 지도 1세기가 지났습니다. 그 이후 '혁신'은 기업 활동에서의 주요 화두로 끊임없이 제기되어 왔습니다. '창조적 파괴'라는 표현도 익숙해졌지만, 기업의 혁신 사례는 찾아보기가 쉽지 않습니다. 이유는 무엇일까요? 그것은 혁신을 바라보는 좁은 시각 때문입니다. 우리는 혁신이라고 하면 '기술 혁신', 그것도 과거와의 단절적 변화를 가져오는 극적인 기술 혁신만 혁신이라고 생각해 왔습니다. 오해입니다. 혁신을 말 그대로 풀면 이렇게 됩니다. '짐승의 몸에서 갓 벗겨 낸 가죽[皮]에서 털과 기름을 제거하고 무두질로 부드럽게 잘 다듬은 가죽[革]을 새롭게 한다[新].' 맨 가죽과는 차원이 다른, 새로워진 가죽이 '혁'이란 말입니다. 이 맥락에서 혁신은 '면모를 일신하다', '고치다'는 의미가 되었고, '묵은 제도나 방식을 새롭게 고쳐서 새로운 가치를 만들어가는 과정'을 일컫는 말이 되었습니다. 마케터는 좀 더 넓게 혁신을 바라봐야 합니다. 혁신은 생산 기술의 변화만이 아니라 신시장이나 신제품의 개발, 신자원의 획득, 생산 조직의 개선 또는 신제도의 도입 등도 포함되는 넓은 개념입니다. '고객을 위한 극적인 변화'를 추구하는 모든 행동이 혁신이라고 봐야 합니다.

(2) 혁신은 고객 지향의 변화

나일론의 발명은 인류의 의생활에 커다란 변화를 가져왔습니다. 분명 혁신, 그것도 기술 혁신입니다. 샤넬(Gabrielle Chanel)의 경우는 어떻게 봐야 할까요? 치마 밖으로 여성의 다리가 나오는 스타일을 처음 만들고 그를 통해 여성의 몸을 코르셋으로부터 해방시킨 것은 혁신이라고 볼 수 없는 걸까요? 혁신을 '기술 혁신'으로만 보게 되면 샤넬은 혁신가일 수 없습니다. 그러나 고객의 생활을 더 좋은 방향으로 바꾸는 변화의 계기를 만들었다는 사실에 주목한다면 샤넬도 혁신가로 불려야 합니다. '고객에게 새로운 제안을 하는 모든 활동'이 혁신이기 때문입니다. '소비자를 위한 계속적인 변화', 이것이 혁신의 본래 의미입니다. 마케터가 지향하는 혁신은 바로 이것입니다. '고객에게 새로운 제안을 하려는 끊임없는 노력'이요, '소비자를 위해 계속 변화하려는 자세' 바로 이것이 마케터의 혁신입니다. 완전한 무(無)에서 새로운 유(有)를 만드는 것만이 혁신이라고 오해하면 안 될 것입니다. '고객 입장에서 새로운 가치를 주려는 모든 변화'가 혁신입니다. "우리는 오직 손님의 눈치를 보며 끊임없이 변화를 시도할 뿐이다." 야노 히로타케(矢野博丈) 다이소 산업(大創産業) 회장의 말입니다. 야노 회장은 1987년 100엔 숍을 창업해 일본에 2,680개 매장을 비롯해 아시아는 물론 북미, 중동, 아프리카 등에 3천여 곳의 매장을 운영하고 있습니다. 그는 "소비자 취향과 요구에 따라 언제든지 변화할 수 있는 쥬비 태세를 갖추는 것이 유통업의 기본"이라며 고객 입장에서의 변화를 경영 계획보다 더 중시하는 사람입니다. 이것이 혁신의 본질입니다. 아사히야마 동물원(旭山動物園)은 홋카이도 아사히카와에 있는 동물원으로 일본에서 가장 북쪽에 있는 동물원입니다. 혁신의 성공 사례로 자주 언급되는 곳이지요. 고객 입장의 변화가 혁신의 근본임을 일깨워 주는 곳입니다. 아사히야마 동물원은 동물을 강제로 가두고 전시하기 위한 동물원이 아닌, 있는 그대로의 모습을 보여 주는 것으로 최고의 동물원이 되었습니다. 자녀를 동반하고 오는 경우를 빼면 성인들에게는 누워 있거나, 잠자고 있는 동물을 보러 오는 것은 재미없는 일입니다. 고객 입장에서는 살아 있는, 역동적인 동물을 보는 것이 중요했습니다. 그래서 아사히야마 동물원은 '움직이는 동물원'을 표방하고 동물의 자연스러운 모습을 보여 주는 곳으로 변화를 시작했습니다. '하늘을 나는 펭귄'으로 유명한 펭귄 수족관은 투명한 수중 통로로 설계되어 있어서 관람객들이 움직이는 펭귄을 밑에서 올려다볼 수 있게 하였습니다. 아사히야마 동물원의 혁신성은 새장에서 잘 나타납니다. 1997년 아사히야마는 '인간 새장'을 개설했습니다. 자유로이 비행하는 새들의 살아 있는 모습을 보고 싶어 하는 고객의 입장을 헤아려 새로운 시도를 한 것이었습니다. 거대한 새장에 들어간 관람객들이 하늘을 자유롭게 날아다니는 새들의 활기찬 비상을 눈으로 직접 볼 수 있게 만든 것입니다. 새가 아니라 사람들이 그물망에 있고 그 바깥에서 새들이 날아다니도록 만들었던 것입니다. 고정 관념에서 벗어나 고객 입장의 변화를 실천한 혁신 사례입니다.

(3) 혁신의 시작은 관찰과 개선

혁신은 변화입니다. 그리고 고객과 소비자가 원하는 방향으로 변화해야 합니다. 변화의 방향을 읽어 내기 위해 중요한 것은 관찰입니다. 언제, 어떤 식으로 우리 제품을 사용하는지, 겉으로 표현하지 않는 불만은 무엇일지 지속적으로 살펴보고 고객 입장의 개선책을 내는 것이 혁신의 출발점입니다.

고객 지향적인 혁신의 사례로 맥심 커피 믹스의 '이지 컷(Easy-cut, 낱개 포장을 가로로 쉽게 찢을 수 있도록 커팅 선을 낸 포장 방법)'을 꼽고 싶습니다. 저는 이지 컷이야말로 21세기 대한민국 소비재 마케팅에서 대표적인 혁신 사례라고 생각합니다. 커피 믹스를 사용하는 고객이 "커피 믹스를 뜯을 때 세로로 찢겨서 너무 불편하다."고 얘기하는 경우는 거의 없었을 것입니다. 그런 이유로 안 사 먹겠다는 소비자도 드물었을 것입니다. '이지 컷'은 관찰의 산물입니다.

예전 미국의 얘기입니다. 보험 에이전트는 세일즈맨으로 인식되고 있었습니다. 이런 상황에서 푸르덴셜은 혁신을 추구했습니다. 겉으로 드러내지 않았던 고객의 불만이 무엇인가에 푸르덴셜은 집중했습니다. 관찰과 대화를 통해 고객들은 보험 에이전트에 대해 '보험 상품을 소개받기에는 무리가 없지만, 그 이상의 얘기를 계속 나눌 상대는 아니다'라고 생각한다는 것이 밝혀졌습니다. 고객의 입장에서는 한번 가입하면 더 볼 일 없는 사람이 보험

에이전트였다는 것입니다. 그러니 기업의 입장에서는 고객과의 관계가 일회성에 머물 수밖에 없었습니다. 푸르덴셜은 어떻게 혁신을 이루었던가요? 인적 자원의 변화로 고객 지향적 변화를 도모했고 마침내 혁신을 이루어 냈습니다. 푸르덴셜은 세일즈맨이 아닌 어드바이저가 될 수 있는 고급 인력을 채용하고 지속적으로 육성하였습니다. 고객과 재무 설계를 의논할 수 있는 플래너를 만들어 내고, 고객과의 지속적인 관계 유지로 기업의 수익성도 향상시키는 혁신을 이루어 냈습니다. 고객을 관찰하고 고객 입장을 헤아려 개선하는 것이 혁신의 첫걸음입니다. "개선한다는 것은 변화하는 것이다. 완벽해진다는 것은 자주 변화하는 것이다."라는 처칠(Sir Winston Leonard Spencer-Churchill)의 이야기는 마케터가 혁신을 어떻게 봐야 하는지를 일깨워 주는 지침과도 같습니다.

마케팅의 실행은
열정과 프로세스

5장

전사적 마케팅 활동으로 경쟁하라

한석주

1.
왜 전사적 마케팅 활동이어야 하나?

(1) 마케팅이 대세인 최근의 기업 상황

생존 경쟁이 치열합니다. 사람도 기업도 모두가 경쟁에서 살아남기 위하여 필사적인 노력을 하고 있습니다. 생존 문제는 사람의 삶에서든 기업의 비즈니스에서든 가장 강력한 본능이라고 할 수 있지요. 무병장수 백 세 인생을 꿈꾸는 사람들처럼 기업들도 큰 위기 없이 백 년 기업으로 성장하고 싶어합니다. 그래서 기업은 지속적인 성장을 위한 장기 비전을 설정하고, 그것을 이루어 나가고자 다양한 부문의 조직을 구축하여 나름의 활동을 하고 있습니다. 기업의 실무자부터 경영자에 이르기까지 제가 만났던 많은 사람과 기업에서 가장 중요한 부문의 조직이 어디인지 대화를 해 보았습니다. 생각하는 관점에 따라 매우 다양한 반응을 보였지만 마케팅 부문을 꼽는 사람들이 제일 많았습니다. '마케팅이 살아야 기업이 산다'고 해도 과언이 아닐 정도로 마케팅의 중요성은 그 어느 때보다도 크게 부상하고 있습니다. 한마디로 말하면 마케팅이 대세라고 할 수 있지요. 대세란 많은 사람이 동의하는 것으로, 일정 방향으로 유도하는 힘을 뜻합니다. 기업이 생존하려면 회계상의 숫자만 살필 것이 아니라 어느 방향으로 가야 할지를 잘 살펴야 합니다.

공급보다 수요가 많은 시장에서는 마케팅 노력을 크게 기울이지 않아도 기업이 생존하는 데 문제가 되지 않을 수도 있습니다. 그러한 시장을 한마디로 말하면 '만들면 팔리는 평화 공존의 시장'이라고 할 수 있지요. 이때는 경쟁자끼리 서로 무리한 경쟁을 하지 않아도 목표를 달성하는 데 큰 어려움이 없습니다. 생존 문제 때문에 골머리를 앓지 않아도 됩니다. 시장 선도자뿐만 아니라 도전자, 추종자까지도 성장할 수 있는 여지가 있어 동반 성장이 가능합니다. 오래 전에는 이런 시장이 꽤 있었습니다. 그러나 지금은 수요보다 공급이 훨씬 많은 시장이 대부분입니다. '팔릴 수 있는 제품을 만들어야 하는 열전의 시장'이라고 할 수 있지요. 경쟁 강도가 높아지고 시장 쟁탈전이 치열해지면서 마케팅 역량 강화에 주력하게 됩니다. 이 시장에서는 매출 총이익은 늘어나는데도 영업 이익은 오히려 떨어지는 기현상도 심심치 않게 일어납니다. 고위험 저수익 현상이 두드러지게 나타나 승자와 패자가 확연히 구분되지요. 이 시장에서는 한때 퍼스트 무버(first mover)이며 절대 강자였던 기업들도 날개 없는 추락처럼 속절없이 몰락하기도 합니다. 기업의 존립 목표가 지속적인 수익 창출로 성장을 실현하는 것인데, 그것을 실현하지 못하면 존재 의미를 상실할 수밖에 없습니다. 이제 마케팅은 기업의 생존과 성장을 이끌어 가는 동력이며 경영 전략의 구심점 역할을 하는 것으로 재인식해야 합니다. 마케팅을 잘하는 기업과 못하는 기업 간의 간격이 점점 더 벌어져서 양극화 현상이 가속화되고 있는 것이 현재 상황입니다.

(2) 마케팅은 특정 부서만의 일이 아니다

마케팅 강의에서 제가 자주 하는 이야기가 있습니다. 세상을 살다 보면 이러저러한 어려운 일들이 많이 있는데, 그중에서도 특히 어려운 두 가지가 있습니다. 하나는 내 생각을 남의 머리로 옮겨 넣는 것이요, 다른 하나는 남의 주머니에 있는 돈을 내 주머니로 옮겨 넣는 일입니다. 앞엣것은 내 것을 남에게, 뒤엣것은 남의 것을 내게 '옮기는 일'입니다. 쉽지 않은 일이겠지요. 이 말을 한 후 질문을 해 보면 대부분 "참 힘든 일이네요."라는 반응을 보입니다. 그렇습니다. 대단히 힘들고 어려운 일입니다. 그런데 이 두 가지를 동시에 해결하려고 하는 활동이 바로 마케팅이라는 생각이 듭니다. 이와 같은 어려운 일을 제대로 하려면 개인의 힘보다는 조직의 힘이 더 낫습니다. 일부 조직의 힘보다는 전체 조직의 힘이라면 더 좋겠지요? 기업의 모든 조직과 구성원들이 함께 똘똘 뭉쳐서 공감대를 형성하고 자발적으로 참여한다면 분명 더 좋은 성과를 거둘 수 있을 것입니다. 그러나 안타깝게도 현실은 그렇게 돌아가지 않고 있는 경우가 많습니다. 마케팅 활동은 마케팅이나 영업 부서에서 하는 일이지 우리 부서와 무슨 관계가 있는 것이냐며 강하게 반문하기도 합니다. 그러면서 자기 부서는 마케팅과는 전혀 관계가 없는 고유 업무를 하고 있음을 강력하게 피력합니다. 자기들은 그 안에 들어가지 않으려고 뒤로 물러서면서 방어막을 칩니다. 마치 강 건너 불구경하듯이 말입니다. 오죽했으면 경쟁사와의 경쟁보다 사내 부서의 협조를 받는 것이 더 어렵다고 할까요? 참으로 답답한 일입니다.

이제 마케팅 활동은 모든 조직 구성원이 나서서 '전사적'으로 해야 합니다. 구매, 연구 개발, 생산, 영업, 인사, 재무, 기획, 물류, 서비스 등의 사내 모든 부서가 고객을 중심으로 업무가 행해져야 합니다. 한마디로 말하면 기업 전체를 고객에게 맞추라는 것이죠. 왜냐하면 기업 경영의 출발점은 바로 고객이며, 고객은 마케팅 활동의 가장 중요한 대상이기 때문입니다. 부서 관점의 부문 최적화가 아니라 전사적 관점의 전체 최적화가 되어야 고객 만족과 수익성 확보의 두 마리 토끼를 잡을 수 있게 됩니다. 부서와 부서 간의 긴밀한 협조 없이는 마케팅 경쟁력을 높일 수 없습니다. 각 부서의 경쟁력이 아무리 우수한들 전체적으로 모여지지 않는다면 무슨 의미가 있겠습니까? 그 부서의 구성원들은 만족할지 몰라도 기업 전체적으로 보면 큰 도움이 되지 않는 것이지요. 부서 이기주의를 과감히 벗어던지고 부서와 부서 간의 장벽을 허물어야 합니다. 그렇게 해야 강하게 버틸 수 있는 힘을 발휘할 수 있게 됩니다.

(3) 전사적 마케팅 활동, 기업 생존의 생명 줄

창업을 준비한 차고가 '실리콘 밸리의 발상지'라는 유적지로 지정되었고, 세계 벤처 기업 1호로 불리는 휴렛 패커드(HP). 이 회사를 공동 창업한 데이비드 패커드가 의미 있는 말을 남겼습니다. "마케팅은 너무 중요해서 마케팅 부서에만 맡겨 둘 수 없다. 기업이 세계에서 가장 훌륭한 마케팅 부서를 보유하고 있을지라도 다른 부서들이 고객 이익에 부합하는 데 실패하면 여전히 마케팅에서 실패한다."라고 말입니다. 마케팅을 전사적으로 해야 한다는 의미의 말이라고 할 수 있죠. 참 멋진 말입니다. 오래전에 미국의 기업가가 한 이 말이 그 어느 때보다도 더 의미 있게 들립니다. "빨리 가려면 혼자 가고, 멀리 가려면 함께 가라."는 말이 있습니다. 함께해야 지치지 않고 지속해서 할 수 있으며 어려운 일도 지혜를 모아 해결할 수 있다는 뜻입니다. 급변하는 치열한 시장 경쟁에서 살아남으려면 기업 전체가 마케팅 중심 조직과 체질로 바뀌어야 합니다. 고객과 마주하고 경쟁사와 긴장된 대치를 해야 하는 긴박한 상황에서 전사적인 마케팅 활동을 전개해야 한다는 것이지요. 기업 전체가 경쟁사보다 차별적 우위를 갖도록 조직의 체질을 개선하지 않으면 경쟁 우위 확보가 어려워지게 됩니다. 기업의 모든 조직 구성원이 함께해야 조직력을 결합한 시너지가 창출되고, 그래야 나름의 성과를 기대할 수 있게 됩니다.

마케팅은 기업을 구성하는 지엽적인 요소가 아니라 경영 전반을 포괄하는 총체적 개념으로 인식되어야 합니다. 그러나 아직도 많은 기업에서는 말로는 마케팅을 강조하고 있으면서도 실제로는 마케팅 활동을 투자가 아니라 비용의 관점으로 접근하는 경우가 많습니다. 마케팅에 대한 관심과 기대치는 높지만 투자는 인색한 것이지요. 이것이 전사적 마케팅 활동에 대하여 소극적으로 대처하는 결정적 이유라고 할 수 있습니다. 마케팅 중심 조직이 제대로 구축되어 있지 못하면 총도 없이 맨주먹만으로 전쟁터에 나가는 것과 같습니다. 기업이 생존하기 위해서는 고객이 원하는 것을 경쟁자보다 먼저 발견해서[先見], 경쟁자와 차별화된 방식으로 고객에게 먼저 다가가[先行], 경쟁자보다 더 큰 만족을 주어 시장 지배력을 확보해야[先占] 합니다. 이른바 '3先 마케팅 활동'이 이루어져야 하는 것이지요. 이것이 선순환되려면 특정 부서의 힘만으로는 역부족이고 전사적인 조직의 힘이 절대적으로 필요합니다. 전사적 마케팅 활동, 기업 생존의 생명 줄이 될 수 있습니다.

2.
전사적 마케팅 활동은 소통에서 출발한다

(1) 소통이 되어야 마케팅이 활성화된다

"요즘 어떤 마케팅 고민거리 때문에 힘들어 합니까?" 강의실에서 마케터들과 워크숍을 하면서 자연스럽게 나누는 대화의 주된 내용입니다. B2C 기업, B2B 기업의 다양한 마케팅 실무 경험을 가진 마케터들의 이야기를 요약해 보면 대략 다섯 가지로 분류됩니다. 첫째, 부서 이기주의 때문에 사내 협조 받기가 점점 어려워지는 고민. 둘째, 자신이 담당한 제품의 표적 시장이 한계점에 이르러 매출 침체 현상이 계속 이어지고 있는 고민. 셋째, 경쟁사 제품보다 분명히 품질은 좋은데도 경쟁사 장벽을 뛰어넘지 못하는 고민. 넷째, 매너리즘에 빠져서 늘 비슷비슷한 마케팅 전략만 기획하게 되는 고민. 다섯째, 경영층의 지나친 기대로 인한 심적 부담과 잡다한 업무 처리로 마케팅 본연의 업무를 제대로 하지 못하는 고민. 아마도 이 글을 읽고 있는 독자들도 충분히 공감하는 내용이라고 생각됩니다. 전사적 마케팅 활동의 가장 큰 걸림돌이 바로 첫 번째 고민에 나타난 '부서 이기주의'라고 할 수 있죠. 이는 다른 부서 혹은 회사 전체적으로 어떻게 되든지 간에 오직 내 부서만 잘되면 된다는 잘못된 생각에서 생기는 것입니다. 자기 부서만 챙기려고 하는 보호 본능의 이기심이지요. 부서와 부서끼리 서로 남남처럼 나 몰라라하며 갈등의 골이 깊어지게 됩니다. 물과 기름처럼 겉돌게 되는 조직 풍토에서는 제대로 소통이 될 리가 없습니다. 소통이 안 되면 협조는 물 건너간 것이지요. 소통하는 조직 분위기가 조성되어야 자연스럽게 전사적 마케팅 활동이 시작될 수 있게 됩니다. 그러나 안타깝게도 소통 조직보다 불통 조직이 훨씬 더 많은 것이 현실입니다.

조직에서 소통이 중요하다는 것을 모르는 사람은 아무도 없을 것입니다. 누구나 소통을 제대로 하려고 힘쓰지만, 현실은 그렇게 녹록하지 않죠. 오죽했으면 서로 소통을 하라고 했더니 서로 호통만 치고 있다고 하소연하겠습니까? 저는 소통을 설명할 때 영화 제작 이야기를 예로 듭니다. 영화는 각 분야의 전문가들이 함께 모여서 만드는 종합 예술입니다. 그래서 호흡을 맞추는 화합이 매우 중요합니다. 이때 가장 핵심적인 역할을 하는 사람이 바로 절대적 권한을 가지고 있는 감독입니다. 감독은 기업으로 치면 CEO라고 할 수 있죠. 영화의 기본 설계도인 시나리오 내용을 훤히 꿰뚫고 있어 그 영화에 참여한 수많은 사람의 역량을 결집합니다. 감독의 소통 의지와 스킬에 따라서 결과는 극과 극으로 나뉘게 됩니다. 천만 관객 이상의 흥행작 감독들의 공통점은 '소통의 달인'이라는 점입니다. 감독의 소통 실력은 배우와 스태프 간의 호흡을 잘 맞게 만들고, 그것이 관객의 마음을 사로잡는 대박 영화로 탄생하게 되는 것입니다. 어느 조직이든지 성공적인 성과를 거두기 위한 필요충분조건은 바로 소통입니다. 충분히 소통되어 자신이 하는 일이 조직에서 어떤 의미가 있는지 확실히 알게 되면 자발적 참여의 동기 부여 수준이 높아지게 됩니다.

(2) 소통 조직에서 마케팅 시너지 효과가 창출된다

1 더하기 1 더하기 1은 3 이하가 될 수도 있고, 3 이상이 될 수도 있습니다. 누구든지 3 이상의 효과를 얻으려고 합니다만, 요즘은 3 이하가 되는 경우도 의외로 많습니다. 마케팅 활동을 잘하면 3 이상의 성과를 올릴 수 있지만 잘 못하면 반대의 결과가 나타나게 됩니다. 3 이상의 결과를 얻는 현상을 시너지 효과(synergy effect)라고 하지요. 그렇다면 3 이상의 결과는 어떤 조직에서 얻을 수 있을까요? 마케팅 마인드로 무장된 소통하는 조직에서 얻을 수 있다고 봅니다. 소통 조직에서는 정보 공유화 마인드로 팀플레이를 하려고 하지만 불통 조직에서는 정보 독점화 마인드로 개인플레이를 하려고 합니다. 마케팅 활동은 개인플레이보다 팀플레이가 훨씬 더 좋은 성과를 낼 수 있습니다. 기업은 목표를 달성하기 위한 일을 하는 공동체입니다. 공동체에 헌신하여 좋은 성과를 내면 나 혼자의 성과보다 파이가 커지기 때문에 결국 내게 돌아오는 보상도 더 크게 됩니다. 따라서 구성원은 개인플레이가 아니라 팀플레이를 해서 팀워크의 시너지 효과를 창출해야 합니다. 그렇게 하기 위해서는 개인의 실력은 기본이고 동료들과의 소통 능력, 협업 정신 등을 갖추고 있는 게 좋습니다.

야구 선수라면 누구든지 꼭 한번 뛰고 싶어 하는 세계 최고의 명문 구단인 뉴욕 양키스의 유니폼에는 선수 개인의 이름이 없습니다. 팀보다 선수가 먼저일 수 없다는 구단의 전통적인 철학 때문이지요. 팀에 소속된 선수는 팀 플레이의 중요성을 잊어서는 안 된다는 강력한 메시지가 읽힙니다. 그들은 개인 성적보다는 팀의 성적, 팀의 승리를 위해 팀플레이를 통한 시너지 효과를 창출하려고 힘씁니다. 전사적 마케팅 활동을 잘하는 기업의 특징은 무엇일까요? 바로 생산성이 높다는 것입니다. 생산성이란 투입액 대비 산출량이 얼마나 되느냐입니다. 유한한 인력과 자본, 시간을 투입하여 경쟁자보다 더 많은 수익을 창출할 수 있다면 그것은 곧 적게 뿌리고 많이 거두는 것과 같은 것이지요. 이는 1 더하기 1 더하기 1은 3 이상이 될 수 있는 소통 조직에서만 기대해 볼 수 있는 것입니다.

3.
학습 조직이 전사적 마케팅 활동에 유리하다

(1) 학습 조직으로서의 분위기 조성이 중요하다

어느 기업이든지 사면이 적들로 촘촘하게 포위되어 있습니다. 이러한 상황에서 적들이 갖지 못한 강력한 경쟁 무기로 반격을 시도하려고 합니다. 경쟁 무기는 차별화된 자사만의 독보적 강점을 말하죠. 경쟁 무기를 잘 활용하려면 다음 세 가지 포인트와의 관계를 살펴보는 것이 좋습니다. 첫째, 경쟁자의 약점을 자사가 강점화시킬 수 있는 포인트. 둘째, 고객이 중요하다고 생각하는 포인트. 셋째, 경쟁자가 쉽게 따라올 수 없는 포인트. 이 세 가지 포인트를 하나씩 점검해 나가다 보면 경쟁 무기의 유효성을 검증해 볼 수 있게 됩니다. 아무리 좋다고 생각되는 경쟁 무기라 하더라도 이 세 가지 포인트와 너무 거리가 멀면 의미가 퇴색될 수밖에 없습니다. 전사적 마케팅이 활성화된 기업은 경쟁 무기를 전략적으로 잘 활용합니다. 피터 드러커는《경영의 실제》란 책에서 "조직은 평범한 사람들이 비범한 성과를 내도록 하는 곳"이라고 이야기했습니다. 비범한 성과를 내기 위한 조직 구성원의 역량은 꾸준한 학습을 통해서 길러질 수 있습니다. 조직에는 두 가지 유형이 있습니다. 하나는 구성원의 역량을 고갈시키는 조직, 다른 하나는 구성원의 역량을 증폭시키는 조직입니다. 역량 고갈 조직에서는 각자 가지고 있는 것조차 발휘할 수 없게 하여 아이디어가 사장되지만, 역량 증폭 조직에서는 아이디어의 꽃이 활짝 피어나고 학습이 독려됩니다. 학습에 대한 공감대 형성과 자발적인 참여를 유도하기 위해서는 스스로 배우고 익히고 싶어지도록 만드는 조직의 분위기 조성이 가장 중요합니다. 조직 구성원 간의 원활한 소통, 체계적인 교육 프로그램, 교육 결과의 업무 활용 시스템, 업무 성과에 대한 피드백 및 보상이 병행되면 조직의 학습 분위기를 좋게 만들 수 있습니다. 그렇게 되면 조직 차원에서 함께 배우고 그 결과를 업무에 적용하려는 움직임이 활발해져서 자연스럽게 학습 조직(learning organization)이 될 수 있게 되는 것입니다.

조직에서 학습이란 'As-is(현재 상태)'와 'To-be(미래 상태)'의 사이에 벌어진 간격을 좁혀 나가기 위하여 지식을 배우고 익히는 활동이라고 할 수 있습니다. 과거에는 그 간격이 좁아서 학습 범위가 넓지 않았지만, 시간이 지날수록 간격이 점점 넓어져서 학습 범위가 확대되고 있습니다. 학습은 보기, 듣기, 읽기, 쓰기, 말하기의 선순환 과정입니다. 이 다섯 가지가 리듬을 타고 선순환되면 매일 조금씩 성장하고 있다는 것을 인식하게 됩니다. 사람들은 모르고 있던 것을 확실히 알았을 때 성취욕과 행복감을 느끼게 되지요. 알면 알수록 꼬리에 꼬리를 물고 호기심이 더 생기게 됩니다. 지식 탐색 욕구가 더 올라가게 되는 것이죠. 학습을 계속하다 보면 자연스럽게 '3관'이 생기게 됩니다. 새로운 것에 대한 '관심'이 높아지고, 세심하게 '관찰'하게 되며, 생각의 '관점'이 바뀌게 됩니다. 먹은 것을 잘 배출해야 탈이 없듯이 지식도 보고 듣고 읽어서 축적해 놓은 것을 쓰고 말하는 행동으로 옮겨 활용해야 순환이 됩니다. 출력 없는 입력은 별 의미가 없기에 배운 것을 업무에 적용해 보라는 것이지요. 그렇게 되면 배운 것을 익히게 되는 효과가 있습니다. 배운 것을 제대로 익히지 않으면 엇박자의 절름발이 학습이 됩니다. 왜냐하면 진정한 학습은 '배움(學 : 배울 학)과 익힘(習 : 익힐 습)'이 조화롭게 더해져야 하기 때문입니다.

(2) 꾸준한 학습이 전사적 마케팅 역량을 강화한다

학습은 지식에 대한 끝없는 도전입니다. 아무리 뛰어난 능력을 갖춘 사람이라도 그가 알고 있는 지식은 빙산의 일각에 지나지 않습니다. 빙산은 전체의 10% 정도만 밖에 드러나 있고 나머지 90% 정도는 수면 아래에 숨어 있다고 합니다. 지금 나는 자신이 알아야 할 것의 몇 퍼센트를 확실히 알고 있는지 생각해 보면 금방 이해가 될 것입니다. 그래서 배움 앞에서는 교만하지 말고 겸손한 자세로 임하는 것이 좋습니다. 마치 벼가 익을수록 고개를 숙이는 것처럼 말입니다. 잘 모르면서도 아는 체하거나 더 배우려고 노력하지 않는 것은 교만의 극치라고 할 수 있죠. 학습은 미래에 대한 투자입니다. 투자와 투입이 없으면 수익과 산출도 기대할 수 없습니다. 배운다는 것은 미지의 세계를 개척하기 위하여 내딛는 발걸음입니다. 기업의 지속적인 성장을 위한 조직 구성원들의 학습, 이제는 선택이 아니라 필수입니다. CEO들과 대화하다 보면 이런 하소연을 많이 듣게 됩니다. 시장 변화에 대응하기 위하여 뭔가 새롭게 마케팅을 추진해 보려고 해도 직원들의 역량이 따라 주지 않아서 고민이 많다는 것입니다. 그렇다고 외부 마케팅 전문가들에게만 의존할 수도 없고 참 답답하다는 것이지요. 그렇습니다. 마케팅 역량을 키워야 합니다.

강의하기 위해서 방문한 어느 벤처 기업의 사무실 곳곳에 이런 표어가 붙어 있는 것을 매우 인상 깊게 본 적이 있습니다. "도전을 위하여 실패를 지원한다."는 문구입니다. 실패를 두려워하지 말고 계속 도전하라는 뜻이지요. 이 회사는 실패 결과에 대하여 무조건 책임만 묻는 것이 아니라 그것을 토대로 하여 더 나은 것을 이루려고 한 것입니다. 이 세상에 실패를 원하는 사람은 아무도 없겠죠? 어떤 일을 하든지 모두 성공을 꿈꿉니다. 그러나 성공보다는 실패할 확률이 점점 더 높아지고 있는 것이 현실입니다. 특히 기업에서 전사적 마케팅 활동을 하다 보면 실패를 피해 갈 수 없는 난감한 상황에 부닥치기도 합니다. 통제하기 힘든 외부 환경의 영향으로 전혀 예상치 못한 실패를 맛보기도 하죠. 그런데 이 실패도 잘 활용하면 나중에 성공할 수 있는 학습 자료가 될 수 있습니다. 시행착오를 통한 반면교사의 학습을 하는 것입니다. 실패의 위기를 기회로 만들 수 있는 학습이 되는 것이죠. 문제의 핵심을 이해하고 대안을 강구하려면 어설프게 아는 것만으로는 한계가 있습니다. 지극히 부분적인 지식만 가지고 전체적인 처방을 내릴 수는 없지요. 대부분의 마케팅 문제는 단순하지 않고 실타래처럼 복잡하게 얽혀 있는 경우가 많습니다. 실타래를 풀 수 있는 더 깊은 지식으로 디테일의 힘을 발휘하는 결과물을 만들어 내야만 쓸모가 있게 됩니다. 하나를 하더라도 확실하게 처리할 수 있는 능력이 요구됩니다. 열심히 학습하다 보면 풀리지 않을 것 같은 마케팅 당면 문제의 해결 방법이 쉽게 터득되기도 하죠. 대안을 찾기 위해 여기저기에 안테나를 많이 세우고 수신 감도를 더 높였기 때문입니다. 세계 최고의 열정적인 지휘자라고 불리는 레너드 번스타인이 이런 말을 했습니다. "하루를 연습하지 않으면 내가 알고, 이틀을 연습하지 않으면 단원이 알고, 사흘을 연습하지 않으면 청중이 안다."는 말입니다. 꾸준한 연습만이 살아남을 수 있는 유일한 길이라는 것입니다. 익숙하도록 되풀이하여 익히는 연습은 학습 효과를 향상시키는 데 큰 영향을 미칩니다. 그렇습니다.

사람은 아는 것만큼 느끼고, 느낀 것만큼 보인다는 말처럼 마케팅 지식이 일정 수준 이상 습득되면 전사적 마케팅 활동을 강화하는 데 큰 도움이 됩니다.

4.
전사적 마케팅 열정 조직으로 진화하라

(1) 묘수보다 정수로 접근하는 조직의 미래가 밝다

마케팅 활동을 업무 진행의 기본 프로세스인 P-D-C-A 사이클로 살펴보 겠습니다. 'P'는 무엇을 얼마나 달성하려고 하는가를 의미하는 'Planning(기획 단계)'을 말합니다. 'D'는 어떻게 실행하려고 하는가를 의미하는 'Do(실행 단계)'를 말하죠. 그리고 'C'는 얼마나 달성했고, 왜 그러한 결과가 나타났는 가를 뜻하는 'Check(분석 단계)'입니다.' 'A'는 이와 관련하여 향후 어떻게 해야 하는가를 의미하는 'Action(개선 단계)'을 말합니다. 어느 기업이든지 이 4단계의 사이클이 막힘없이 잘 돌아가게 하려고 하지만 그것이 말처럼 쉽지 않습니다. 단계별로 크고 작은 문제가 발생하게 됩니다. 직면한 마케팅 문제 를 해결하는 데는 정수와 묘수가 있습니다. 정수는 문제의 본질을 파고들어 전체적인 상황을 고려하여 근본적인 해결책을 제시하는 방법을 말하는 것 입니다. 반면에 묘수는 문제의 본질보다는 기막힌 방법으로 난관을 절묘하 게 해결하여 위기를 넘기는 것이라고 할 수 있습니다. 여기서 '본질'에 대해 잠깐 언급하고 넘어가겠습니다. '본질에 충실한 깊은 맛', 엊그제 동네 할인 점에서 본 어느 라면 봉지에 인쇄된 광고 문구입니다. 처음 본 순간 라면 봉 지의 광고 문구와는 어울릴 것 같지 않은 생각이 들었지만 생각해 볼수록 그 의미가 다가오더군요. 갑자기 '본질'이란 단어의 정확한 뜻이 궁금해졌습니 다. 과연 라면의 본질은 무엇일까를 생각하면서 '본질'이란 단어를 국어사전에서 찾아보았습니다. 사물이나 현상을 성립시키는 근본적인 성질, 즉 '본바탕'을 의미하는 것으로 되어 있더군요. 어떤 대상의 본질을 제대로 아는 것은 매우 중요합니다.

정수와 묘수 중에서 어느 것이 더 좋고 나쁘다고 쉽게 단언할 수는 없습니다. 문제의 상황에 따라서 접근 방법이 달라질 수 있기에 그렇습니다. "묘수를 세 번 두면 진다."는 바둑계에 널리 알려진 정설이 있습니다. 묘수가 일시적인 성과를 거두는 데 분명 도움은 될 수 있으나 묘수의 반복은 오히려 역효과를 가져오게 된다는 것이죠. 묘수로 지금 당장의 위기는 넘길 수 있겠지만 판 전체를 제대로 읽어 내지 못해서 결국 치명적 실수를 할 가능성이 커지게 됩니다. 묘수는 짧은 시간 안에 문제를 해결하지만, 정수는 시간이 오래 걸려서 답답할 수 있습니다. 타이밍이 중요하게 여겨지는 마케팅 현장에서는 묘수의 매력이 더 크게 보이기도 합니다. 그래서 묘수의 유혹을 물리치기가 쉽지 않죠. 묘수는 깊이가 없어서 쉽게 남이 모방할 수 있지만, 정수는 남이 쉽게 따라오지 못하는 깊이가 있습니다. 그것이 정수의 숨겨진 매력입니다. 마케팅 문제 해결의 방법은 묘수보다 정수가 훨씬 더 의미가 있다고 봅니다. 부분적인 것보다는 전체적인 것으로, 직관적인 것보다는 체계적인 것으로, 일시적인 것보다는 지속적인 것으로 접근해야 더 좋은 성과를 얻을 수 있습니다.

제가 잘 알고 있는 어느 대기업 CEO는 결재하기 위한 의사 결정을 할 때 그만의 독특한 습관이 있습니다. 결재를 받으려고 하는 직원의 눈빛을 먼저 살펴본다는 것입니다. 아이 콘택트(eye contact)를 시도하는 것이죠. 눈을 보면서 이렇게 질문한다고 합니다. "이 방법 말고 더 좋은 다른 대안은 없습니까?"라고 말입니다. 묘수의 대안으로 당장의 위기를 넘기려고 하는 사람과 정수로 문제의 본질을 해결하려는 사람의 눈빛과 목소리가 다르다고 합니다. 오랜 경험을 통한 그만의 노하우지만 일리가 있다고 생각했습니다. 모든 문제에는 반드시 답이 있습니다. 시간이 걸리더라도 포기하지 않고 끝까지 정수의 답을 찾아내려고 하는 조직의 미래는 밝지만, 묘수 찾기에만 급급한 조직은 밝지 않습니다. 한때 시장에서 강력한 힘을 가지고 있던 부동의 선도 기업들이 맥없이 무너지는 것을 많이 보게 됩니다. 가장 큰 이유는 과거의 성공에 안주하여 시장 환경 변화에 제대로 대처하지 못한 것이겠지요. 또 다른 결정적 이유를 찾아보면 정수보다는 묘수로 그때그때의 위기를 넘어서려고 하다가 때를 놓치고 만 것이라고 생각됩니다. 제가 재미있게 시청했던 〈더 뱅커〉라는 TV 드라마가 있습니다. 그 드라마에서 아주 인상적인 한 장면이 나옵니다. 은행장이 임원 회의에서 "여러분의 자리는 누리라고 만든 자리가 아니라 책임지라고 있는 자리입니다."라고 낮은 목소리로 엄중하게 이야기하더군요. 이 짧은 말 한마디에 일순간 침묵이 흐르면서 임원들의 표정이 굳어지고 분위기가 무거워졌습니다. 그 은행의 최고 엘리트들만 모인 자리였는데도 누구 한 사람 나서서 토를 다는 사람이 없더군요. 직접 드라마를 보지 않은 분들도 어떤 상황인지 충분히 상상이 되리라고 봅니다. 그렇습니다. 모든 마케팅 결과에는 반드시 책임이 따르게 마련입니다. 그 책임을 누군가가 져야 합니다. 시간이 걸리더라도 정수로 문제에 접근하면 일이 잘못되어 억울하게 책임질 확률이 줄어들게 됩니다. 전사적 마케팅 전략의 대안은 묘수보다 정수로 강구하는 것이 훨씬 더 좋습니다.

(2) 매너리즘에서 벗어나야 열정이 식지 않는다

지금 기업들이 경쟁하고 있는 시장은 대부분 사생결단을 각오하고 덤벼드는 열전의 시장입니다. 모두 열을 많이 받아서 그런지 과거의 경쟁 패턴과는 판이한 모습들이 여기저기서 발견됩니다. 통제 불가능한 변수들이 끊이지 않고 나타나고 있지요. 그러다 보니 현재 한창 잘 나가는 제품이라고 해도 마음 놓고 안심할 수가 없습니다. 언제, 어디서 암초에 부딪혀 좌초될지도 모르기 때문입니다. 이럴 때일수록 조직 구성원의 '목표'에 대한 재인식과 도전 의지가 절실히 필요합니다. 목표는 주어진 기간 안에 에너지를 집중시켜 이루고자 하는 표적을 말합니다. 목표를 수립할 때는 단기, 중기, 장기로 기간을 구분하고, 해당 기간 내에 이루고자 하는 기대치를 정량화해서 설정하는 것이 좋습니다. 전사적 마케팅 활동을 통하여 '무엇을, 얼마나, 언제까지' 이룰 것인가를 객관적으로 가시화시키면 좋습니다. 이 세 가지가 명확하게 설정되어야만 그것을 토대로 '누가, 어떻게' 실행에 옮길 것인가를 구체적으로 계획할 수 있기 때문입니다. 시장은 우리를 위해서 인내심 있게 기다려 주지 않습니다. 한번 기회를 놓치게 되면 다시 기회를 잡기가 쉽지 않습니다.

기업(企業)을 한자의 뜻으로 살펴보면 사람[人]이 모여서[止] 함께 일[業]하는 곳으로 풀이할 수 있습니다. 또한 회사를 뜻하는 영어 단어 'company'도 '함께'라는 'com'과 라틴어로 '빵'을 의미하는 'pany'의 합성어입니다. 이를 종합해 보면 함께 빵을 먹고 살기 위해 모인 사람들이 일하는 곳이 바로 기업이라는 조직이라고 할 수 있습니다. 그런데 이러한 조직에서 목표를 달성하려고 하는 도전적인 열정이 사라진다면 계속해서 빵을 얻을 수 있을까요? 열정이 없는 조직은 죽은 조직이나 마찬가지입니다. 열정 이야기를 하다 보니 오래전에 본 어느 광고가 문득 생각납니다. "칭기즈 칸에게 열정이 없었다면, 그는 평범한 양치기에 불과했을 것이다."라고 외친 광고 카피입니다. 열정의 효과를 한마디로 기가 막히게 잘 표현했지요. 열정이 있었기에 그가 인류 역사상 최대 영토를 제패한 몽골 제국의 시조가 될 수 있었던 것입니다. 제 직업 특성상 다양한 기업의 마케터들을 자주 만나게 됩니다. 그들과 대화를 하다 보면 "우리 조직의 치열함이 사라지고 있다."고 말하는 사람들이 의외로 많습니다. 이는 열정이 식어 가는 것을 말하는 것이죠. 안타까운 일입니다. 초심을 잃고 매너리즘에 빠지게 되면 자신도 모르게 열정이 식게 됩니다.

(3) 열정적 도전으로 전사적 마케팅 활동을 하라

구글을 공동 창업한 세르게이 브린과 래리 페이지는 기업의 조직 생활을 해 본 경험이 전혀 없는 젊은이들이었습니다. 스탠포드 대학에서 인연을 맺은 두 사람은 1998년 9월 학교에 휴학을 신청하고 벤처 투자자들로부터 100만 달러를 모집해 회사를 설립했습니다. 회사 생활을 해 보지 않은 두 사람은 과감하게 상식을 깬 방식으로 열정적인 조직 운영을 하게 됩니다. 당시 경쟁자들은 성공 확률이 높을 것으로 예상되는 안정적인 비즈니스 영역에만 몰두하였으나, 구글은 위험을 감수하면서도 새로운 분야에 열정적으로 과감히 도전합니다. 구글의 승승장구로 인해 시장 선도 기업이었던 야후는 큰 어려움에 처하게 됩니다. 이 열정적 도전이 오늘의 구글을 만드는 데 결정적인 역할을 했다고 구글의 직원들은 강조합니다. 그렇습니다. 열정적 도전은 기업이나 개인에게 좋은 결과로 나타나게 되는 경우가 많습니다. 대중들에게 웃음을 선사하는 인기 개그맨 중에는 웃길 수 있는 선천적 재능보다 웃기고 싶다는 열정적 노력으로 꿈을 이룬 사람들이 많습니다. 이처럼 열정적 도전은 불가능할 것 같은 것도 가능하게 만드는 힘이 있습니다. 지금 우리 배가 망망대해 한가운데서 폭풍우를 만났다고 생각해 보세요. 쉴 새 없이 휘몰아치는 비바람과 거친 파도를 헤치고 목적지인 항구에 무사히 도착할 수 있도록 하기 위해서는 모든 사람이 열정적으로 일사불란하게 움직여야 합니다. 그렇게 하지 않으면 생존할 수 없지요. 지금 대부분의 기업은 이러한 상황에 부닥쳐 있다고 할 수 있습니다. 열정적 도전은 곧 변화를 수용하는 것입니다. 조직의 변화 수용 과정을 보면 대략 3단계로 진행됩니다. 1단계는 변화의 필요성을 조직 구성원에게 인지시키는 초보 단계, 2단계는 변화의 바람이 조직 전체에 확산되는 단계, 3단계는 조직 구성원 누구나 저항

없이 적극 수용하는 단계입니다. 변화 수용도가 높을수록 전사적 마케팅이 활성화될 수 있겠죠. 물론 변화하는 것 때문에 지금 당장 손해를 보거나 힘들 수도 있습니다.

컴포트 존(comfort zone)이라는 용어가 있습니다. 사람이 가장 쾌적하다고 느끼는 온도의 범위를 뜻하는 말인데, 근심 걱정 없는 편안한 심리 상태를 의미합니다. 사람들은 누구나 이것을 좋아합니다. 안전지대에서 머물고 싶어 하는 것이지요. 그런데 이 컴포트 존에 오래 머물러 있게 되면 자신도 모르게 안주하게 되고 열정적 도전력이 저하되기 쉽지요. 기업은 '이만하면 됐지' 하고 안주하는 순간부터 내리막길을 걷게 됩니다. 변화하고자 할 때 가장 힘든 것은 바로 변화에 대한 두려움입니다. 이 두려움 때문에 변화를 시도하려고 늘 생각은 하고 있지만, 실행 단계에서 주춤거리며 앞으로 나아가지 못하게 됩니다. 그래서 변화를 두려워하는 저항과 항의에도 굴하지 않고 밀고 나가는 과감한 추진력이 필요합니다. 기업이 한 단계 성장하기 위해서는 성장통을 이겨 내야 합니다. 그러기 위해서는 끝까지 해내겠다는 조직 구성원들의 '끝장 정신'이 필요하지요. 현대그룹 창업주인 고 정주영 회장이 자주 했다는 유명한 말이 있습니다. "해 봤어?"라는 짧은 말입니다. 무슨 일이든지 해 봐야 확실히 알 수 있습니다. 해 보지 않고서는 말할 자격조차 없는 것입니다. 방송 진행자들은 오프닝 멘트를 어떻게 시작해야 할까를, 작가들은 원고의 첫 줄을 어떻게 써야 할지를 놓고 상당히 고심한다고 합니다. 이른바 '첫 마디, 첫 줄의 두려움'입니다. 이 두려운 단계만 넘어서면 순조롭게 풀린다고 합니다. '시작이 반'이라는 말이 있습니다. 처음 시작은 어려울 수 있지만 일단 시작하기만 하면 그다음부터는 큰 힘 들이지 않고 일을 진행할 수 있다는 뜻이지요. 그렇습니다. 현재의 상태에 안주하지 말고 전사적 마케팅 활동의 목표 달성을 위해 열정적 도전을 시작해 봅시다.

6장

누구를 위하여 종을 울리나 –
TARGET, TARGET이다

———— 임석빈 ————

1.
이야기 셋

하나, 제1차 세계 대전에서 병사들이 제일 두려워한 것은?

제1차 세계 대전은 한 나라와 한 나라가 아닌 여러 나라가 여러 나라를 상대로 전쟁을 한 대규모 전쟁이었습니다. 역사에 비극으로 남은 전쟁입니다. 새로운 무기들이 속속 등장하였고 그에 따라 많은 희생자들이 발생하였습니다.

그런데 병사들이 가장 두려워한 무기는 무엇이었을까요? 독일의 기관총일까요? 생화학 무기일까요? 강철 갑판을 두르고 돌진하는 전차일까요? 짧은 시간에 와르르 총알을 쏟아 내는 기관총은 겁나는 두려움의 존재였습니다. 소리 소문 없이 스며들어 숨을 틀어막는 생화학 무기 또한 겁먹기에 충분하였지요. 총알을 무용지물로 만들며 다가오는 전차는 대책 없는 괴물이었습니다. 그런데 진짜 두려움의 존재는 따로 있었습니다. 그것은 바로 저격

병입니다.

어디서인지 모르게 날아온 총알에 '으악' 하고 쓰러지는 전우를 보면서 그야말로 살아서 집에 갈 수 있을까 하는 병사들의 최고 걱정거리였다고 합니다. 무턱대고 갈기는 기관총보다 나만을 향해 조준하고 쏘는 저격병의 존재가 더 두려운 것입니다.

둘, 사자는 노리는 놈만 사냥한다

동물의 왕국을 즐겨 봅니다. 사자가 먹잇감을 사냥할 때의 장면이 나옵니다. 무리 지어 있는 수많은 초식 동물들을 향해 빠르게 달려 나갑니다. 동물들은 우왕좌왕하며 이리저리 흩어져 달아나지요. 그런데 사자는 바로 가까이로 도망치는 녀석에게 덤벼들지 않습니다. 처음에 목표로 정한 동물만 쫓아갑니다. 집요하게 쫓아가 사냥에 성공하지요. 이놈 저놈 기웃대다가는 절대 성공하지 못한다는군요.

셋, 결혼 잘한 연예인, 결혼 못하는 연예인

소위 인기 있는 연예인들은 누구나 잘살고 결혼도 잘할 것이라고 생각합니다.

그런데 현실은 그렇지 않습니다. 결혼 잘하고 잘사는 연예인이 있는가 하면 늦도록 결혼 못하고 또는 안 하고 홀로 지내는 연예인도 많습니다. 왜 그럴까요? 모든 사람의 사랑을 받고 있다는 생각에 정작 소중한 한 사람의 사랑은 받지 못한답니다.

'바로 이 사람이 내 사람이다'라고 찜하고 열심히 들이밀 때 결혼에 성공하지만, 여기 집적 저기 집적대다가 TV 싱글 프로그램에 출연하게 됩니다.

2.
욕구가 달라요

(1) 욕구라는 존재 - 부족함을 느끼다

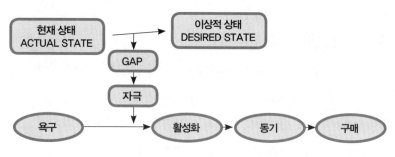

[그림 6-1] 세품 구매 동기의 메카니즘

욕구라는 존재는 현재의 상태보다 더 좋은 이상적인 상태를 지각할 때 발생하는 자극입니다. 즉 둘 사이의 GAP, 차이를 느끼는 것이지요. 뭔가 부족하고 아쉽고 결핍되어 있는 듯, 더 좋아지고 싶은 욕망이 일어나는 것이 제품 구매의 동기가 됩니다. 더 예뻐지고 싶어서 화장품을 구입하고, 멋있게 보이려고 옷을 구입합니다. 심심함을 달래려고 영화관으로 달려가는 것이지요.

기업은 끊임없이 소비자에게 "부족하지, 갖고 싶지, 더 좋은 것이 있는데."라고 소비자 마음에 돌을 던져 파문이 일어나도록 하여야 합니다. 소비자를 흔들어 욕구를 활성화시켜야 합니다. 소비자는 자기가 부족함을 깨달으면 그것이 곧 문제(PROBLEM)가 되고 그 문제를 해결하기 위한 해결책(SOLUTION)으로 아까운 돈을 지불하고 제품을 구매하게 되는 원리입니다. 계속해서 소비자를 흔드는 전략과 방법을 연구하는 기업이 시장에서 이기게 됩니다. 워킹화로 유명한 프로스펙스의 W운동화는 "걷는 데 왜 촌스럽게 등산화를?", "걷는 데 런닝화를 신고? 발이 바닥에 닿는 것이 다른데?" 하면서 올레길, 둘레길 걷기 열풍을 기회로 삼아 성공하였습니다. 그리고는 계속해서 가벼운 무게로 소비자를 건드리고, 알록달록 패션으로 약을 올리면서 "이래도 안 살 거야? 사고 싶지?" 하면서 유혹의 손길을 뻗치고 있습니다. 정수기의 사례를 보아도 차별화를 위한 경쟁은 치열합니다. 수돗물을 못 믿을 존재로 만들어 정수기 판매를 시작하였지요. 최근 수년의 정수기 광고를 보면 흥미진진합니다. "댁의 정수기 저수조는 플라스틱입니까? 스테인리스입니까?"로 포문을 열더니 "우리 정수기는 모아 두지 않습니다. 바로 뽑어내는 직수입니다.", "정수기의 배관을 매년 무상으로 교체해 드리겠습니다.", "우리 정수기의 배관은 스테인리스라서 교체할 필요조차 없습니다.", "결국 정수기의 본질은 필터입니다. ○○○필터", "직수로 얼음 나오는 정수기 보셨수~" 등등 소비자의 욕구에 불을 지르고 있습니다.

(2) 욕구라는 존재 - 사람마다 다르다

그런데 이 욕구라는 것이 사람마다 다르다는 것입니다. 각자의 입장에서 바라는 것, 아쉬움을 느끼는 차원이 다르다는 것입니다. 이론적으로 정립한 분이 매슬로라는 사회 심리학자입니다. 사람의 욕구란 5단계의 하이어라키(hierarchy)로 구성되어 있고, 아래의 하위 욕구가 충족되면 위의 상위 욕구를 바라게 되는 식으로 점차 진화하면서 분화되어 간다는 이론입니다. [그림 6-2] 참조.

[그림 6-2] 매슬로의 욕구 5단계설

맨 아래 하위 욕구는 살아야 한다는 TO LIVE의 욕구, 생리적 또는 생존의 욕구입니다. 배고프면 먹어야 하고 목마르면 마시고, 졸리면 잠을 자야 하는 원초적 욕구입니다. 그 위에는 TO HAVE, 안전의 욕구입니다. 물에 빠진 아저씨 살려 주니까 내 보따리 어디 있느냐고 챙기는 마음입니다. 가지는 것 그래서 지키기 위한 안전의 욕구입니다. 세 번째는 사회화, 소속감의 TO LOVE의 욕구입니다. 아무리 가진 것이 많아도 혼자 산다는 것은 쓸쓸한 일이지요. 돈을 너무나 사랑했던 스크루지 아저씨도 홀로 돈을 사랑하는 것보다 결국엔 이웃과 함께 잘사는 쪽을 선택했답니다. 어디인가 누구인가 친구가 있어야 하지요. 네 번째는 존중 받고 싶은 욕구입니다. 그래서 나누고 베푸는 TO GIVE의 욕구로 발전합니다. 남들이 자신을 대단한 사람, 성공한 사람으로 봐주기를 바라는 마음 누구나 가지고 있을 것입니다. 그래서 주고 또 주고 아낌없이 주는 것입니다. 다섯 번째는 자아실현의 욕구, TO BE의 욕구입니다. 가장 최상위의 욕구입니다. 자기만의 가치 실현을 위한 몸부림이지요. 남을 의식하지 않고 묵묵히 자기 길을 가는 욕구입니다.

다섯 단계의 욕구 이론이 중요한 것은 사람들마다 욕구의 차원이 다르다는 것입니다. 다르면 다르게 접근해야 합니다. 자동차를 예를 들어봅니다. 작은 경차를 판다면 그냥 "실용적이다."라고 하면 됩니다. 자원 절약 시대에 경차를 타면 사람들이 "우러러 볼 것이다."라고 존중의 욕구를 건드리면 말도 안 되는 것이지요. 거꾸로 대형 승용차를 팔 때는 "잘 굴러 갑니다.", "에어컨 빵빵 합니다."라고 해서는 씨도 안 먹힙니다. "아무나 타는 차가 아닙니다. 성공하신 분만 타는 차입니다."라고 해야 됩니다. 이렇듯 소비자의 마음이 제각각으로 서로 다르다는 것을 인정해야 합니다. 다르다는 것, 마케팅 세상에는 서로 다른 집단들이 존재하고 있습니다.

3.
다른 욕구를 나누어 보면 (Segmentation)

하나, 삼형제 이야기

아들만 셋인 삼형제 이야기입니다. 학생일 때는 용돈이 최고의 수입원입니다.

맏이와 둘째, 막내 중 누가 용돈을 많이 받았을까요? 둘째는 아빠를 목표로 해서 아빠가 좋아하는 행동을 합니다. 키가 크신 아빠는 회사에 다녀오면 가끔씩 다리가 아프다고 하십니다. 그래서 강한 손아귀 힘으로 시원하게 안마를 합니다. 기분이 좋으신 아빠는 용돈을 주시지요. 맏이인 형은 안마를 해도 대충해서인지 별로 시원하지 않습니다. 결국 "그만해라." 소리만 듣고 빈손으로 방에 돌아갑니다. 막내는 딸이 없는 엄마에게 애교를 피우고 얘기도 잘하고 시장도 같이 가면서 딸 역할을 합니다. 당연히 용돈이라는 대가가 주어집니다. 첫째도 해 보지만 엄마는 징그럽다면서 공부나 하라고 합니다. 둘째와 막내는 누구를 기분 좋게 할까를 정확하게 설정하여 그 대상인 아빠와 엄마가 원하는 것을 제대로 해 드렸고 용돈 타내기에 성공하였습니다. 맏이는 이쪽도 저쪽도 만족시키지 못하고 빈털터리 신세가 되었습니다. 둘째가 엄마까지 욕심을 내었을까요? 막내가 아빠를 호시탐탐하였을까요? 아닙니다. 내가 잘해 보아야 경쟁자보다 더 잘할 자신이 없으면 하지 않는 것이 좋답니다. 기존의 고객을 잘 지키는 것이 중요합니다. 둘은 사이좋게 시장을 나누어 잘 먹고 잘 살았답니다.

둘, 시장을 보는 눈 - 시장 세분화

서로 욕구가 다르다면 어떻게 해야 할까요? 바로 시장 세분화의 과정을 통해서 확인하는 것이 중요합니다. 시장을 바라보는 눈이 정확해야 합니다. 무엇을 기준으로 소비자를 바라볼 때 그들의 욕구가 각각 다른 것을 규명할 수 있을까요? 일반적으로는 인구 통계적 방법을 사용합니다. 연령이나 성별, 지역, 직업, 종교 등입니다. 연령을 기준으로 하는 것은 나이대별로 살아온 환경이 다르고, 다른 생활 양식이 가치관에 영향을 주며, 그래서 바라는 욕구의 형태가 다르게 됩니다. 살아온 시대와 욕구 간의 연관성이 강하게 연결됩니다. 성별과 직업, 지역, 종교 역시 문화라는 특성으로 소비자의 성향 형성에 큰 영향을 주게 됩니다. 하지만 인구 통계적 특성만으로는 충분하지 않습니다. 심리 분석적 특성이나 제품 관련 구매 행동적 특성에 의해서 더 잘 설명할 수도 있습니다. 심리적 특성으로는 라이프 스타일과 개성, 자아 개념 등이 있습니다. 라이프 스타일은 하나의 대상에 대한 소비자의 행동(Activity), 관심(Interest), 의견(Opinion)을 종합적으로 분석하는 것입니다. 예를 들면, 식생활(음식)에 대한 라이프 스타일을 분석해 보면 각기 다른 여러 집단들로 구분됩니다. 음식은 무엇보다 딱 봐서 맛있어 보여야 한다는 눈 중심 집단, 혀 끝에 살살 녹아야 한다는 미식가형 입 중심 집단, 이런저런 소리하지 말고 양이 푸짐해야 한다는 배부름 중심 집단, 맛집은 직접 찾아다니며 먹어 봐야 한다는 발 중심 집단, 셰프 열풍에 발맞춘 직접 해 먹어야 진짜라는 손 중심 집단 등으로 나눌 수 있겠지요. 행동적 특성에 따른 방법도 유용합니다. 바라는 편익 요소, 사용 기회, 사용량, 충성도, 제품에 대한 태도 등입니다. 치약의 경우 '왜 양치질을 하십니까?'라는 질문에 대해 누구는 치아가 썩지 않게 하려고, 또 누구는 이를 하얗게 하려고, 다른 누구는 입 냄새를 없애고 향기가 나도록 등등 바라는 편익(benefit)이 다릅니다. 그래서 각각 불소 성분을 많이 넣고 미백 성분을 강화하고 프레쉬한 향을 듬뿍 첨가합니다. 제품에 대한 태도의 예로는 프로야구 관중 늘리기 전략을 생각해 봅시다. 야구에 대한 태도가 열정적인 관중, 야구가 재미있어 자주 오는 관중, 재미는 있지만 가끔 오는 관중, 재미는 그냥 그렇지만 가끔씩 보는 관중, 야구장보다 집에서 편하게 보는 것을 좋아하는 사람, 아예 야구를 경멸하는 사람 등이 있을 수 있지요. 어느 집단을 대상으로 마케팅을 하면 관중이 쑥쑥 늘어날까요? KBO에 제안 바랍니다. 이렇듯 시장을 바라보는 잣대가 다양합니다.

셋, 제품 콘셉트(TARGET - BENEFIT - FUNCTION 삼위일체)

세분화의 과정 다음에는 제품 콘셉트가 이어집니다. 제품 콘셉트는 '누구에게(target) 그가 원하는 것을(benefit) 이렇게 해 주겠다(function)'라는 삼위일체를 말합니다. 출발은 누구, 곧 목표 고객입니다. 요구르트를 예로 들어 설명해 봅니다. 소비자를 자라나는 아이들, 미혼 여성, 아저씨 세 집단으로 설정해 봅니다. 먼저 아이들을 대상으로 한다면 "성장기 발육에 좋아요. 왜냐하면 완전식품인 우유를 발효시켜서 우유를 싫어하는 아이들에게 딱 입니다." 라고 어머니에게 얘기해야 합니다. 여성들에게는 "미용에 좋습니다. 유산균이 장 활동을 활발하게 해 주기 때문입니다." 광고도 리듬 앤 밸런스로 하고, 어느 회사의 제품은 쾌변이라는 상표명으로 판매하고 있습니다. 아저씨에게는 "스트레스 많으시지요? 위장 건강에 좋은 요구르트 많이 드세요. 좋은 유산균이 가득 들어 있답니다."라고 얘기합니다. 만약 아이에게 "세 살 피부가 팔십까지 갑니다. 그러니 피부 미용에 좋은 요구르트를 먹어야 합니다." 라고 하면 이상합니다. 또 여성에게 "성장 발육에 좋습니다. 요구르트~"라고 얘기할 마케터는 없겠지요. 누구라는 target을 기준으로 그가 원하는 것인 benefit을 제시해야 하며, 이렇게 해 주겠다는 function이 뒷받침될 때 바로 그 고객이 감동받게 되는 원리가 바로 제품 콘셉트입니다. 그럼 연습문제를 풀어 볼까요? 일회용 팬티를 개발한다고 하면 몇 개의 제품 콘셉트가 나올 수 있을까요? 다양한 target을 먼저 떠올리면서 스스로 실습해 봅시다.

4.
누구를 결정해야 (Targeting)

하나, 다르면 다르게

시장을 세분화하는 것은 욕구의 다름을 확인하는 것입니다. 이제는 목표 고객을 결정해야 합니다. 시장의 욕구가 모두 동일하다면 비차별적 마케팅으로 가능합니다. "'콜라처럼' 마시면 짜릿하게 시원합니다."라고 하면 충분하지요. 하지만 시장의 욕구가 각각 다르다면 다른 방식으로 접근해야 합니다. 이른바 차별적 마케팅입니다. 앞의 요구르트의 사례처럼 다른 것입니다. 아이들 제품은 '앙팡'이라고 하면서 성장 발육에 좋은 칼슘과 DHA, 맛있는 과일을 첨가합니다. 여성을 위한 제품은 식이 섬유, 콜라겐, 비타민C 등으로 승부를 겁니다. 아저씨들 제품은 헬리코박터 프로젝트윌, 메치니코프처럼 마치 약 같은 이름으로 팔립니다. 욕구가 다른 만큼 다른 마케팅 전략으로 접근해야 합니다.

둘, 선택의 기준 (매력성 - 경쟁성 - 적합성)

그러면 세분 시장 중에서 목표 시장으로 어느 시장을 어떻게 선택할까요? 기준은 세 가지입니다. 매력성, 경쟁성, 적합성입니다.

① 매력성은 '얼마나 먹음직스러운가' 입니다. 맛있어 보여야 하지요. '시장이 얼마나 큰가(규모)', '앞으로 쑥쑥 클까(성장성)', '먹을 만한가(수익성)' 입니다. 푸짐하게 먹을 것이 있어야 합니다.

② 경쟁성은 '싸움이 치열한가 또는 평온한가', '상대방의 전력은 어느 정도인가', '강한가 또는 약한가', '앞으로 경쟁 구도의 변화는 어떨까', '새로운

경쟁자가 들어오지는 않을까' 등입니다. 아무리 먹음직하여도 하이에나처럼 떼거리로 몰려와서 싸우면 피곤하기만 하고 정작 먹을 것은 제대로 건지지 못합니다. 정글의 왕 사자가 딱 버티고 있으면 깨갱하고 물러나는 것이 현명하지요. 그래서 블루 오션 관련 책에서는 남들과 똑같은 방법으로 피 터지게 싸우면 레드 오션이 되어 먹는 것이 없어 재미가 없어지므로, 자기만의 독특한 방식으로 새로운 시장을 개척해야 한다고 합니다. 이른바 블루 오션을 개발하라고 하는 것이지요.

③ 적합성은 '나에게 맞는 시장인가(기업 목표, 철학)', '나에게 갈 만한 힘이 있는가(핵심 역량)', '과연 내가 할 수 있을까(마케팅 능력)' 등입니다. 아무리 좋아 보이는 시장도 나와 궁합이 맞아야 성공할 수 있다는 지당한 말씀입니다. 마구잡이 기업 합병으로 승자의 저주를 받아 오히려 독이 된 사례를 볼 수 있지요. 잘못 먹으면 체하고 배탈이 나게 되는 이치입니다.

이 세 가지 요소를 분석하여 어느 세분 시장이 나의 목표 시장으로 가장 타당한지를 결정합니다.

5.
누구를 위하여 종을 울리나 (Positioning)

하나, 포지셔닝의 원리 - 모두보다 하나만

시장에는 다른 여러 집단이 있습니다. 나는 어느 집단을 목표로 할까요? 컨설팅을 하다 보면 이런 질문을 받습니다. "전체 고객을 대상으로 마케팅을 하면 적어도 어느 정도는 팔 수 있는데 임 대표께서는 왜 시장을 나누고 그중에 하나만 공격하라고 하십니까? 100명의 고객에게 1개씩만 팔아도 100개를 파는데 왜 30명의 고객에게만 장사하라고 합니까? 1명당 3개씩 팔아도 90개밖에 안 되지 않습니까? 어떻게 생각하시나요?" 나는 이렇게 답변을 합니다. "전체 고객을 모두 만족시킬 수 있는 제품이 존재할 수 있을까요? 요구르트의 경우 아이도 여성도 아저씨까지도 한꺼번에 만족하는 제품을 만드는 것이 효율적인가요? 아니면 하나의 집단만 정확하게 기분 좋게 하는 것이 효율적일까요?" 무조건 후자가 정답입니다. 소비자는 자신의 욕구에 정확하게 부합하는 제품, 자신을 위해 존재한다고 믿는 제품을 선택합니다. 모두를 만족시키려다 모두를 놓치게 됩니다. 바라는 욕구가 다르기 때문입니다. 아이들에게 메치니 코프를 먹이지 않고, 아저씨들은 양갱을 먹지 않습니다. 자신들의 제품이 따로 있습니다. 모두는 잊어버리세요. 단 하나만이 존재합니다.

둘, 어떤 종을 울릴까?

종을 울립시다. 그런데 어떤 종을 울려야 할까요? '새벽 배송의 원조, 두부 장수 종', '아이들 시끌시끌한 학교 종이 땡땡땡', '따르릉 비켜나세요. 자전거 종', '이리 오너라. 대문 종', '주일에 기도와 찬송 소리, 교회 종', '연말에 딸랑딸랑, 구세군 종' 등 참 많습니다. 아무 종이나 흔들어서는 안 됩니다. 모으고 싶은 사람을 결정하고 그에 맞는 종을 울려야 합니다. 누구에게 어떤 목적으로 알릴 것인가에 따라 울리는 종은 달라야 합니다. 출발은 '누구에게'라고 하는 결정에서 비롯됩니다. Target이 중요합니다. 누구를 위하여 종을 울리나? 그것은 Target, Target입니다.

7장

신제품 개발 성공의 맥

백성순

기업은 고객을 창출하고 유지하며, 지속적으로 성장해 나가야 합니다. 이를 위해서는 기존 제품 외에 또 다른 신제품의 성공을 통한 성장, 또는 효과적인 M&A를 통한 성장이 반드시 필요합니다.

신제품 개발은 일반적으로 낮은 성공률을 가지고 있으나, 어떻게 해서라도 개발, 성공을 통하여 기업은 성장해 나가야 합니다. 이에 신제품 성공률을 획기적으로 높이는 맥(핵심 포인트)을 알려 드리고자 합니다.

"그 성공의 맥은 열정 조직의 참여와 검증된 개발 프로세스를 활용하는 것입니다."

1.
열정 조직에서 개발하게 하라

신제품 개발에 투입되는 인력은 개발 상황에 따라 달라지겠으나, 가능한 적정 인력을 투입하여 개발 성공률을 높여야 합니다. 이때 고려할 사항은 목적, 규모, 완료 목표 시점 및 조직 성향 등입니다.

(1) 기존 제품을 개선하거나, 기존 생산 라인을 이용하는 기존 제품 계열의 추가(Line Extension) 측면의 신제품의 경우는 기존 제품을 담당하고 있던 프로덕트 매니저(Product Manager)나 브랜드 매니저(Brand Manager)가 중심이 되어 R&D, 생산 등 관련 부문과 긴밀한 협조 관계를 유지하며 개발하는 것이 바람직합니다.

(2) 해당 산업이나 경쟁 기업에 이전에 없었던 혁신적인 신제품을 개발하고자 할 때는 전사적인 차원에서 태스크 포스 팀(Task Force Team)을 구성하여 전력을 다해 개발하여야 합니다. 여러 분야의 전문가가 서로 협업하여야 실패율을 낮추고, 그 성공률을 높이게 됩니다. 팀에 의한 개발의 경우에는 팀 리더 역량에 따라 그 성과가 크게 달라질 수 있습니다. 이 때문에 세계적 기업들은 여러 부문에서 오랜 경험을 가진 베테랑을 팀 리더로 선임하여 개발 팀을 운영합니다.

신제품 개발에 참여하는 리더 및 모든 참여자는 가능한 성공 의지가 강하고, 긍정적 열정을 가진 사람에게 맡겨야 개발 성공률이 높아집니다. 현업에서 참여자의 역량보다 열정과 성공 의지가 보다 좋은 결과를 낳는 것을 체험하고 실감하였습니다.

또한 열정을 뒷받침하는 최고 경영자 및 상위 책임자의 적극적인 지원과 관심도 필요합니다. 열정과 성공 의지가 강력한 개발 조직과 지원 시스템이 없다면, 신제품 개발은 처음부터 실패할 가능성을 높이는 것과 같습니다.

나아가 신제품에 대한 모든 구성원의 창의 및 개발 열의를 고취하며, 자발적 참여에 의한 열정이 넘치는 기업 문화를 만들어 가야 합니다.

2.
검증된 개발 프로세스를 반드시 활용하자

신제품을 통하여 고객에게 더 큰 가치를 창출하고 기업 경쟁력을 높여 가는 것은 필수입니다. 신제품 개발 시 열정 조직 못지않게 중요한 것이 이미 검증된 신제품 개발 프로세스를 활용하여, 점검을 통해서 성공률을 높이는 것입니다.

[그림 7-1] 1980년대 이전의 구시대적인 신제품 개발 프로세스

　과거 신제품 개발 프로세스는 [그림 7-1]과 같이 여러 분야에서 생성된 아이디어를 선별하고, 그 아이디어를 판단하여 좋다고 평가되면 제품을 개발, 상품화하여 본격 출시 및 출시 후 관리를 진행하였습니다.

　이에 따라 출시된 신제품이 시장 정착에 실패할 경우에는 개발 비용, 상품화 비용 및 더 나아가 광고, 촉진 등의 마케팅 비용까지 대부분의 비용을 손실로 떠안게 되어, 기업에 막대한 손해를 끼쳤습니다.

　이러한 구시대적인 신제품 개발 프로세스가 일반적이었던 1980년대 이전의 신제품 성공률(소비재 기준)은 5~12% 정도였습니다. 이는 너무 낮은 성공률로 특히, 신제품을 적극 추진하는 기업에 큰 부담과 위험이 되었습니다. 새롭고 혁신적인 신제품을 먼저 개발하여 출시하는 것은 출시 후, 홀로 시장을 개척하며 소비자에게 제품의 특성을 알리고 교육하는 측면에서도 많은 노력과 비용을 쓰게 되는 것도 감수해야 합니다.

이에 반하여 기존 제품의 단점을 개선/수정하거나 기존의 기술과 공정을 활용한 계열 추가 신제품(Line Extension)은 보다 실패 위험이 적으며, 안정적인 성장을 안겨 주었습니다. 그리하여 1990년대까지는 대부분의 기업에서 새롭고 혁신적인 신제품의 개발보다 모방적이거나 기존 제품을 개선하는 신제품 개발이 많이 진행되었습니다.

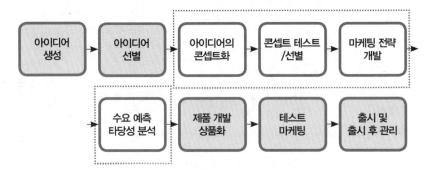

[그림 7-2] 최근의 신제품 개발 프로세스

여러 기업에서 많은 신제품 실패의 경험 및 반성을 통하여 점진적으로 신제품 개발 프로세스가 보완되어, 그 위험을 최소화하는 최근의 신제품 개발 프로세스 [그림 7-2]가 개발되었습니다.

이는 선별된 아이디어가 좋다고 판단되더라도 바로 제품 개발, 상품화를 시도하지 않고, 아이디어를 우선 선별하여 이를 콘셉트화하고, 목표로 하는 고객에게 콘셉트 테스트를 통해 1차로 성공 가능성을 점검하고, 개략적 마케팅 전략을 수립하여 가격 및 원가가 효율적이며 실행 가능한 유통 및 촉진 등의 실행 가능성을 2차로 점검하며, 더 나아가 개발에 투여되는 총비용과 수요 예측을 통하여 얻게 될 총수입을 비교하는 타당성 분석을 통하여 기대 수익률이 보장되는 아이디어만을 개발하고자 하는 개발 프로세스입니다.

최근의 신제품 개발 프로세스 활용에서는 프로세스 단계가 많으므로, 상황에 따라 융통성의 발휘도 필요합니다. 각 기업에 맞는 개발 프로세스를 정형화하고 그 개발 단계를 지켜 나가는 공식성 및 절차성도 중요하나, 필요 또는 상황에 따라 과감하게 단계를 생략하는 융통성을 발휘하여 개발 속도를 높이고 개발 기간을 줄이는 것도 중요합니다. 현업에서 개발 프로세스의 단계를 지키고, 각 단계를 통과하려는 기준을 맞추느라 정작 중요한 적정 출하 시점을 놓쳐 실패하는 기업을 많이 보았습니다.

개발 프로세스의 핵심은 단계를 활용하며 성공률을 높이는 것이지 단순히 그 단계를 지키는 것은 아닙니다.

(1) 개발 아이디어 원천은 다양할수록 좋다

신제품 개발의 아이디어는 여러 부문에서의 탐색 및 발상에서 시작됩니다.

① 우선적으로 국내외의 동종 업체 및 관련 업체의 제품과 서비스를 조사함으로써 많은 아이디어를 찾을 수 있습니다.

② 또한 사용 고객을 통하여 기존 제품에 대한 불만, 문제점을 파악하여 이를 해결하는 아이디어를 발상할 수도 있습니다.

③ 해당 유통 경로의 구성원인 유통 업체의 담당자, 판매 대리점이나 중간상들에게서도 개발 아이디어를 얻기도 합니다.

④ 또한 사업에 늘 고민하며 정보가 많은 오너나 최고 경영자 및 사내 임직원도 신제품 아이디어의 원천입니다. 기업의 임직원들은 기업과 관련된 정보, 특허나 기술적 혁신 등에 지대한 관심을 가지고 있어, 이를 활용한 다양한 아이디어를 모을 수 있는 제안 제도도 필요합니다. 모아진 초기 개발 아이디어는 신제품에 적용 가능한 개발 아이디어로 심화, 발전시켜야 합니다. 이때에는 창의력 개발 기법을 활용하는 것을 추천합니다. 그 기법 중에는 브레인스토밍, 브레인 라이팅, 트리거 세션 법, 속성 열거법, 체크리스트법이 아이디어를 더욱 발전시키는 데 유용하였습니다. 또한, 아이디어 탐색

에서 중요한 점은 기발하고 혁신적인 아이디어가 큰 흐름이 아니라는 점입니다. 완전히 혁신적 아이디어보다는 모방적 아이디어가 신제품 개발 아이디어의 대세임을 알아야 합니다. 물론 단순한 모방이 아니라 적절하고 전략적인 모방을 통한 새로움의 추구, 비관련 업계에서 전략적 모방을 통하여 새로운 아이디어를 찾아 개발해야 합니다. 많은 기업의 생존과 성장에서는 새로운 제품을 개발하는 것보다 얼마나 빠르게 모방하는가에 달린 경우가 많았으며, 특히 도입기, 성장기의 초기 시점에 시장 진입하는 빠른 모방자일수록 성공하는 경우가 더 많았습니다.

개발 아이디어의 선별은 제품 담당자가 또는 신제품 개발 위원회 등에서 규정된 심사 과정을 통해 성공 가능성 높은 아이디어를 선별하게 됩니다. 이때에는 좋은 아이디어를 잘못 평가하여 탈락시키는 오류(Drop-error) 및 좋은 아이디어를 채택하지 못하는 오류(Go-error)에 유의해야 합니다. 특히 선별 단계에서 저지르기 쉬운 실수는 선별 담당자 개인 또는 조직의 선입관 등에 의해 좋은 아이디어를 채택하지 못하거나, 더 나아가 엉뚱하고 실행 가능성이 낮다는 이유로 아이디어들을 묵살하는 것입니다. 엉뚱하고 실행 가능성이 낮은 아이디어에서 엉뚱함을 차별화 아이디어로 발전시키거나, 실행 가능성이 낮은 경우를 개선하여 실행 가능성을 높이게 되면 좋은 신제품이 되는 경험을 많이 하였습니다.

(2) 개발 아이디어를 매력적으로 콘셉트화하라

좋은 아이디어를 선별하여 소비자 점검을 받을 수 있는 제품 콘셉트로 발전시켜야 합니다. 제품 콘셉트란 소비자의 욕구 충족 또는 문제를 해결하여 주는 제품의 혜택을 소비자 용어로 명쾌히 정리한 제품 아이디어라고 할 수 있습니다. 즉, 아이디어를 소비자 니즈의 관점에서 의미 있게 구체화, 명확화한 것을 말합니다.

달리 말하면, 제품 콘셉트는 개발될 실체의 제품이 없이 간략한 제품 설명과 이미지 등으로써 소비자의 반응을 쉽게 점검할 수 있도록 만든 아이디어 표현물입니다. 그러므로 개발 아이디어를 제품 콘셉트로 정리하는 것은 신제품 개발 초기 단계에서 중요합니다.

개발 아이디어를 콘셉트로 정리한 콘셉트 보드의 예를 들면 아래 [그림 7-3]과 같습니다.

부드럽게 마시는 웰빙 과일초 마시는 홍초

청정원 마시는 홍초는 붉은 과일 식초에 몸에 좋은 올리고당, 식이 섬유 등을 혼합하여 간편하고 맛있게 마실 수 있는 웰빙 과실초입니다.

※ 석류, 복분자, 체리, 블루베리 등 몸에 좋은 과실을 넣은 웰빙 과실초입니다.
※ 과실의 함량이 높고 올리고당으로 단맛을 내어 누구나 쉽게 맛있게 마실 수 있는 웰빙 과실초입니다.
※ 4無 원칙: 설탕, 합성 감미료, 인공 색소, 합성 보존료를 전혀 넣지 않았습니다.
※ 대상 청정원의 오랜 연구 기술로 만듭니다.
• 종류: 석류, 복분자, 오디, 체리, 블루베리, 홍삼, 산수유
• 가격: 900ml 9500원, 500ml 5800원
• 제조원: 대상 청정원

[그림 7-3] 콘셉트 보드의 사례(대상 청정원 홍초)

이 제품은 시장에 출시되어 꾸준한 사랑을 받고 있는 대상 청정원의 홍초 제품입니다. 이 홍초의 개발 아이디어의 출발은 대부분의 소비자가 식초가 몸에 좋은 것은 알고 있으나, 너무 시어 그냥 먹기 힘든 식초를 먹기 좋도록 하면 잘 팔릴 것이라는 것에서부터였습니다. 신맛을 낮추거나 당분을 넣어 먹기 좋도록 하되, 웰빙 추세에 맞추어 설탕, 합성 감미료 등을 전혀 사용하지 않고 석류, 복분자, 체리, 블루베리 등의 과일 농축액을 활용하는 것이었습니다.

이 아이디어를 가지고 콘셉트화할 때 제품 형태를 식초로 할 것인가, 식초 음료로 할 것인가를 고민하였으나, 음료 시장에는 새콤한 맛의 경쟁 제품이 많았습니다. 이에 전략적 판단으로 신맛을 내기 위한 조미용 식초 시장에서 차별적으로 '마시는 식초'로 방향을 정하여 만들어진 콘셉트입니다.

실제 콘셉트 테스트에서 그 결과는 썩 좋지 않았습니다. 식초에 건강 개념이 높은 과일의 농축액을 넣어도 식초일 것이므로 맛은 별로일 것 같고, 신맛도 그대로일 것 같은 이유가 대부분이었습니다. 그러나 내부적으로 1차 시제품을 마셔 본 제품 담당자는 기대보다 맛이 좋으므로, 출시되면 충분히 소비자의 호응을 얻을 것으로 판단하여, 열정을 가지고 개발을 계속 진행하였습니다.

개발 아이디어를 콘셉트로 정리하는 콘셉트 보드 작성법은 아래 [그림 7-4]를 참조하여 주세요.

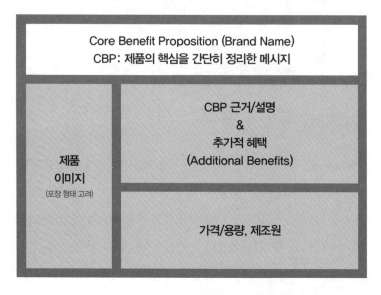

[그림 7-4] 콘셉트 보드 작성법(Full Concept)

첫 번째는 목표 고객에게 제안할 제품의 핵심 혜택(Core Benefit Proposition)을 간략하게 정리하는 것입니다. 이는 고객에게 제품의 핵심 혜택을 알려 주어 제품의 판매를 촉진시킬 수 있을 정도로 강력해야 하며, 가능한 경쟁사가 보유하지 않은 차별적인 것이면 더욱 좋습니다.

두 번째는 제품의 형태나 포장 방법을 알려 주는 제품 이미지입니다.

세 번째는 제품의 판매 시점에 고객에게 알릴 추가적 혜택(Additional Benefit) 및 판매 지향점(Selling Point)을 정리합니다.

네 번째는 예상 판매 가격과 제조원을 노출하는 것입니다. 특정한 경우, 판매 가격과 제조원을 숨기고 콘셉트 테스트를 하기도 합니다. 그러나 아무리 좋은 제품 콘셉트도 예상 가격이 너무 높거나, 제조원을 믿지 못하거나 잘 모르는 곳이라면 그 테스트 결과는 달라질 수 있기 때문에 가능한 노출하는 것이 좋습니다.

고객에게 제품은 가치 만족을 위한 복합체라 할 수 있습니다. 소비자는 제품 그 자체를 구매하는 것이 아니고 문제 해결의 방안으로써 제품을 구입하는 것입니다.

"고객은 드릴을 사는 것이 아니라 구멍을 뚫기 위해 삽니다." 즉, 고객들은 자신의 여러 문제의 해결을 위해 제품 기능에 제각기 나름의 가치를 부여하고, 구매 의사 결정을 통하여 최종적으로 구매하여 사용합니다. 물론 이외에도 제품의 이미지, 포장, 가격, 셀링 포인트(Selling Point) 등을 고려하여 구입을 결정하게 됨을 감안하여 콘셉트 보드에 최대한 내용을 담는 것입니다.

(3) 콘셉트 및 시제품을 가지고 목표 고객에게 점검 받아라

정리된 제품 콘셉트는 반드시 핵심 목표 고객을 대상으로 점검받아야 합니다. 콘셉트 테스팅은 목표 고객에게 콘셉트 보드를 제시하고 진행하는 것이 일반적이나, 업종에 따라 실물 모형, 시제품 등을 함께 제시하여 보다 정확하게 점검받기도 합니다.

정리된 제품 콘셉트를 통하여 목표 고객으로부터 제품의 문제점 해결 여부, 가격 대비 제품 수용 여부, 제시된 콘셉트 외의 추가적인 요청 사항 등을 점검받아야 합니다. 따라서 테스트 항목은 제품의 혜택 및 이점이 분명하며 믿을 만한가, 목표 고객의 욕구를 충족시키거나 문제를 해결하여 주고 있는가, 제시된 가격은 제품 가치에 비교하여 합리적인가, 그 제품이 출시되면 구입할 것인가 등을 설문하여 응답 및 반응을 측정합니다.

콘셉트 테스트 결과에서는 여러 항목 중에 신제품 구매 의사가 가장 중요한데, 출시되면 꼭 구입할 것이라는 응답 비율이 40% 수준(소비재 기준)은 되어야 합니다. 기타 업종에서는 과거의 콘셉트 테스트 결과와 신제품 성공 여부를 반영한 기준으로 가늠할 수도 있습니다. 콘셉트 테스트 결과가 적정 기준 미만일 경우에 그 제품 콘셉트는 기각하거나 수정, 개선하여야 합니다. 그 이유는 콘셉트 단계에서는 큰 비용이 없이 얼마든지 수정, 개선할 수 있기 때문입니다.

결국, 콘셉트 테스트는 목표 고객을 대상으로 제품을 사용하기 전에 콘셉트만을 전달하여 구매 의사를 평가함으로써, 제품 출시 이후 제품을 매력적으로 받아들여 쉽게 이해하고 인지하는지와 인지한 고객의 초기 구매율을 예상할 수 있게 하여 줍니다. 그러므로 개발 아이디어를 제품 콘셉트로 정리하는 것과 그 콘셉트를 통한 테스트는 신제품 개발 초기 단계에서 매우 중요합니다.

콘셉트 테스트 결과가 좋으면, 이를 바탕으로 기술적 및 상업적으로 제조/실행 가능한 제품으로 전환될 수 있는지를 점검하여 1차 시제품으로 개발하게 됩니다.

시제품 개발 시에는 품질-기능 전개(Quality-Function Deployment : QFD)라고

하는 방법이 주로 사용됩니다. 이는 콘셉트 테스트에서 얻어진 고객이 원하는 바람직한 고객 속성(Customer Attributes : CA)을 활용하여 개발자들이 개발 시 사용할 수 있는 엔지니어링 속성(Engineering Attributes : EA)으로 변환시켜 적용해 나갑니다. 이 방법은 고객의 요구 사항을 개발에 잘 활용하게 하며, 이를 통하여 적정 원가 산출과 예상하는 수익을 개략적으로 추정할 수 있게 됩니다. 또한 마케팅 담당자와 연구 개발 및 제조 부문들 간의 의사소통을 개선하게 하는 측면도 있습니다.

개발된 시제품은 또다시 목표 고객을 대상으로 제품을 사용해 보게 하고 그 결과를 설문 등의 방법으로 평가합니다. 이 단계를 통하여 목표 고객이 만족하는 품질, 기능적 및 심리적 성능을 갖춘 제품으로 개발되어져 있는지 여부를 확인하여야 합니다.

시제품의 제품력 테스트는 목표 고객을 대상으로 제품을 사용한 후 결과를 평가하는 것이므로, 실제 신제품 출시 이후 1차 구매하여 체험한 고객의 재구매 의사와 그 요인을 사전에 점검하는 효과가 있는 것입니다.

앞에서 대상 청정원 홍초 사례에서 콘셉트 테스트 결과는 썩 좋지 않았습니다. 그래도 1차 시제품의 맛이 좋아 나름 확신을 가진 담당자가 열정을 가지고 개발을 계속 진행하여 최종 시제품을 개발하였고, 목표 고객을 대상으로 시제품을 테스트한 결과, 그 결과가 기대 이상으로 너무 좋았습니다.

그 결과로써, 제품 콘셉트는 보통으로 평가되었으므로 일반적인 광고 홍보로 제품을 알려도 초기 구매가 높지 않을 것을 예측하게 되었고, 시제품 테스트 결과를 바탕으로는 고객이 한번 맛을 보게 되면 구매할 가능성이 높을 것이며, 맛 체험 이후에는 홍초에 더욱 만족하고 지속해서 재구매율을 높일 수 있을 것으로 예측하게 되었습니다.

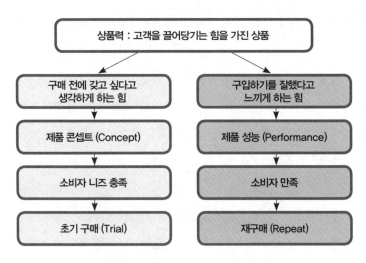

[그림 7-5] 콘셉트 테스팅과 시제품 테스팅의 과정

이를 마케팅 실행 계획에 반영하여 출시 초기 비용이 많이 드는 제품 광고보다는 유통 현장에서 소비자들에게 홍초를 시음하여 맛 체험하는 판촉을 대대적으로 준비하게 되었습니다. 실제 출시 초기에 판매 현장에서 홍초의 대대적인 시음을 통하여 초기 구매를 높였으며, 구매 후 맛의 만족을 느낀 고객의 지속적인 재구매로 이어져 성공한 신제품으로 자리매김하게 되었습니다.

이를 통해서 제품력에서 구매 전에 영향을 미치는 제품 콘셉트(Product Concept)와 구매 후 사용하고 느끼게 되는 제품 성능(Product Performance) 모두 중요함을 체득하였습니다.

(4) 자사 역량을 바탕으로 실행 계획을 수립·점검하여, 아니면 과감히 중단하라

콘셉트 및 1차 시제품 테스트 결과에 따라 개발하기로 결정이 되면, 다른 한편으로는 시장 및 경쟁 상황을 고려하면서 예비적인 마케팅 실행 계획을 수립해야 합니다.

이때 계획은 합리적으로 타당하고 적당한 수준에서, 꼭 해야만 하는 당위성을 가지고 수립해야 합니다. 또한 전략에 일관성을 부여하고 관련 부문에서 전략이 쉽게 이해될 수 있어야 합니다. 그렇지 못하면 실행 단계에서 여러 오해와 저항 또는 방관이 나타날 수 있기 때문입니다.

실행 계획의 첫 번째 부분은 자사의 역량을 바탕으로 한, 목표 시장(고객)의 구성, 규모, 획득 방안 및 제품 포지셔닝 방안을 수립하는 것입니다. 신제품을 출시하면 어떤 고객 집단을 목표 시장으로 할 것이며 충분한 규모인지, 목표 시장의 구성은 어떻게 되어 있으며, 어떻게 고객으로 확보할 것인가에 대한 방안이 서지 않으면 신제품 개발을 재검토하여 개선하거나 중단해야 합니다.

두 번째 부분은 신제품의 가격, 유통 방안, 촉진 방안과 마케팅 예산 개요를 수립해야 합니다. 신제품은 어떤 형태로, 언제, 어떤 조건으로 고객에게 제공할 것인가에 이르는 계획 수립이 필요합니다. 가격은 소비자들이 느끼는 가치와 경쟁을 고려하여 적정한지, 목표 고객들이 충분히 구입할 가격인지를 알아보아야 합니다. 또한 신제품의 유통 경로는 어떻게 할지 및 유통 경로에 대한 접근 가능성을 확인해야 합니다. 또한 신제품 출시 이후에 목표 고객에게 신제품을 어떻게 알려 초기 구매를 하게 할지와 이를 위한 마케팅 예산은 얼마나 될지에 대한 계획과 구상이 필요합니다. 이 역시 실행 가능성 및 마케팅 예산 확보 가능성이 없으면 신제품 개발을 재검토하여 개선하거나 중단해야 합니다.

세 번째 부분은 장기적 매출액, 이익 목표 및 기간별 마케팅 믹스 전략 등을 수립하고, 다음 단계인 사업 타당성 분석을 통하여 점검합니다. 매출액, 비용 및 이익 추정 금액을 검토하여 과연 기업의 목적에 부합되며 수익성이 양호한지를 판단합니다. 이 단계에서의 가장 어려운 점은 수요 예측이며, 이는 예상되는 초기 판매량/판매액과 반복 판매량/판매액의 합계로 파악할 수 있습니다. 여기서 초기 판매량/판매액을 예측하는 것도 중요하나, 더욱 중요한 점은 지속적인 반복 구매율과 반복 구매할 소비자의 구성 비율에서 유추되는 반복 판매량/판매액입니다. 신제품 개발에 대한 재무적 수익성과 사업의 위험성 등을 검토하여 사업성, 타당성이 양호하게 나오면 본격적인 제품 개발 단계로 넘어가며, 미흡할 경우에는 신제품 개발을 재검토하여 개선하거나 중단해야 합니다.

실행 계획, 타당성을 점검하여 본격적으로 신제품 개발이 결정되어 시제품이 개발·생산되면, 제품의 상표명 및 포장, 디자인 등을 적용하여 실제 시장 상황과 비슷하게 테스트 마케팅을 시행합니다. 테스트 마케팅은 좀 더 실제적인 상황에서 제품과 마케팅 프로그램을 도입하여 점검하는 단계입니다.

테스트 마케팅 방법은 주로 사용, 최초 반복, 구매 및 구매 빈도를 주로 측정하며, 그 방법에는 연속형 판매 조사, 모의시험 마케팅, 통제 시장 시험 마케팅, 시장 시험법 등이 있습니다. 테스트 마케팅 단계는 앞선 콘셉트 및 개발 시제품 테스트 결과가 우수할 경우, 과감하게 생략하는 융통성을 발휘하여 보다 빠른 출시가 더 좋을 수 있습니다.

(5) 상품화 및 출시 단계에서도 점검과 피드백이 필요하다

최종 출시를 결정하면, 본격 상품화(commercialization)를 추진하게 됩니다. 일반적으로 상품화는 설비 투자 및 제조 공장을 세우거나 임대해야 하므로 많은 투자가 필요합니다. 이때에는 초기 수요를 냉정하게 추정하여 적정 수준의 투자 및 설비를 갖춰, 과대 투자에 의한 가동률 저조 문제나 과소 투자에 의한 제품 공급 부족으로 인한 기회 상실을 고려하는 것도 중요한 의사 결정이 됩니다.

출시 단계에서는 출시의 시기(timing), 출시 지역(where)의 결정과 점진적 확산 계획과 결정이 중요합니다. 또한, 출시에 따른 마케팅 비용을 과소평가하지 않아야 하며, 계획된 마케팅 예산의 효율적 집행도 중요합니다.

또한, 출시 초기에는 대내외의 여러 부문에서 신제품에 관한 관심을 가지고, 문제점이나 개선점을 지적하게 됩니다. 이때 유의할 점은 명확한 위험의 근거가 파악되지 않는 한 광고 콘셉트, 제품 및 디자인 등을 수정하지 않는 꾸준함이 필요합니다.

초기 구매 고객의 반응, 유통 업체의 반응, 경쟁자의 반응도 점검하며, 내부적으로 원료 수급, 초기 생산 수율, 전체적인 원가 등을 분석하여 필요한 조치를 수행합니다.

출시 6개월 정도가 지나면 계획 대비 제품의 매출 및 수익성 등의 성과 지표를 점검하며, 소비자의 추적 조사(Tracking Survey) 등을 통하여 신제품의 인지도 및 반복 구매율, 구매 이유 등을 향후 계획에 반영합니다. 유통 측면에서는 유통별 배포율, 진열률과 경쟁사의 반응과 그 대응책도 꼼꼼히 점검합니다.

3.
모방적 신제품 프로세스도 정립, 활용하자

많은 기업은 혁신적인 신제품 개발 시에는 뚜렷한 목적을 가지고 진행하며, 공식적인 개발 프로세스에 의해 신중히 단계적으로 진행하고 있습니다. 반면에, 모방적 신제품을 개발할 때는 주로 경쟁 상황에 의하여 개발 프로세스나 진행 기준이 없이 그때그때 임의로 진행하거나 경쟁 상대인 혁신 기업이 계획한 대로 끌려가며, 거의 맹목적으로 대응하는 수준으로 진행하는 경우가 많습니다.

그 결과 모방의 시점이 너무 빠르거나 너무 늦어 실패하거나 고전하는 것을 자주 봅니다. 따라서 모방적 신제품도 반드시 전략적 접근이 필요합니다.

일반적으로 모방에 대해 부정적인 시각이 많습니다. 모방을 자주하는 기업과 조직은 열등하고 가치 없다고 평가하는 시각입니다. 그러나 모방은 많은 기업에서 지속해서 추구해야 하며 효과적으로 활용하면 충분히 훌륭한 성공 전략이 될 수 있습니다.

따라서 전략적인 모방을 언제든 진행할 수 있는 문화와 함께 모방 시의 개발 프로세스와 진행 기준을 가지고 합리적으로 진행해야 할 것입니다.

기업의 목표는 지속해서 고객을 창출하고 유지하는 것입니다. 따라서 기업의 모든 에너지는 다른 무엇보다도 고객 관점에서 진행하며, 고객 만족에 집중해야 합니다. 그 나머지는 합리적 분별력만 가지고 접근하면 자연적으로 해결 가능합니다.

경쟁사들보다 더 매력적인 가격과 조건으로 고객들이 원하며 가치를 부여할 수 있는 제품과 서비스를 지속해서 생산, 제공해서 가능한 한 많은 고객을 확보해야 합니다.

그러나 때로는 고객을 확보하는 것보다 고객을 관리하는 것이 더 어렵습니다. 고객(관계) 관리가 어려운 까닭은 다양한 고객을 대상으로 해야 하며, 상황에 따라 다르게 대응해야 하기 때문입니다. 따라서 고객 만족 경영은 마케팅 부문을 초월한 경영의 문제이며 생존의 문제임을 기업 구성원 모두가 공감해야 합니다. 이에는 구성원의 부단한 노력과 상당한 비용이 지속해서 투여되는 절대 쉽지 않은 전문적인 분야임을 분명히 알고 공감하며, 꾸준히 실천해 나가야 합니다.

8장

4차 산업 혁명 시대
- 세일즈·마케팅의 선택

노진경

호텔과 부동산이라는 자산 없이 세계적으로 숙박업을 운영하는 에어비앤비, 자동차를 소유하지 않고 고객들을 이동시켜 주는 우버 등 타인이 소유한 자산을 이용해 돈을 버는 것이 가능하도록 하는 4차 산업 혁명을 이끄는 기술은 기업의 세일즈·마케팅과 세일즈·마케팅 실무자의 업무 수행에도 많은 영향을 미치고 있습니다.

초연결, 초고속, 초지연 제거라는 장점은 생산자와 소비자, 시장과 기업, 소비자와 소비자와의 연결이 가진 시간·공간상의 한계를 극복해 새로운 가치 창출을 가능하게 하고 있습니다.

이러한 변화는 세일즈·마케팅의 대 고객과 시장 커뮤니케이션에도 큰 변화를 요구하고 있습니다.

4차 산업 혁명이 세일즈·마케팅에 어떤 변화를 가져오는지를 생각해 보았습니다. 이러한 변화들 속에서 세일즈와 마케팅 본연의 임무인 고객 발견 - 고객 유치 - 고객 유지를 위한 통찰을 얻기 바랍니다.

1.
4차 산업 혁명 시대 - 소비자들의 변화

4차 산업 혁명의 도래는 기업의 세일즈·마케팅 전략에만 영향을 미치는 것이 아니라, 소비자와 고객들의 구매 행동과 제품과 서비스에 대한 충성도에 대해서도 변화를 야기하고 있습니다. 이러한 소비자들의 구매 및 소비 트렌드는 기업의 세일즈·마케팅 전략 수립과 실행에 직접적인 영향을 미치고 있습니다. 인터넷과 SNS의 활성화는 프로슈머, 크로스오버 소비, 바겐헌터, 트레져헌터, 큐레이슈머, 리뷰슈머, 트라이슈머, 트윈슈머, 앰비슈머, 소셜슈머 등과 같은 소비자들의 구매 행동 변화를 가져왔습니다. 특히 모든 것들의 연결이 가능한 초연결 사회에서 소비자들은 4차 산업 혁명을 이끄는 기술들에 대한 친숙도가 증가하면서 더 다양하고 차별적인 구매 및 소비 행동을 보여 주고 있습니다. 또한, 소비자들은 기업들이 4차 산업 혁명의 기술들을 활용해 더 편리한 구매, 더 다양한 가치를 제안해 주기를 기대합니다. 4차 산업 혁명 시대 소비자들은 다음과 같은 모습으로 변화할 것입니다.

첫째, 인터넷이 가져온 소비자들의 변화가 기업과 소비자들 간의 소통 한계를 극복했다면, 4차 산업 혁명은 소비자와 기업, 소비자와 소비자와의 소통이 더욱 활성화되어 기존의 소통 규모와 범위 및 내용을 확장하고 있습니다. 더 나아가서는 비소비자와 소비자, 비소비자와 생산자 간의 소통으로 새로운 수요를 발생시키고 있습니다. 이는 지금까지 시간, 공간, 그리고 비용의 한계로 숨어 있는 잠재 수요를 수면 위로 부상하게 만들고 있습니다. 이러한 변화는 기업들에 새로운 시장 발견의 기회를 만들어 주는 계기가 되고 있습니다.

둘째, 4차 산업 혁명과 더불어 소비자들은 중개자가 없는 거래에 익숙해지고 있습니다. 아니 중개자를 원하지 않습니다. 전통적으로 중개자는 생산자와 소비자가 가지는 보관 문제와 보관 비용 문제, 가치 저장, 이동, 소유권, 결제, 위험 부담, 주문, 협상 등의 문제를 해결하는 것으로 존재의 가치를 인정받으면서 수익을 창출해 왔습니다. 하지만 4차 산업 혁명은 '**주문 - 생산 - 유통 - 소비 - 처리**'의 모든 거래 단계를 축소하고 상호 작용이 가능하도록 만들었습니다. 따라서 이제 소비자들은 복잡한 유통 과정에 대해 불만의 시각을 갖고 바라보게 되었습니다. 이는 전통적인 유통 기업뿐 아니라 이들을 활용하던 기업들에도 새로운 도전이 되고 있습니다.

셋째, 인터넷 시대의 SNS와 커뮤니티에서 제공되는 정보에 대한 소비자들의 신뢰는 높지 않았습니다. 특히 기업이 주도하는 SNS를 통해 전달되는 정보에 대한 신뢰는 훨씬 낮습니다. 하지만 초연결 시대에서의 커뮤니케이션과 비즈니스 모델은 생산자와 소비자 간의 상호 피드백 및 필터링 기능을 통해 정보에 대한 신뢰가 향상되었고, 이제 더 이상 온라인 구매를 부정적인 시각으로 보지 않고 오히려 선호하게 되었습니다.

넷째, 소비자들은 기업의 새로운 리스크(risk) 관리의 대상이 되었습니다. 얼마 전 유나이티드 항공 여객기 안에서 승객이 기내에서 끌려 나가는 모습을 담은 영상이 전 세계적인 관심을 끌자 이 항공사의 시가 총액이 2억 5,500만 달러나 떨어지는 일이 발생하였습니다. 소비자들의 손에 들려 있는 스마트폰이 기업에는 대응해야 하는 새로운 위협 요소가 되고 있습니다.

다섯째, 4차 산업 혁명 시대의 소비자들은 초연결이라는 기능을 활용해 지금까지 전문가들이 독점적으로 소유했던 전문 지식 등에 대한 '**수집 - 분석 - 활용**'의 수준이 향상되었습니다. 이렇게 축적된 지식과 정보를 바탕으로 스스로 문제에 대한 솔루션을 개발하고 공유하게 되었습니다. 이러한 트렌드에 익숙한 소비자들은 지식 등을 제공하는 전문가에 필적하는 지식을 습득하고 활용하고 있습니다. 이러한 변화는 전문직에도 새로운 변화를 요구하고 있습니다. 지식 전문가들 스스로 자신이 지식을 가치로 전환해 소비자들이 찾도록 세일즈·마케팅을 할 수 있어야 합니다.

여섯째, 산업 혁명 시대의 대량 생산 소비자들과는 달리 4차 산업 혁명 시대의 소비자들은 자신에 맞는 맞춤식 솔루션을 요구하고 있습니다. 이미 기술적인 수준은 이러한 소비자들의 요구를 채워 주는 데 어려움이 없다는 것을 소비자들이 알고 있습니다. 따라서 오늘날의 소비자들은 기업이 자신에 맞는 솔루션 및 가치를 제안해 주기를 기대하면서 자신과 관련된 정보를 제공하고 있습니다. 중요한 것은 기업이 이러한 소비자들의 정보를 어떻게 **'수집 – 분석 – 활용'**하는가 입니다. 이제는 스팸 메일성의 마케팅, 단체 발송 문자들은 소비자들의 마음을 잡는 데 실패하게 되었습니다. 이유는 이러한 메시지와 마케팅 프로모션은 소비자들을 개인석으로 고려하지 않는다는 이미지를 주기 때문입니다.

일곱째, 가치 중심의 구매는 시대를 불문하고 소비자들에게는 구매 동기의 핵심입니다. 이러한 동기가 4차 산업 혁명 시대를 맞이하면서 더욱 구체화하고 중요하게 요구되고 있습니다. 이제 더 이상 소비자들은 제품, 기술, 기능을 구매하지 않습니다. 제품과 서비스가 자신에게 어떤 혜택, 편리함, 가치를 제공하는가가 선택의 기준이 되고 있습니다. 소비자들의 가치가 구매 가치에서 소유 가치, 사용 가치 그리고 처분 가치, 공유 가치로 확장하고 있습니다.

여덟째, 4차 산업 혁명의 기술은 정보 접근에 소요되는 비용을 제로(0)로 만들면서, 동시에 그 정확성의 수준은 향상되고 있습니다. 이제 소비자들과 고객은 정보 불균형 문제로 구매 결정의 한계를 경험하지 않게 되었습니다. 따라서 기업은 고객과 소비자들의 구매 사이클과 소비 체인 전체에서 수행되는 구매 결정에 도움이 되는 정보를 사전적으로 제공해야 합니다.

아홉째, 오늘날의 소비자들은 자신이 필요한 제품을 소량으로 빈번하게 구매합니다. 이는 기업에 새로운 차별화 전략으로 포장과 물류 경쟁력을 갖추도록 자극합니다. 특히 1인 소비자의 증가는 이러한 현상을 더욱 부추기고 있습니다. 최근의 구독 구매 증가는 이러한 변화의 대표적인 현상입니다.

마지막으로는 소비자들의 가치 경험이 확장되고 있습니다. 4차 산업 혁명 기술은 소비자들의 경험 공유 범위 역시 확장시키고 있습니다. 단순한 제품 사용의 경험에서 확장되어 **'제품 구매 경험 – 사용 경험 – 습관화와 가치 경험 – 사용 후 처분 경험'** 등 소비 행동 과정의 모든 경험이 공유되고 있습니다. 이러한 경험 공유가 제품과 서비스의 가치를 결정하고 있습니다. 그리고 이는 다른 소비자들의 구매 의사 결정에도 직접적인 영향을 주고 있습니다. 기업은 이 구매 경험 과정의 모든 단계에서 새로운 가치를 개발해 제안해야 합니다.

2.
4차 산업 혁명 시대 - 세일즈에 마케팅을 융합하라

초연결성, 자동화, 지능화 및 예측 가능성으로 정의되는 4차 산업 혁명은 기업들의 매출 방법과 판매 전략 및 판매 전술에도 변화를 요구하고 있습니다. 모든 것이 연결되고 경계가 사라진 무경계(無境界) 사회에서 고객들은 정보 불균형을 극복하고, 구매 관련 정보를 쉽게 파악해 구매의 파워를 키우고 있습니다. 이러한 변화 속에서 오늘날에도 여전히 많은 영업과 마케팅 실무자들은 판매의 로망에 매몰되어 비효율적인 업무 수행을 하고 있습니다. 즉, 빅 데이터를 활용해 고객의 구매 패턴과 구매 시기, 니즈의 예측이 가능해지고, 개별 고객이 요구하는 다양한 가치가 분석 가능하며, 시장뿐 아니라 제품 간의 가치 경계가 사라져 가치 융합이 가능해 더 많은 시장과 고객을 확보할 수 있음에도 불구하고 기업의 매출을 위한 세일즈·마케팅 업무 패턴과 업무 수행 도구는 바뀌지 않고 있습니다. 새로운 길을 가기 위해서는 과거의 낡은 지도는 버리고 새로운 지도를 활용해야 합니다. 4차 산업 혁명 시대에 기업의 매출 향상을 위해서는 영업과 마케팅이 구분되어 있는 과거의 지도는 버리고 영업(세일즈)과 마케팅을 융합한 새로운 지도를 활용해야 합니다. 구체적으로 시장과 고객 세분화, 세일즈 전략 수립, 세일즈 활동 기획에 마케팅 기획, 마케팅 전략 수립 등을 동시에 수행할 수 있는 세일즈·마케팅 실무자가 필요하며, 이들은 다음의 4가지를 수행할 수 있는 역량을 갖추어야 합니다.

첫 번째, 시간과 공간의 한계를 극복하고 새로운 기회를 발굴해야 합니다. 과거 영업 사원의 활동은 시간과 공간의 제약을 많이 받았습니다. 그 결과 새로운 고객을 발굴하는 데 어려움이 있었지만, 확보된 고객을 보호하기가 어렵지 않았지요.(경쟁사의 시간, 공간의 제약으로) 하지만 모든 것이 실시간으로 연결되고 정보 접근이 가능하며, 거의 제로(0)의 비용으로 시장과 고객에게 접근이 가능하고, 지리적인 한계를 사라지게 하는 4차 산업 혁명의 기술인 인터넷과 SNS, 플랫폼 등의 성장은 이러한 장점을 사라지게 하고 있습니다. 하지만 이러한 변화는 더 넓은 시장에서 다양한 고객과 커뮤니케이션을 할 수 있는 기회를 제공하기도 합니다. 따라서 급속하게 발전하는 SNS와 초연결 시장에서 세일즈·마케팅 실무자는 새로운 고객과 시장 발굴을 위해 이러한 기술과 도구들을 활용해 세일즈·마케팅 활동을 창의적으로 수행해야 합니다.

두 번째, 고객을 공략할 수 있는 접점을 확장해야 합니다. 고객과 소비자에게 구매의 필요성을 자극하는 계기와 상황은 매우 다양합니다. 따라서 미래의 세일즈·마케팅 실무자는 고객의 구매 패턴과 구매 가치 사슬에서 고객의 행동을 촉구할 수 있는 매력적인 가치 제안과 설득할 수 있는 다양한 접점을 발견해 공략의 포인트로 활용할 수 있어야 합니다. 고객은 구매 과정에서 받는 가치 제안의 수준과 구매 후의 기대 충족으로 충성도를 결정합니다. 일반적으로 대부분의 세일즈·마케팅 조직들은 고객을 확보할 때까지만(고객이 구매하기 전) 정성을 다하지요. 하지만 고객은 문제 인식부터 구매, 사용, 처분까지 모든 구매 과정과 구매 후 사용 과정에서 가치를 누리기를 기대하고, 기업과 세일즈·마케팅 실무자들이 그러한 가치를 개발해 제안해 주기를 바란다는 것입니다. 이러한 고객의 욕구를 충족시켜 주기 위해서 영업 실무자들은 세일즈·마케팅 실무자가 되어야 합니다. 세일즈·마케팅 실무자는 고객의 구매 가치 사슬 모든 단계(문제 인식~처분)를 명확히 파악하고, 각 단계에 맞는 가치를 개발하고 제안해 고객을 확보하고 유지하는 활동을 전개하는 전문가가 되어야 합니다.

세 번째, 사회적 상상력으로 새로운 시장과 고객을 발굴할 수 있어야 합니다. 하나의 제품 혹은 서비스가 고객과 소비자들의 업무와 생활에 미치는 영향을 확장해 새로운 니즈와 욕구를 발견하기 위해 제품/서비스의 사회적 상상력을 활용하는 것입니다. 예를 들어, 커피라는 제품은 1차 산업(커피 생산)에서 5차 산업(영화, 음악)까지 가치가 확장되어 다양한 비즈니스가 수행되고 있습니다. B2C 기업은 제품과 서비스를 생산 - 제공해 B2C 소비자들에게 생활의 편리함을 제공합니다. 따라서 B2C 기업의 세일즈·마케팅 실무자는 자신들의 제품과 서비스가 소비자들의 생활(직장, 개인 생활)에 제공하는 가치를 확장할 수 있어야 합니다. B2C 기업에 자재 혹은 부품을 제공하는 B2B 기업의 세일즈·마케팅 실무자는 B2C 기업의 성공에 영향을 미치는 내·외부 환경 속에서 새로운 매출 확보의 기회를 발굴할 수 있어야 합니다. 4차 산업혁명이 B2B 고객의 업무 수행과 조직 생활, B2C 소비자들의 삶에 미치는 영향에서 새로운 매출의 기회를 발견하고 적극적인 세일즈 활동으로 고객을 확보해야 합니다.

네 번째, 매스(mass) 세일즈·마케팅 활동과 현미경 세일즈·마케팅 활동을 병행해야 합니다. 매스 세일즈·마케팅은 고객과 시장을 발굴하기 위해서 필요합니다. 현미경 세일즈·마케팅은 발굴된 시장과 고객을 자사의 고객으로 확보하고, 고객 이탈을 막고 고객이 제2, 3의 세일즈(입소문, 추천 등)를 하도록 하기 위해 필요합니다. 현미경 세일즈·마케팅은 고객의 시간 점유율, 생활 점유율을 올려 제품과 서비스에 대한 고객의 충성도를 확보하는 것이 목적입니다. 이제 세일즈·마케팅 실무자는 단순하게 제품과 서비스의 정보를 제공하는 활동(walking brochure)에서 벗어나야 합니다. 고객과 1:1 커뮤니케이션, 고객의 브랜드 관여도 강화를 가능하게 하는 기술과 도구들을 활용해 고객과 밀접한 관계 구축을 해야 합니다. 고객들을 브랜드 팀으로 만들어 고객들 간의 긍정적인 네트워크 효과를 끌어낼 수 있어야 합니다. 생활용품 기업의 경우 소비자가 탄생하는 순간부터 죽을 때까지 자사의 제품과 서비스로 생활하도록 하는 것을 구상할 수 있어야 합니다. 이를 라이프 타임 점유율(생활점유율)이라고 합니다. 더 나아가서는 고객과 소비자들에게 새로운 라이프 스타일을 제안할 수 있어야 합니다.

3.
4차 산업 혁명 시대 - 제품의 가치를 확장해 고객을 유치하고 유지하라

기업의 마케팅 4P 전략 중 하나인 Product는 기업이 경영 목표 달성을 위해 시장과 소비자들에게 제공하는 가치가 포함된 상품과 서비스를 통칭합니다. 고객과 소비자는 자신들이 구매하는 제품과 서비스가 기대 이상의 가치를 충족시켜 줄 것이라는 확신하에 구매 결정을 합니다. 1차 산업 혁명에서 출발해 2차 산업 혁명을 거치고 3차 산업 혁명에 이르기까지 제품과 서비스 대부분은 기업의 내부 전략에 근거를 두고 개발되어서 세일즈·마케팅되었습니다. 그 결과 고객과 소비자의 삶에 필수적으로 필요하지 않은 제품과 서비스를 판매하려는 기업의 노력이 세일즈·마케팅 활동의 대부분을 차지하였습니다. 하지만 그 성과는 그렇게 성공적이지 못하였지요. 이유는 비록 기업이 다양한 시장 조사 기법을 활용해 고객과 소비자의 니즈를 예측하고 제품을 개발해 제공하더라도 시장 조사와 제품 개발 사이에 시간 차이(Time gap)가 존재하였고, 시장 조사를 통해 고객과 소비자의 진실한 니즈를 발견하지 못하거나, 조사 때 존재하던 니즈가 제품과 서비스가 개발되었을 때는 사라지거나 변화되었기 때문입니다.

고객과 소비자의 변덕은 자유입니다. 기업이 어떻게 할 수 있는 것이 아닙니다. 하지만 아무리 변덕이 심해도 고객과 소비자의 구매 행동을 끌어내는 욕구, 과제, 문제, 니즈는 존재합니다. 이를 발견해 내기가 쉽지 않기 때문에 고객과 소비자에게 이러한 자신들의 필요와 충족하고자 하는 욕구를 기업이 알려 주고 해결할 수 있다는 메시지를 제안해야 합니다. 그리고 현실적으로 많은 고객과 소비자들은 이미 이러한 정보를 기업에 제공하고 있습니다. 관건은 기업이 이러한 욕구와 정보를 효과적이고 효율적으로 활용하지 못하는 데 있습니다.

4차 산업 혁명 시대의 기업은 생산된 제품과 서비스를 세일즈·마케팅하는 데서 벗어나 고객과 소비자들의 자발적인 구매 행동을 끌어내는, 즉 이미 빅 데이터 안에 존재하는 잠재된 니즈를 충족시켜 줄 수 있는 가치가 포함된 제품과 서비스를 고객과 소비자들에게 제공할 수 있어야 합니다. 고객·소비자의 자발적인 구매를 끌어내는 고객과 소비자들의 잠재된 니즈와 욕구를 파악하기 위해 요구되는 것이 3L입니다. 3L은 Life Style, Life Cycle과 Life Event로 소비자들에게 Life Value를 제안하는 것입니다. 이 3L은 고객과 소비자의 전 생애에 걸쳐 발생하고 변화합니다. 따라서 기존의 제품 개발 단계에 3L을 포함해서 새로운 Product + Life Value를 실행해야 합니다.

Life Style은 고객과 소비자가 생활하는 양식으로 그들이 생활하고 살아가는 방식을 일컫습니다. 이러한 라이프 스타일은 개인의 특성, 생각, 가치관, 세계관, 인간관 등을 나타내기도 하지만, 이것들에 의해 결정이 되기도 합니다. 그리고 이 라이프 스타일은 고정되기도 하지만 Life Cycle에 따라 바뀌기도 합니다. 고객과 소비자들은 자신들의 라이프 스타일을 유지하거나 새롭게 바꾸는 데 도움이 되는 제품과 서비스를 요구합니다. 따라서 제품과 서비스는 고객과 소비자들의 라이프 스타일을 표현하는 도구가 되고, 새로운 라이프 스타일을 만드는 데 필요하게 됩니다. 결국 제품과 서비스는 고객과 소비자들의 라이프 스타일에 적합한 가치를 지녀야 합니다.

Life Cycle은 고객과 소비자가 태어나서 죽을 때까지의 시간 또는 단계를 말하며, 각 단계에는 수행해야 하는 과제, 즉 Life Event가 있습니다. Life Cycle의 길이와 특성은 개인에 따라 다르며, Life Event 역시 개인에 따라 다릅니다. 다양한 Life Event가 있는가 하면, 상대적으로 단조로운 Life Event를 가진 고객과 소비자가 존재하기도 합니다. 핵심은 각 Life Cycle에서 발생하는 다양한 Life Event들은 고객과 소비자들에게 새로운 과제 또는 문제를 제공하고, 이 과제와 문제를 해결하기 위한 도구와 수단이 필요해지는 것입니다. 따라서 기업이 제공하는 제품과 서비스는 고객과 소비자들의 Life Cycle에서 발생하는 Life Event를 잘 수행하기 위한 도구가 되어야 합니다.

결론적으로 기업의 제품과 서비스 구성은 고객과 소비자들의 전 생애에 걸쳐서 사용되고 구매되도록 해야 합니다. 즉 한 명의 고객·소비자의 전 생애에 걸친 Life Event에 필요한 제품과 서비스가 되어야 합니다. 그래야만 고객의 Life Time Life Value를 기업의 매출로 확보할 수 있게 됩니다. 그렇지 않으면 고객·소비자들의 삶의 다양한 이벤트에 가장 적절한 제품 혹은 서비스를 개발해야 합니다. 4차 산업 혁명의 기술들은 이것을 가능하게 합니다.

이제 기업은 단순하게 제품과 서비스를 제공하는 역할에서 고객과 소비자들의 삶 전체에 영향을 미치면서, 고객과 소비자들의 생애 전체를 함께할 수 있어야 합니다.

고객과 소비자들의 생애(일생) 전체라는 시간이 너무 길다면, 고객과 소비자들의 일상(기상 ~ 취침) 속에 제품과 서비스가 이용되도록 하거나, 이용해야 하는 당위성을 제안해 고객의 시간/생활 점유율을 올리는 노력을 해야 합니다. 아침에 기상을 하면서 발생하는 고객과 소비자의 일상의 행동과 과제 수행에 자사 제품과 서비스를 이용하도록 하는 목적으로 제품과 서비스를 개발해야 할 것입니다. 이를 위해서는 고객과 소비자의 일상을 함께해야 하는데 4차 산업 혁명의 기술이 이를 대신해 줄 수 있습니다.

세일즈 마케터 역시 고객과 소비자의 일상을 파악해 적절한 시간에 적절한 제품·서비스를 사용하게 하거나, 제안할 수 있어야 합니다. 고객과 소비자들의 라이프 스타일에 새로운 가치를 제안하고, 더 나아가 고객과 소비자들의 숨겨진 욕구를 충족시킬 수 있는 새로운 라이프 스타일을 제안할 수 있어야 합니다. 고객·소비자의 구매 동기는 개인들의 욕구에서 나옵니다. 이 욕구는 겉으로 명백하게 표현되기도 하지만 대부분은 표현되지 않은 채 고객과 소비자들의 구매 결정에 중요한 역할을 합니다. 일반적으로 많이 활용되는 고객·소비자의 욕구는 매슬로의 5가지 욕구(생존의 욕구, 안전의 욕구, 사회적 욕구, 존중감 욕구, 자아실현의 욕구)입니다. 고객·소비자의 모든 행동은 명시적이든 묵시적이든 이 욕구 충족에 있고, 결국 고객·소비자의 욕구는 그들이 구매해 사용하는 제품·서비스의 종류로 표현되기도 합니다. 제품과 서비스의 성공은 이러한 고객·소비자들의 욕구를 제품과 서비스의 가치로 어떻게 연결시키는가에 따라 결정됩니다. 그리고 고객·소비자의 구매 패턴과 구매 유형 및 구매 제품·서비스들은 고객·소비자들의 라이프 스타일과 라이프 패턴을 결정하기도 하고, 그것에 따라가기도 합니다. B2B 고객은 업무 스타일,

업무 패턴 그리고 업무 성과 향상을 고려해야 합니다.

앞으로 기업의 세일즈·마케팅은 단순하게 제품과 서비스를 제공하는 차원에서 벗어나 제품과 서비스가 제공하는 새로운 라이프 스타일과 라이프 패턴을 제안해 고객과 소비자들을 유혹하거나, 기존의 라이프 스타일과 라이프 패턴을 완성시켜 주는 가치를 제안해야 합니다. 이를 위해서는 자사의 제품, 서비스 및 기술에 집중할 것이 아니라 필요하다면 외부의 모든 제품과 서비스 그리고 기술을 융합할 수 있어야 합니다. B2B 제품과 서비스의 경우에는 고객들의 업무 스타일, 업무 패턴을 지원하거나 수준을 향상시키는 제안과 그들의 업무 성과를 올릴 수 있는 가치를 제안해야 합니다.

따라서 기업의 세일즈·마케팅 실무자는 무경계 상황과 초연결이 가능한 4차 산업 혁명 기술을 활용하여 진통적인 시장 세분화와 목표 고객 선정 방법에 고객의 Life Event, Life Style을 추가해야 합니다. 그리고 포지셔닝은 고객의 기억 속에 자리 잡는 것을 더 확장해 고객과 소비자들의 생활의 일부분, 시간의 일부분이 되도록 해야 합니다. 구매 결정을 할 때, 즉 필요할 때만 기억 속의 브랜드를 상기하는 것에 더해서 그들의 생활 수준 유지 혹은 생활 수준의 향상을 돕는 메시지가 되어야 합니다. 즉 포지셔닝의 역할을 고객과 소비자의 기억에 머물던 것에서 고객과 소비자의 생활 점유율, 시간 점유율로 확장해야 합니다. B2B 제품과 서비스의 경우에는 고객들의 업무 점유율, 조직 생활 점유율을 올리는 데 집중해야 합니다.

4.
4차 산업 혁명 시대 – 돈 버는 방법을 다양화하라

가격은 기업의 경영 목표인 수익의 원천입니다. 그리고 고객과 소비자들에게 가격은 구매 결정을 할 때 중요한 고려 요인 중 하나입니다. 가격 경쟁력은 모든 세일즈·마케팅 조직과 세일즈·마케팅 실무자들이 원하는 것이지만, 그 경쟁력의 지속 시간은 상상 이상으로 짧습니다. 이는 가격에 대한 정보가 공개되면서 실시간으로 가격 비교가 가능해졌기 때문입니다. 또한 모든 기업들이 가격 경쟁력을 중요한 전략으로 활용하기 때문에 동시성의 효과로 인해 가격의 차이가 사라지는 현상이 발생합니다. 물론 기업의 이익을 포기하면서 가격 경쟁력을 유지할 수 없는 것도 영향을 미칩니다. 따라서 기업과 세일즈·마케팅 실무자는 수익원 확보를 위해 가격 경쟁을 극복하는 가치를 개발해야 합니다.

더욱이 4차 산업 혁명을 이끄는 기술은 제품·서비스를 소유하지 않고 제품·서비스의 가치를 누릴 수 있는 기회를 제공하고 있습니다. 즉 공유 경제의 활성화는 4차 산업 혁명 기술을 기반으로 더욱 성장하고 발전하고 있으며, 그 분야 역시 확장되고 있습니다. 이러한 변화는 기업으로 하여금 다양한 방법으로 수익을 창출할 수 있는 기회를 제공합니다. 이제 기업은 원하는 수익을 제품 또는 서비스를 판매하는 방식 외의 다른 방법으로 확보할 수 있어야 합니다.

몇 가지의 방법을 정리하면 다음과 같습니다. 제품과 서비스의 이용료를 받는 방법, 특정한 제품 혹은 서비스를 이용할 수 있는 조건을 제공하는 가입비 방식 또는 구독 구매, 제품을 고객과 소비자에게 빌려주고 대여료를 받는 방법, 플랫폼의 한 형식으로 서비스 생산자와 소비자를 연결시켜 주어 양쪽에서 수익을 확보하는 Double Pay 방법, 기술 혹은 특허에 대한 사용료를 받는 방법, 특정한 서비스 허브를 구축해 회원 가입비로 돈을 버는 방법, 기업들에게 타깃 고객에게 접근할 수 있는 기회를 제공함으로써 광고료를 받는 방법, 중개 수수료를 받는 방법, 중고품을 재사용하게 하면서 돈을 버는 방법, 기본적인 기능은 무료로 사용하도록 하고 프리미엄 기능을 사용하도록 해 돈을 버는 Freemium 방법, 월정액의 방법으로 서비스를 제공해 돈을 버는 방법, 제품 혹은 서비스를 이용하는 시간에 따라 과금을 다르게 적용해 돈을 버는 방법, 수요와 공급의 시간차를 이용해 수익을 올리는 방법, 기계 혹은 장비는 저렴한 가격에 제공해 습관화시키고 소모품을 구매하도록 해 수익을 올리는 질레트 모델, 서비스에 고객과 소비자가 참여할 수 있는 기회를 제공하는 방법, 특정한 기능과 기술 습득에 대한 보장을 조건으로 고객·소비자를 확보하는 방법, 고객에게 제품 혹은 서비스 이용 권한을 주어 그들의 시간/생활 점유율을 높여 장기적인 수익을 확보하는 방법, 서비스를 이용한 고객이 스스로 가격을 책정해 지불하도록 하는 방법, 제품과 서비스를 직접 이용하는 고객·소비자가 아닌 제3자가 가격을 지불하도록 하는 방법 등이 있습니다.

5.
4차 산업 혁명 시대 - 고객의 호주머니에 프로모션을 하라

4차 산업 혁명의 기술들은 세일즈·마케팅의 프로모션에서도 새로운 변화를 요구하고 있습니다. 프로모션은 특정 제품을 특정 시간과 특정 장소에 초점을 맞추고, 특정한 조건에 적합한 소비자가 제품을 구매하도록 하는 인센티브를 말합니다. 따라서 프로모션은 조직의 판매 목표 및 마케팅 목표 달성을 위해 제품이나 서비스에 제품·서비스의 본원적 가치 외 가치(주로 구매 비용 절감)를 부가하는 수단으로 고객 또는 소비자의 구매 결정을 유도하는 전략입니다.

프로모션의 목적은 매출 증대, 소비자들의 관심 유발, 사용 기회 증가, 제품의 용도 확대, 제품 및 브랜드의 인지도 확장, 반복 구매 또는 재구매 촉진, 사용자 차별화, 가격 저항 축소, 충성도 강화, 중간 사용자의 지지 확보

등입니다. 이러한 목적을 달성하기 위한 프로모션의 종류로는 1+1, 2+1, 제공물 프로모션, 공동 프로모션, 가격 프로모션, 프리미엄 프로모션, 경품 프로모션, 보너스 팩, 시용 팩, 리펀드, 오프 라벨, POP, 샘플링, 모니터링, 시연 등이 있습니다. 또한 도매상과 소매상을 위한 프로모션 등이 있습니다.

이러한 세일즈·마케팅의 프로모션도 4차 산업 혁명을 이끄는 기술을 활용한다면 효과성과 효율성을 높일 수 있습니다. 기존의 프로모션이 많은 비용과 시간을 요구한 반면 그 효과성과 효율성이 낮았다면, 4차 산업 혁명 기술을 활용한 프로모션은 비용 절감뿐 아니라, 시간, 공간(시장)의 제약을 벗어나 고객과 소비자를 확장하고, 커뮤니케이션 방법을 확장할 수 있는 장점이 있기 때문입니다. 전통적인 프로모션은 외부의 도구(광고판, 전단지, 매대, 프로모션 행사 등)를 활용한 특정 규모의 시장과 소비자들을 대상으로 하였으나, 이제부터는 고객·소비자 개개인을 대상으로 프로모션을 할 수 있게 되었습니다. 이는 기업의 프로모션이 고객과 소비자 개개인의 호주머니 속으로 깊숙하게 침투할 수 있게 되었다는 것을 의미합니다. 앞으로의 프로모션은 대량 광고, 불특정 다수를 대상으로 한 광고, 포스터 중심의 프로모션에서 벗어나 개별 소비자의 호주머니(포켓)안으로, 그리고 개개인의 구매 패턴과 소비 성향이 맞는 메시지가 제안되어야 합니다. 이를 위해서는 철저한 개인화가 필요하며, 이 개인화를 위한 정보 수집과 분석 그리고 전달을 4차 산업 혁명 기술이 가능하게 해 줍니다.

또한 프로모션은 고객과 소비자들의 구매 결정을 지원하는 수단이자 전략입니다. 지금까지 수행된 대부분의 프로모션은 가격, 즉 구매 비용 절감에 집중되어 왔습니다. 물론 고객과 소비자들에게 구매 비용 절감 지원은 매력적인 메시지이기는 합니다. 하지만 이러한 프로모션은 고객과 소비자들이 필요한 양 이상의 제품이나 서비스를 구매해야 하는 상황에 대해 부정적인 반응이 있는 것 역시 사실입니다. 특히 소량 구매 또는 개별 구매가 활성화되고 거리와 장소, 시간의 제약이 사라진 4차 산업 혁명 기술이 고객과 소비자들에게 필요할 때, 필요한 만큼, 적시 배송이라는 장점을 실현 가능하게 한다는 것을 알고 있는 고객·소비자들에게 구매 비용 절감 중심의 프로모션의 효과는 낮고 매력 또한 작아집니다. 기업들 역시 4차 산업 혁명 기술을 활용한 고객·소비자 정보 활용과 생산의 혁신으로 필요할 때, 필요한 만큼 생산할 수 있는 시스템 구축이 가능하기 때문에 과거와 같이 많은 재고를 보유할 필요가 없어졌습니다. 이는 제조 기업이 직접 프로모션 업무를 수행할 수 있게 해 주지요. 따라서 앞으로는 창고에 쌓인 제품을 소진하기 위한 프로모션은 사라지게 될 것입니다.

4차 산업 혁명 시대의 프로모션은 구매 비용 절감보다는 가치 중심의 프로모션이 되어야 합니다. 고객의 구매 목적은 제품과 서비스가 제공해 주는 가치입니다. 바람직한 프로모션은 고객과 소비자들에게 제품과 서비스가 제공하는 가치를 삶의 일부분으로 만드는 삶의 모델 혹은 삶의 스타일과 방향을 알려 주는 것이 되어야 합니다. 이것은 가격 정보가 공유되고 실시간으로 비교가 가능한, 그래서 가격 경쟁력이 거의 사라진 현대에서 가격 중심의 프로모션이 변해야 하는 방향을 알려 주는 것입니다. 그 방법으로 4차 산업 혁명 기술은 고객과 소비자들의 구매 행동 전, 구매 행동 중, 그리고 구매 행동 후의 구매 패턴, 검색어 등의 데이터 분석을 통해 고객과 소비자에게 연결 판매를 위한 추천 서비스, 구매 용이를 위한 연결 디스플레이 등으로 구매 행동을 유발할 수 있습니다.

가치를 기반으로 한 라이프 모델 중심으로 프로모션이 변화를 해야 하는 이유는, 구매 비용 중심의 프로모션은 매출 증대는 가능하지만 마진(margin), 즉 이익의 감소를 야기하고, 이는 기업의 세일즈·마케팅과 세일즈·마케팅 실무자의 역량 강화에는 도움이 되지 않기 때문입니다. 그리고 이런 프로모션은 경쟁자가 쉽게 복제가 가능하다는 것이 또 다른 이유입니다. 결국 프로모션은 고객과 소비자들에게 가치 있는 소비 방향을 알려 줌과 동시에 바람직한 소비 패턴 또는 구매 패턴에 대한 유용한 정보를 제공하는 것이 되어야합니다.

결론적으로 4차 산업 혁명에 시대에 맞는 프로모션은 4차 산업 혁명 기술활용으로 가능해진 고객·소비자들의 라이프 스타일과 라이프 사이클 및 라이프 이벤트를 기반으로 고객·소비자 개개인의 삶의 균형과 삶의 질을 향상시켜 주는 프로모션이 되어야 합니다. 가격은 고객의 문제로 남겨 두는 것이좋습니다.

6.
4차 산업 혁명 시대 - 세일즈·마케팅의 선택

모든 것을 연결시켜 초연결 사회로 만드는 4차 산업 혁명의 기술들은 기업의 세일즈·마케팅의 전략적 선택에도 영향을 미치고 있습니다. 특히 4차 산업 혁명은 세일즈보다는 마케팅에 더 큰 영향을 미치고 있습니다. 4차 산업 혁명이 기업의 마케팅에 미치는 영향은 ① 유통과 프로모션의 확장을 가능하게 하는 시간, 공간의 한계 극복, ② 소비자 개인의 호주머니 속으로 접근이 가능한 대 시장과 고객의 접점 확대, ③ 제품과 서비스의 경계를 뛰어넘어 고객과 소비자를 위한 새로운 가치 창출을 가능하게 하는 사회적 상상력의 활용 기회 확장, ④ 빅 데이터를 활용한 소비자와 고객 개인이 니즈를 예측하고 구매 행위를 촉발하는 줌인과 줌아웃 등이 있습니다.

이러한 4차 산업 혁명 기술들은 소비자들이 가진 선택적 오류 또는 비합리적 의사 결정에 의한 충동구매의 기회를 축소한다는 장점도 있습니다. 즉 빅 데이터를 활용한 결과를 소비자들이 자신의 소비 결정 시스템(인공 지능 비서)으로 활용한다면 인간이 가진 충동구매의 가능성을 줄일 수 있다는 것을 의미합니다. 이를 정리하면 ① 최초에 제시된 숫자나 단어, 이미지가 기준이 되어 합리적인 의사 결정을 방해하는 기준점 편향의 문제 해결, ② 더 쉽게 동원할 수 있는 지식/자원(최근의 기억, 특이한 기억)으로 인한 과대평가를 하게 되는 가용성 편향 문제 해결, ③ 기존의 생각을 확증해 주는 방향으로 정보를 찾는 확증 편향 문제 해결, ④ 정보의 제시 방법과 순서(여자/남자, 성공률/실패율 등)에 영향을 받는 프레이밍 편향 문제 해결, ⑤ 우호적이고 즐거운 결과만 과대평가를 하고 지나치게 낙관적이 되려는 낙관 편향 해결, ⑥ 자신에게 유리한 점은 과대평가를 하고, 불리한 것이나 비용 등은 과소평가를 하는 계획 오류 문제 해결, ⑦ 어떤 대상을 포기하는 고통을, 그것을 얻게 될 때의 효용보다 크게 느끼는 매몰 비용 또는 손실 회피 편향 문제 해결 등이 있습니다.

따라서 빅 데이터를 활용한 인공 지능 비서인 '시리', '알렉사', '구글나우', '누구' 등이 소비자를 위한 구매 결정을 한다면 소비자들의 선택적 오류를 극복해 기존의 기업이 수행하는 마케팅의 포지셔닝과 프로모션의 효과가 반감되거나 사라질 수도 있습니다. 즉 인공 지능 비서가 내리는 의사 결정은 감정이 없는 철저한 편리성, 효율 중심, 효용, 시간적 이익, 비용적 이익 등에 집중할 것이기 때문에 매력적인 모델, 감성을 자극하는 메시지, 충동구매를 촉구하는 프로모션이 기업의 매출 증대로 이어진다는 보장을 할 수 없습니다.

거꾸로 만일 기업의 마케터가 빅 데이터를 기반으로 한 마케팅 전략들에 인간의 감정적인 부분을 활용하지 못한다면, 즉 빅 데이터 분석의 결과로 제안하는 마케팅 전략과 메시지들이 — 소비자 설득의 메시지가 — 소비자들의 마음을 움직일 수 없다면 마케팅 실패로 이어질 수 있습니다. 물론 최근의 빅 데이터와 인공 지능은 소비자들이 선호하는 단어, 메시지, 모델, 이미지 등의 분석이 가능하기 때문에 이 문제를 어느 정도는 극복할 수 있습니다.

이러한 변화는 기업의 마케팅 실무자에게 두 가지 선택을 하도록 합니다.

하나는 이러한 인공 지능을 마케팅 전략에 활용하는 수준을 결정해야 합니다. 다음으로는 소비자들이 이러한 기술을 구매 의사 결정에 활용한다면 그것에 적응할 수 있는 선택(인공 지능에게 마케팅을 해야 하는)을 해야 합니다.

또 하나 고민해야 하는 문제는 기업의 빅 데이터를 이용한 마케팅 전략(마이크로 마케팅, 호주머니 마케팅, 사전 마케팅 등)에 소비자와 고객들이 거부감을 갖거나 반대를 할 때입니다. 특히 무분별한 소비자들의 호주머니를 향한 마케팅은 제품, 브랜드에 대한 부정적인 이미지를 줄 수 있습니다.

4차 산업 혁명의 기술들을 활용한 마케팅 전략이 소비자들에게 쇼핑의 즐거움과 욕구를 충족시켜 주지 못한다면 그 효과는 한계가 있습니다. 소비자들은 구매의 편리함으로 어느 정도는 인공 지능 비서에게 구매 결정을 맡길 수 있지만, 쇼핑 행위가 주는 독특한 가치와 즐거움, 욕구 충족까지 포기하지는 않을 것이기 때문입니다.

과연 인간인 소비자와 고객들이 자신들의 삶의 풍요와 업무 생산성 향상을 위한 구매를 할 때 인간의 본성(쇼핑의 즐거움 등)을 어느 정도 데이터, 인공 지능, 로봇 등에 양보를 할까? 즉 나를 위한 구매에 내가 사라진다면……? 이 상황을 소비자들이 허락을 할까? 아직 이러한 고민을 할 단계까지 인공 지능이 소비자들의 삶 속에 침투하지는 않았지만 먼 미래가 아닌 어느 순간부터는 이것에 대해 고민을 해야 합니다.

9장

마케팅의 시작은 기회 발굴

인덕수

1.
조직의 선제적 성과는 마케터의 영향력

(1) 조직 성과에서의 마케터 리더십

기업이 생존하기 위해서는 중대한 영향 요인이 있습니다. 그 영향 요인 중에서 세 가지를 꼽는다면 상품력, 영업력, 마케팅력입니다. 상품력, 영업력, 마케팅력에 있어서 목표를 설정하여 필요한 성과를 지속적으로 내야 합니다. 이를 위해서는 경쟁 기업보다 절대 우위 또는 한 수 위에 있어야 한다는 것입니다. 하지만 경쟁사보다 우위에 있다고 해서 지속 기업이 되는 충분조건은 아닙니다.

기업과 고객 간의 거래를 살펴보겠습니다. 기업과 고객 간의 거래는 고객이 대가를 지불하고 선택한 상품이나 서비스에서 효용을 얻는 것입니다. 또한 기업은 고객이 기대하는 효용을 제공하고 대가를 받는 것입니다. 고객은 대가를 지불하고 얻은 효용이 이용하는 동안 변하지 않는 효과성을 기대합니다. 반면에 기업은 효용을 신속하게 제공하기 위한 효율성을 추구합니다.

한 번 거래에서 반복 거래가 되기 위해서는 고객 기대 가치가 사용 기간 유지되어야 합니다. 또한 기업은 고객과의 거래를 통해 얻는 이익으로 기업 발전만 하면 되는 것이 아닌 사회에 대한 책임과 기여까지 요구되고 있는 것이 현실입니다.

그럼 기업과 고객 간의 거래에서 지속 기업이 되기 위한 필요충분조건을 꼽으라 하면 마케터의 영향력입니다. 지속 기업이 되기 위한 2%를 마케터 영향력으로 채워야 한다는 것입니다. 오늘날 리더십 핵심은 권위가 아니고 영향력이라고 켄 블랜차드(Ken Blanchard)는 단언적으로 표현했습니다. 비즈니스 시스템에서 마케팅은 가장 강력한 리더십이 요구되는 분야입니다.

치열한 경쟁에서 고객과 시장을 리드하려면 상대 기업과의 경쟁에 의존하지 말고, 고객과 시장에 긍정적 영향력을 미치기 위한 상품, 영업, 마케팅적 리더십을 발휘해야 합니다.

마케터의 영향력을 통하여 시장 게임의 룰을 변화시켜 경쟁 기업을 하나둘씩 도태시키는 것입니다. 고객에게 보여서는 안 되는 최후의 영향력입니다. 경쟁사를 도태시키는 것이 궁극적으로 조직에 미칠 수 있는 마케터의 영향력입니다.

이를 위해 마케터에 요구되는 영향력은 고객과 시장을 주도하는 정직성, 성실성, 그리고 기업 윤리까지 밑받침이 되어야 합니다.

(2) 지속 경영을 위한 마케터 초심

새해를 맞을 때마다 "올해는 이런 목표를 세우고, 이런 생활을 해야지!"라고 신년 계획을 세웁니다. 각자 처한 환경이나 상황에 따라 다를 수 있지만 각자 올곧은 마음을 먹고 올해만큼은 결코 작심삼일로 끝내지 않으리라 다짐도 합니다.

마찬가지로 조직에서 마케터 역할을 하는 순간부터 새해 목표와 행동을 설정하는 것과 같이 마케팅 목표와 실행을 설정해야 합니다.

성공하는 마케터가 되기 위해서는 한마디로 표현하면 초심을 잊지 말아야 합니다. 결코 초심을 잊지 말고, 항상 초심을 잊지 말고, 끝까지 초심을 잊지 않는 것입니다.

세계적인 혁신 기업 아마존은 전자 상거래를 기반으로 도서를 비롯하여 다양한 상품은 물론 전자책, 출판, 물류, 기업형 클라우드 서비스를 넘어 드론으로 물건을 배송하고, 우주 관광 시대를 열기 위해 블루 오리진, 점원 없는 무인 슈퍼마켓 아마존고를 만드는 등 꿈만 같은 일들을 현실로 만들기 위해 밤낮없이 바쁜 나날을 보내는 혁신 기업의 최전선에 있습니다.

아마존의 제프 베조스(Jeffrey Preston Bezos) CEO는 이렇게 말했습니다. "아마존은 소비자 중심 서비스의 선두에 서 있다고 자신하지만, 여전히 사업을 시작한 '첫날'이라는 생각을 항상 하고 있다."

그는 차고에서 아마존을 창업했을 때, 식탁으로 차고의 문을 사용했다고 하는데 세계 최고의 기업이 된 이후에도 초심을 잊지 않기 위해서 창업 당시 사용했던 책상을 여전히 쓴다고 합니다.

제프 베조스 사례에서 보듯 이제 마케터도 초심으로 돌아갈 때입니다. 만일 마케팅 성과가 기대에 못 미쳤을 때 얽매이거나 고착될 필요는 없습니다. 초심으로 돌아가자고 전하고 싶습니다. 처음 마케팅 기획 시점으로 돌아가서 기회 분석과 상품 기획을 새로 시작할 수 있는 긍정의 에너지로 목표와 현상의 차이를 재확인하는 것입니다. 바로 초심을 추구하는 것입니다. 계획 대비 초과 성과를 얻었다 할지라도 또 다른 목표와 실행을 선정하여 조직이 지속적 경쟁 우위를 확보하는 긍정의 영향력을 끼쳐야 합니다.

마케터 영향력은 조직의 미래가 도달해야 할 목표를 바라보고 줄을 긋는 것입니다. 작은 성과, 즉 똑바른 선 긋기에만 집중하다 보면 당장 눈앞에 보이는 성과를 낼 수 있습니다. 하지만 뒤를 돌아보면 그 수많은 작은 성과가 조직의 지향과는 달리 삐뚤삐뚤해져 있을 수 있습니다. 반면에 멀리 보면서 줄을 긋게 되면 설령 작은 성과를 내지 못한 과업이 있을 수 있어도 크게 보면 곧은 선이 될 것입니다. 당면한 작은 성공이나 실패에 일희일비하는 것은 무의미합니다. 미래에 닥칠 시행착오를 피할 수는 없습니다. 그러나 목표를 바라보고 가면 그 시행착오들이 곧고 큰 모습으로 나타날 것입니다.

2.
변화의 격차를 이끄는 마케터

(1) 경쟁 상황에서의 변화 격차

얼마 전 미디어에 국내 금융 자산 10억이 넘는 인구가 28만 명이 넘는다는 뉴스를 접했습니다. 이러한 부의 격차는 앞으로 더욱 크게 벌어질 것이고, 그 격차를 만드는 것은 공병호 선생이 말씀하신 변화 격차에 기인한다는 생각입니다. 공병호 선생이 말한 변화 격차란 고소득층과 빈곤층, 줄어드는 중산층 세상살이가 늘 그렇듯 변화는 필연적으로 승자와 패자를 낳게 된다는 것입니다.

변화의 폭이 크면 클수록 변화의 속도가 빠르면 빠를수록 변화의 복잡함이 정도를 더해 가면 갈수록 남보다 먼저 변화에 적극적으로 적용하는 사람이 거두는 과실은 그만큼 크게 되는 것입니다.

극심한 변화로 발생하는 기회와 위기를 적극적으로 활용하는 능력을 보유한 자와 그렇지 못한 자 사이에 경제적, 사회적 격차가 심화되는 현상을 변화 격차라 하였습니다.

디지털 혁명이 진행되면서 새로운 정보 기술에 접근할 수 있는 능력을 보유한 자와 그렇지 못한 자 사이에 경제적, 사회적 격차가 심화되는 현상을 정보 격차라고 합니다.

(2) 변화 격차를 이끄는 세 가지

마케터는 이러한 경쟁 상황에서 변화 격차를 줄일 수 있는 방안을 찾아야만 합니다. 이를 위해서는 세 가지가 필요합니다.

첫째, 외부의 변화에 민감해야 합니다. 시장, 고객 및 경쟁 변화가 급속하게 진전되고 있습니다. 이러한 변화 속에서 마케터의 시장 감수성을 바탕으로 미래 통찰력을 발휘해야 합니다.

시장 감수성이 높은 마케터란 시장의 변화를 분석하고 불확실한 미래를 준비하는 것입니다. 현실의 성과는 영업에 맡기고 마케터는 5년이나 10년, 그 이후에도 지속적 경쟁 우위를 확보하는 것에 집중해야 합니다. 이를 위해 마케터는 외부의 변화가 초래할 미래의 모습에 더 많은 관심을 기울여야 합니다. 모름지기 변화의 격차를 이끄는 마케터라면 시장, 고객, 경쟁의 변화를 분석하고, 불확실한 미래를 가시적으로 표현할 수 있어야 합니다.

마케터가 매월 실적에 매달리는 회사는 단적으로 표현하면 미래가 없습니다. 마케터에게는 현재보다 미래가 중요합니다. 마케터는 회사 미래의 변화를 선제적으로 이끌고 가야 하는 책임이 있기 때문입니다. 마케터에게는 자신만 중요한 것이 아닌 조직원이 참여하고, 참여를 통해 얻은 성과를 공유해야 합니다. 이를 통해 조직의 더 많은 협조를 이끌어 내야 합니다. 그래야만 미래의 변화와 도전에 맞서서 변화 격차를 성공적으로 이루어 낼 수 있습니다.

둘째, 마케터는 변화 격차를 구조화하여 목표로 표현하고 이를 공유해야 합니다.

변화 격차 목표를 설정하고 그것을 조직 구성원들과 공유해야 실행으로 이어질 수 있습니다. 마케터는 올곧은 변화 목표가 무엇인지 명확하게 제시하고 공동의 목표로 조성해야 합니다. 공동의 목표 조성을 위해서는 가위, 바위, 보 게임과 같이 하는 것입니다. 가위, 바위, 보 게임은 명확하게 평가하는 규칙이 정해져 있습니다. 가위는 보를 이기고 보는 주먹을 이기고 또 주먹은 가위를 이긴다는 것입니다. 또한 가위, 바위, 보를 통해 결정된 사항은 잘 실행이 됩니다. 왜냐하면 가위, 바위, 보를 이해관계자가 직접 참여했기 때문입니다. 명확한 성과 지표와 모든 이해관계자가 참여한 것이기에 공동의 목표가 된 것입니다.

마지막으로 선택과 집중을 통한 성공 체험 나누기입니다.

시장으로 말하면 기존 시장은 영업에서 확대하거나 유지 전략을 추구합니다. 반면에 마케팅은 기존 시장이 아닌 신규 시장에서 새로움을 추구해야 합니다. 제품도 역시 마찬가지입니다. 영업에서는 그간 판매해 오던 제품에 익숙하고 판매 촉진을 실시함에도 신제품보다 수월합니다. 그러다 보니 신제품이 나오면 이래서 안 되고 저래서 안 되는 이유만을 찾는 것이 영업입니다. 하지만 영업을 나무라서는 안 된다는 생각입니다. 왜냐하면 기존 조직은 기존 시장에서 기존 제품을 판매하기 위한 전략과 조직으로 구성되어 있기 때문입니다.

하지만 마케팅은 기존보다는 새로움을 추구하는 것입니다. 마케팅은 신규 시장과 신규 제품에 집중해야 합니다. 따라서 영업보다 성과를 나타내기는 쉽지 않습니다.

마케터가 눈앞의 성과에만 매달리다 조직에 닥칠 먹구름을 보지 못하는 경우가 발생되어서는 안 된다는 것입니다. 마케터가 조직 구성원을 이해시키고 바람직한 방향으로 움직이게 하기 위해서는 영업을 비롯한 내부 고객을 설득해야 합니다. 신규 시장 또는 신규 제품을 출시한 후 이제는 본격적인 외부 고객과의 전쟁으로 돌입하는 것입니다.

이와 같이 마케터는 신규 시장과 신규 제품을 내놓고 평가받는 것입니다. 평가는 다른 표현으로 하면 경영 성과인 것입니다. 경영 성과를 높여야 한다는 것은 누구나 동의할 것입니다. 그럼 경영 성과를 높이기 위해서는 어떻게 할 것인가? 다름 아닌 선택에 딸린 것입니다.

선택을 한다는 것은 자기의 뜻을 주장하는 것이고, 이는 철저한 조사에 근간을 두어야 합니다. 선택은 시장과 고객 문제의 답인 것입니다. 답을 추구할 때는 먼저 가정을 갖고 추구해야 합니다. 가정을 설정할 때는 그간의 경험이 중요할 수도 있습니다. 그렇다고 경험에만 의존하는 것은 새로움을 추구하는 마케터 입장에서는 부족한 것입니다.

항상 제로 베이스 사고를 바탕으로 한 문제의식을 가져야 합니다. 왜 이럴까 하고 반대로 생각도 해 보고, 선택된 답을 그대로 수용하는 것보다는 문제의식을 갖는 것이 가장 중요합니다. 마케팅 문제를 해결할 때는 문제 원인과 해결 과제에 대한 가설을 세우고 검증하는 가설 지향형이 효과적입니다. 이는 시장, 고객, 경쟁의 변화에 초점을 맞추는 것입니다. 변화와 동떨어진 세상에서 가정을 설정하고 선택된 답은 성과로 이어질 수 없기 때문입니다.

(3) 성과 창출형 영웅 만들기

핵심은 변화란 것에 있습니다. 이 변화가 소위 메가트렌드라고 하는 큰 변화부터 광속으로 변화하는 속도에 관한 것 등 다양하기 때문입니다.

저성과 조직은 답은 알고 있지만 문제를 모르는 것과 같은 형국으로, 변화를 인지하지 못하면 삶은 개구리 신세가 되는 것입니다.

성과 창출형 마케터가 되기 위해서는 정답을 추구해야 합니다. 정답을 찾기 위해서는 문제의식을 가져야 합니다. 이는 변화에 오감을 다 동원한 조사를 바탕으로 사실에 근접한 정확한 판단을 해야 합니다. 그리고 선택과 집중으로 우리의 궁극적인 경영 성과를 내도록 합니다.

새로운 도전 속에 이루어 낸 마케팅 성과는 마케터인 나보다 조직 구성원을 먼저 생각하는 여유를 갖고 작은 성과조차 성공 스토리로 만들어 성과를 창출한 조직을 명예롭게 해 주어야 합니다. 영웅 만들기를 통해 조직 구성원들은 새로움에 도전하게 되고, 조직 구성원의 실력이 향상되어야 회사가 지속적 경쟁 우위를 확보하게 되기 때문입니다.

SNS에서 본 내용을 인용해 봅니다. "석사나 박사보다도 더 높은 학위는 밥사"라는 것입니다. 까칠한 세상에 내가 먼저 따뜻한 밥 한 끼 사는 마음이 석사나 박사보다 더 높다고 하는 것입니다. "밥사보다 더 높은 것은 술사"라고 합니다. 친구가 술이 고플 때 어묵 국물에 소주 한 잔 나눌 수 있는 그런 친구라는 것입니다. "술사보다 더 높은 것은 감사"라고 합니다. 항상 감사하며 사는 마음은 석사, 밥사, 술사보다 더 높다고 합니다. "감사보다 더 높은 것은 봉사"라고 합니다. 어려운 이웃에게 재능과 재물 등의 기부로 나눔을 베풀면서, 사회를 따뜻하게 만들어 가시는 분들이 계시기 때문에 행복한 삶을 맛볼 수 있는 것처럼 진정한 마케터는 선택과 집중을 통해 조직 구성원들을 위한 봉사를 실천하는 것입니다. 이와 같이 감사와 봉사하는 마음으로 영웅 만들기를 통해 조직의 성공 체험이 선순환하면 남이 보지 못했던 것을 보게 되고, 볼 수 없는 것도 보게 됩니다.

3.
고객의 잠재적인 불편을 해결하는 솔루션 비즈니스

(1) 풍요의 심리

"행복한 모습은 현재 불행한 사람의 눈에만 보이고, 죽음의 모습은 병든 사람의 눈에만 보인다."라는 말이 있습니다. 고객의 잠재적인 불편 모습은 고객 지향적인 마케터 눈에만 관찰될 수 있습니다. 고객 지향적 마케터는 풍요의 심리를 갖고 있는 마케터라 할 수 있습니다.

부족의 심리로 싸워 이기는 마케터는 많습니다. 하지만 풍요의 심리로 경쟁에서 우위를 점하는 마케터는 적습니다.

부족의 심리란 한정된 시장 내에서 마켓 셰어를 0.1%라도 확대하고자 하는 치킨 게임과 같이 치열한 경쟁을 추구하는 것입니다. 부족의 심리로 경쟁에서 단기적 성과는 얻을 수 있습니다. 하지만 지속적인 성과로 이어지기는 매우 어렵다는 것을 굳이 설명하지 않아도 잘 아실 것입니다.

반면에 풍요의 심리는 시장을 제한적 시장으로 보는 것이 아닌 얼마든지 확대할 수 있다는 생각을 갖는 것입니다. 따라서 풍요의 심리에서는 마켓 셰어 확대는 되지 않아도 추가적인 가치를 부여하여 시상 자체를 확대하는 것입니다. 결국 경쟁사와도 승승(乘勝)의 결과를 얻을 수 있습니다. 풍요의 심리로 시장을 확대해 나가기 위해서는 고객의 잠재적인 불편 사항을 자사의 가치로 연결해야 합니다.

(2) 고객의 기대 가치

야간 산행을 하는 사람에게 손전등 불빛이 없으면 한 걸음도 제대로 나갈 수가 없습니다. 그런데 그 소중한 손전등도 먼동이 트면 귀찮아집니다.

마케터가 고객들이 인식하지 못한 잠재적인 불편을 찾아 솔루션을 해결하는 것은 마치 손전등 불빛과 같지만 고객이 솔루션을 이해하면 먼동이 튼 아침과 같은 상황이 됩니다. 야간 산행에서의 손전등처럼 고객이 처한 상황 및 잠재적인 불편한 순간순간이 마케터에겐 소중한 기회입니다. 마케터에게는 고객에게 맞춤형 가치를 제공할 수 있는 기회이자 성공하는 마케터의 지혜이기도 합니다. 결과적으로 고객은 기쁘기 위해 솔루션을 구매하는 것이고, 마케터는 고객에게 솔루션이라는 가치를 제공하는 것입니다.

마케터가 기쁨을 제공하기 위해서는 고객의 잠재적인 불편 알기가 필요합니다. 잠재적 불편은 다른 표현으로 하게 되면 잠재적 니즈와 현재적 니즈를 구매로 연결하는 것으로 솔루션 비즈니스의 본질입니다. 이상적인 솔루션 비즈니스 모델이 있다 할지라도 고객의 구매로 연결이 안 되면 의미가 희석되기 때문입니다. 고객의 잠재적 니즈는 고객이 전문가인 경우보다 비전문가인 경우 잠재적인 니즈가 더욱 많아질 수 있습니다.

솔루션을 제공하는 마케터 입장에서는 당연히 제공하는 서비스가 완벽하다고 생각합니다. 하지만 비전문가인 고객은 신뢰할 수 없는 상황입니다. 그리하여 고객에게 맞춤된 솔루션을 이리저리 변경하는 경우가 발생합니다. 결국은 제공된 솔루션이 고객 입장에서는 만족스럽지 못한 결과로 나타나는 경우도 있습니다.

반대로 고객이 전문가인 경우에도 마찬가지인 경우가 종종 있습니다. 솔루션을 제공하는 사람보다 전문가인 고객들은 솔루션에 대한 제안과 함께 바람직한 모습으로 요구하게 됩니다. 하지만 고객 입장에서 주장하다 보니 제공 회사 솔루션의 본질에서 벗어나 왜곡되는 현상까지 발생하게 됩니다.

이러한 고객의 잠재적인 고통을 명확히 알기 위해서는 고객과의 커뮤니케이션이 중요하며 유연한 솔루션 확보가 중요합니다.

예를 들면 전사적 자원 관리 ERP 패키지가 적절할 수 있습니다. 전사적 자원 관리를 도입하는 많은 기업이 회사 내부 커스터마이징(customizing) 개발을 선호합니다. 하지만 커스터마이징한 프로젝트가 실패하는 경우가 종종 있는 반면에, 글로벌하게 검증된 전사적 자원 관리에 맞추는 기업이 성공 가능성이 훨씬 높게 나타납니다. 이것은 최적 솔루션에 기업을 맞추어야 한다는 것에 대한 반증이라고 생각합니다.

이와 같이 솔루션을 제공하는 기업은 고객 고통을 면밀히 검토하여 완벽한 솔루션을 제공하고, 솔루션을 제공받는 기업은 상호 의존적 수용 자세가 중요합니다. 성공적인 마케터가 되기 위해서는 고객의 잠재적인 불편을 새로운 시각에서 보고 새로운 대안으로 해결하는 것에서부터 출발해야 한다고 생각합니다.

(3) 복잡한 정보도 단순화로

모든 사람이 정보의 생산과 소비에 참여할 수 있게 됨으로써 어느 특정 개인만이 지식과 정보를 독점하는 시대는 아닙니다. 이제는 원하는 모든 사람들이 능동적으로 지식과 정보의 생산, 공유, 활동 등에 참여할 수 있게 되었습니다. 이렇게 형성된 정보를 공유하는 수단도 컴퓨터뿐만 아니라 스마트 기기로 확대되었습니다.

스마트폰이나 인터넷을 통한 국제 동향, 시장 동향, 기술 동향, 환경 동향 등 거시적 정보는 많습니다. 스마트 시대 이전엔 이러한 정보는 돈을 지불하고도 접하기 어려웠습니다. 이리하여 신조어 TMI(Too Much Information)는 요즘 세상을 잘 표현하고 있는 것 같습니다. 너무 많은 정보라고 번역해야겠지만, 정보의 홍수라고 해야 의미가 더 와 닿을 것 같습니다. 정보의 홍수 세상에서 각 고객에게 의미 있는 정보를 찾아 제공하는 것이 필요합니다. 하지만 당장 쓸 수 있는 정보는 없다고 해도 과언이 아닐 것입니다.

절대적으로 필요한 기술, 경험 및 노하우를 찾기는 어렵습니다. 경쟁사 동향이나 경쟁 기술과 관련한 정보도 없는 것은 마찬가지입니다. 기술이 급속히 변화와 심화가 되면서 마케터에게 딱 맞는 것을 찾기가 까다로워진 탓도 있습니다. 너무 많은 것들이 홍수처럼 밀려오기 때문에 쓸 수 있는 것을 찾을 수가 없어서 그런지도 모르겠습니다.

만약 홍수가 발생하면 물은 넘쳐 나겠지만 먹을 물이 없는 것과 같습니다. 정보의 홍수 속에 정작 필요한 정보는 오히려 역설적으로 정보 가뭄이 되었다고 해도 과언이 아닙니다. 정보 가뭄을 극복하기 위해서는 오히려 정보를 차단하고 고객과 경쟁사에 집중하여 단순화해야 합니다.

솔루션이란 고객을 상대로 경쟁사와 차별화하여 고객에게 가치를 인정받는 것이며, 그 가치를 제안하는 것입니다. 결국은 고객이 갖고 있는 문제를 해결해 주고, 고객이 인지 못하고 있는 부가 가치를 높여 주는 것이 솔루션으로 표현되는 것입니다.

비즈니스에서는 고객에게 유형의 상품이나, 무형의 서비스를 제공하는 것으로 거래를 합니다. 하지만 마케터는 현재 제공하고 있는 상품과 서비스에 만족해서는 안 됩니다. 다시 한번 강조하지만 고객의 잠재적인 문제에 집중해서 해결함으로써 고객이 누리는 부가 가치를 추가적으로 창출할 수 있도록 해 주는 마케터가 진정한 마케터라 할 수 있습니다.

4.
위기일수록 협업으로 돌파하기

(1) 성장과 정체

《동아 비즈니스 리뷰 5호》에 따르면 미국의 비영리 조직 기업 집행 이사회가 세계 500대 기업이 반세기 동안 경험했던 성장 정체 현상에 대해 연구한 결과, 전 세계 우량 기업의 87%는 급격히 성장하다가 갑작스러운 정체 내지 쇠퇴를 경험했다고 합니다.

이 연구를 주도했던 매튜 올슨 이사는 굴지의 기업 대부분은 실적이 급상승하다가 갑작스럽게 침체가 나타나기 때문에 경영진들은 이런 현상을 사전에 예상하거나 대처하지 못했다고 말합니다.

역설적으로 표현하면 아직 드러나지 않은 정체의 징후와 이면의 잠재 원인들을 미리 파악하고 대책을 세우면 얼마든지 위기를 극복할 수 있다는 것입니다.

"평평하기만 하고 비탈지지 않은 땅은 없으며 가기만 하고 돌아오지 않는 것은 없다.(무평불피 무왕불복 : 无平不陂 无往不復)" 주역의 태괘(泰卦)에 나오는 유명한 구절입니다.

광속으로 질주하는 경영 환경에서도 계속 탁월한 경영 성과를 지속적으로 창출하는 기업도 있습니다. 그런 반면에 많은 기업은 IMF 체제 이후 최대 위기라고 위축되는 기업도 있습니다.

(2) 조직 내에서 객관성을 유지하자

마케터로서 업무를 수행하다 보면 치밀하게 계획한 마케딩 전략의 성과가 기대에 못 미치는 경우가 있는가 하면 기대했던 것보다 뛰어난 성과를 내는 경우도 있습니다. 마케터에게는 위기 없이 계속 전진만 할 수 있는 경우는 거의 없을 것입니다.

일반적으로 경영 성과가 좋을 때는 계속 더 잘될 것이라고 믿게 됩니다. 하지만 마케터에게 맞닿는 현실은 좋은 기회와 나쁜 기회가 늘 함께합니다. 따라서 성공한 마케터라면 적어도 새로운 시각으로 조직의 객관성을 확보해야 합니다.

조직 내에서 객관성 유지를 위해 다음 네 가지를 피해야 할 것입니다.

첫째, 설명할 수 있는 세계만을 보고자 하는 것입니다.

아는 만큼 생각하며, 아는 만큼 세상을 보는 것이 인간의 한계입니다. 사람은 현상에 집착할 뿐 그 이면은 잘 보지 못합니다. 잠재 원인은 간과한 채 그로부터 유발되는 현상에만 집착하여 문제를 해결하려는 것, 그것이 바로 문제입니다.

조직에서 의사 결정할 때 정답은 다수의 의견이 아닐 수 있습니다. 군중 심리로 도출된 의견은 더욱이 정답일 리가 없습니다. 정답은 군중 속 한 사람이 쥐고 있을 수도 있습니다.

마케팅 전략 결정이 어려운 이유가 현재보다는 미래에 관련된 것이기 때문입니다. 역설적으로 마케팅 전략을 합리적으로 결정하면 실행할 수 없는 경우가 많습니다. 합리적이고 좋은 전략은 경쟁이 치열해서 위험이 많습니다. 많은 관심을 끌지 못하는, 합리적이지 못한 전략은 성공 사례가 없어서 위험이 많습니다. 결국 이래도 위험, 저래도 위험입니다. 그렇기에 마케터는 현상만이 아닌 미래를 보고, 다른 시각으로 봐야 하는 것입니다.

둘째, 어제의 처방이 오늘의 질병을 낳습니다.

아무리 좋은 처방도 그로부터 발생할 수 있는 부작용을 항상 염두에 두어야 합니다. 왜 그럴까요? 모든 것이 잘 진행되고 있는 상황에서 그 이면에 도사리고 있는 정체의 징후와 그 이면의 원인적 요소들을 사전에 발견한다는 것은 말처럼 그리 쉬운 일이 아니기 때문입니다. 어떤 경영 성과를 달성케 한 인자들은 성공에 이른 순간부터 실패 요인으로 작용하기 시작할 수 있습니다.

불확실한 세계 속에서 영속 기업이 되고자 하는 길은 우리가 어디로 가야 하는지, 무엇이 문제인지, 어떻게 접근해야 하는지 등 면밀하게 분석해야 합니다. 마케터가 의사 결정 당시로서는 옳다고 확신하고 결정했지만 지나고 보니 후회스러운 실패 사례는 너무나 많습니다.

따라서 실패하는 마케터의 대부분은 장기적 성장 잠재력을 희생시키고 단기적 성과에 매달리는 데서 비롯되는 소탐대실인 경우임을 명심해야 합니다.

셋째, 원인과 결과는 시간과 공간적으로 서로 가까이에 연결되어 있지 않습니다.

큰 사건이 발생하기 전 나타나는 많은 작은 징후들과 그 이면의 잠재 원인을 미리 감지하고 대처했다면 그 사건은 발생하지 않을 것입니다. 그러나 잠재 원인은 겉으로 나타나는 징후들로부터 시간과 공간적으로 가까이에 있지 않은 경우가 허다하므로 쉽사리 인지하기 어려운 특성이 있습니다.

구글 창업자가 야후에 검색 엔진을 사 가라 했을 때 야후는 거부했었습니다. 군이 야후 검색 엔진이 있는데, 인수할 이유가 없다는 것이었습니다. 마찬가지로 구글이 스타트업 유튜브를 2006년 16억 5000만 달러에 인수할 때 구글 내부에서 반대가 심했다고 합니다. 구글에서도 동영상 스트리밍 서비스를 제공하고 있는데 군이 비싸게 인수할 이유가 없다는 것이었습니다. 하지만 유튜브는 12년 뒤 2018년 1,600억 달러로 100배 가까이 뛴 거대 공룡이 되었습니다.

전 세계 9,000개 이상의 비디오 대여짐을 보유한 블록버스터는 2000년에 전 넷플릭스 CEO 리드 헤이스팅스(Wilmot Reed Hastings Jr.)에게서 회사 인수 제안을 받았지만 거절했습니다. 이유는 비싸다는 것이었습니다. 넷플릭스의 현재 시장 가치는 1,600억 달러이고, 블록버스터는 2010년에 파산했습니다.

이러한 사례에서 보듯 마케터는 원인과 결과 관계, 그리고 시간적 지연에 따른 장기적 성과에 집중해야 합니다. 또한 나비 효과가 중요하다는 것이 이를 함축적으로 대변하고 있음에 주목할 필요가 있습니다.

넷째, 작은 변화가 큰 차이를 만듭니다.

우리 속담에도 "가랑비에 옷 젖는다."라는 말이 있듯이 작은 변화를 잘 체감하지 못합니다. 경미한 변화를 그냥 지나치게 되는 이유는 문자 그대로 경미하기 때문이기도 합니다. 하지만 많은 경우 그 이면의 잠재 원인, 특히 우연 원인들이 시스템 내부에 습관처럼 체화되어 있는 만성적 특성 때문이기도 합니다. 이를 반증하듯 앞서 본 바와 같이 잘 나가는 기업을 정체로 이끄는 잠재 인자는 외부 환경 요인 등 이상 원인이 13%에 불과합니다. 반면에 전략 오류와 조직 문제 등 내부 요인은 70%를 차지하고 있습니다. 이는 자칫 지나치기 쉬운 우연 원인들을 간과하거나 과소평가한 결과라 할 수 있습니다.

나이아가라 폭포 위에 레인보우 브리지라 불리는 현수교가 놓여 있습니다. 다리 기둥을 세울 수 없는 지형이다 보니 현수교를 놓을 수밖에 없었을 것입니다. 그런데 200미터가 넘는 깎아지른 절벽 사이에 어떻게 다리를 놓을 수 있었을까? 시작은 의외로 간단했답니다. 1847년 현수교 설계 전문가인 찰스 엘렛 주니어(Charles Ellet Jr.)는 연을 띄워 연줄로 계곡의 양쪽 끝을 연결했습니다. 그다음엔 얇은 코일을 매달아 잡아당겼고, 그 후엔 조금 더 두꺼운 철사를, 그리고 나선 철사에 밧줄을 매서 잡아당겼답니다. 마지막에는 쇠로 만든 케이블을 밧줄에 연결해서 반대쪽으로 보냈습니다. 이렇게 해서 만들어진 쇠줄을 이용해 구름다리를 놓기 시작했고, 마침내 나이아가라 폭포 위에 레인보우 브리지를 놓을 수 있게 되었다는 것입니다.

바닥을 알 수 없는 벼랑 위에 놓인 웅대한 다리지만, 그 시작은 연을 띄운 작은 일 하나였던 것입니다. 이처럼 모든 위대한 성취에는 반드시 작은 시작이 있습니다.

요즘과 같이 어려운 경영 환경에서 성장은 아예 기대하지 못하고 생존만이라도 하면 감지덕지라고 말을 합니다. 하지만 조직 내에서 마케터를 보는 시각은 지금의 국면을 대전환할 수 있는 것을 기대합니다.

올바른 경영 성과로 이어지기 위해서는 마케터가 시작한 작은 변화가 큰 차이를 만든다는 신념을 갖고 있어야 합니다. 그 변화를 진행하는 과정에서 소소한 실패와 성공들을 경험하여 자사만의 고유한 마케팅 콘셉트를 만들어 나가야 합니다.

5.
Big Picture를 현실로 만드는 마케터

코이의 법칙

관상어 중에 코이라는 비단잉어가 있습니다. 코이는 작은 어항에 넣어 두면 5~8cm밖에 자라지 않습니다. 커다란 수족관이나 연못에 넣어 두면 12~25cm까지 자랍니다. 그리고 강물에 방류하면 90~120cm의 대어로 성장합니다. 같은 어류인데도 어항에서 기르면 피라미가 되고, 강물에 놓아기르면 대어가 되는 신기한 물고기인 것입니다. 환경에 따라 성장하는 크기가 달라지듯이 인간도 처한 환경이나 생각에 따라 역량이 달라진다는 것을 '코이의 법칙'이라고 합니다.

물고기도 노는 물에 따라 크기가 달라지듯 마케터 역량도 주어진 업무 환경에 따라 지배를 받을 수 있습니다. 결국 마케터 자신이 발휘할 수 있는 역량 크기가 달라질 수 있습니다.

성과가 나쁜 마케터는 보이는 것만 보는 마케터이고, 성과 좋은 마케터는 보이지 않은 것도 볼 수 있는 마케터입니다. 마케터는 낯선 업무만 한다고 해도 과언이 아닙니다. 그만큼 새롭고 기회에 도전하는 업무를 수행합니다. 따라서 외부 경영 환경과 내부 경영 환경 전반적인 이해 수준이 높아야 좋은 성과로 이어진다는 것은 너무나 당연한 것입니다.

질주하는 세계 속에서 보이는 것과 봐야 할 것도 많은데, 보이지 않는 것까지 봐야 한다니 어불성설이라고 할 수 있습니다.

닭이 먼저냐 알이 먼저인가와 유사하겠지만 첫 단추는 관심을 갖는 것입니다. 관심을 가지면 남들과 같이 같은 것을 보더라도 다르게 볼 수 있고, 다른 생각을 통해 새로운 기회가 보이는 것입니다.

요즘처럼 이기주의적인 시대에 조직 충성도를 갖기가 어렵지만 비즈니스 밸류 체인 전반에 걸쳐 이해도 높은 마케터는 조직의 미래상과 Big Picture 를 그릴 수 있어야 합니다. 그리고 미래로부터 현재로 이어지는 지름길을 조직원들에게 보일 수 있도록 해야 합니다.

앤드류 카네기(Andrew Carnegie)는 "평균적인 사람은 자기 일에 자신이 가진 에너지와 능력의 25%를 투여한다."고 했습니다. "50%를 쏟는 사람들에게 경의를 표하고, 100%를 투여하는 극히 드문 사람들에게 고개를 숙인다."라고 했습니다.

마케터는 정치적이어서는 안 됩니다. 향후 5년, 10년 후의 모습을 그려가면서 게임의 룰을 변경해야 조직원의 협력을 이끌어 낼 수 있습니다. Big Picture를 현실로 만드는 마케터를 지향해야 합니다.

마케팅의 성공에는
스토리가 있다

10장

마케팅 성공은 '아는 것'과 '하는 것'의 조화

이은성

1.
사장단 교육

고인이 된 유명한 재벌 그룹의 L 회장의 이야기입니다.

어느 날 L 회장은 계열사 사장들에게 특별 교육을 하라고 비서실장에게 지시를 하였습니다. 비서실장은 30명이 넘는 계열사 사장들의 교육 프로그램을 준비하느라 여기저기 수소문하여 당시 산업 교육으로 인기를 얻고 있던 S대의 박 교수를 초청키로 하였습니다.

주제는 사장학(社長學)으로 강의 시간은 박 교수가 원하는 4시간을 계획하고 사장들에게 통보하였습니다. 평소 조찬회, 간담회 등 짧은 시간으로 세상의 정보를 얻는 데 익숙한 사장들에게 4시간은 엄청 긴 시간이지요. 박 교수는 한국 최고의 엘리트 집단인 재벌 그룹의 사장들을 대상으로 강의를 하는만큼 준비에 정성을 다하였습니다.

사장학의 줄거리는 사장이란 무엇이며, 어떻게 해야 하는가를 주제로 사장의 정의, 기능, 역할, 업무, 책임 등을 이론과 사례를 섞어 재미있게 준비하였습니다. 강의는 성공적이었고 사장들은 "정말 유익한 강의였다."고 큰 박수로 박 교수에게 감사를 표시했으며, 박 교수는 뿌듯함을 느끼며 두둑한 강의료에도 만족하였습니다.

강의가 끝난 2주 후 박 교수는 비서실장으로부터 "다시 한번 강의를 부탁한다."는 전화를 받고 들뜬 기분에 앙코르 강의의 교육 대상과 주제를 물었습니다.

"실장님, 이번 교육 대상은 누구입니까?"

"사장님들 교육을 다시 한번 부탁합니다."

"그러시다면 이번 교육의 주제는 무엇으로 하는 것이 좋을까요?"

"아닙니다. 지난번 해 주셨던 사장학을 다시 한번 부탁드립니다."

"아니 2주 전에 했던 내용을 다시 강의하면 저나 사장님들이나 서로가 부담되지 않을까요? 무슨 특별한 이유라도 있습니까?"

"이것 참, 오해하지 마시고 도와주십시오. 사실은 회장님께서 교육이 잘못되었다고 다시 교육시키라는 지시를 받았습니다."

순간 박 교수는 두 가지의 어지러운 마음을 느꼈습니다. 교육이 잘못되었다는 사실에 송구스러운 마음과 다른 하나는 자신의 강의를 잘못되었다고 평가한 사실에 약간의 저항감도 가졌으나 박 교수와 김 실장은 다시 4시간의 일정을 의논하였고, 박 교수는 강의할 내용과 사례를 새롭게 준비하느라 바쁘게 움직였습니다.

두 번째 사장학 교육은 더욱 성공적으로 교육을 받은 사장들은 두 번 들으니 확실히 감이 잡힌다며 앞다투어 박 교수를 칭송하고 격려해 주었습니다. 그러나 당사자인 박 교수의 마음은 편치 않았지요. 이번 교육의 평가는 어떠할지 괜한 염려가 싫었습니다. 이번에도 잘못되었다고 평가한다면 강의를 사양하리라 작정하였는데 2주가 지나 김 실장에게 또 전화가 왔습니다.

"박 교수님, 말씀 드리기가 참 송구스럽습니다만 다시 한번 강의를 부탁드립니다."

"이번에도 잘못되었다는 평가입니까?"

"네, 그렇습니다."

"그렇다면 이번에는 다른 선생님을 찾아보시면 어떨까요? 참고가 되신다면 저도 다른 선생님을 추천해 드리겠습니다."

"아닙니다. 회장님께서 박 교수님에게 다시 한번 부탁하라고 말씀하셨습니다."

"………."

"박 교수님, 한번 만나서 교육에 대해 말씀을 나누시면 어떨까요?"

"실장님, 외람되지만 조건이 하나 있습니다. 제가 회장님을 한번 만날 수 있도록 주선해 주시겠습니까? 회장님께 교육의 방향이나 내용에 대해 의견을 구해 보면 좋을 것 같습니다."

2.
아는 것

박 교수는 김 실장의 주선으로 회장님을 만나러 갈 때 마음속으로 단단히 작정을 하였습니다. 재벌 그룹의 회장이면 회장이지, 나도 외국에서 박사까지 받아 경영 기법과 리더십에는 전문가인데 기죽지 않고 당당하게 만나겠다는 마음의 무장으로 회장실을 노크하였습니다.

"회장님, 제가 두 번에 걸쳐 사장들에게 '사장학'을 강의하였던 박 교수입니다. 제가 강의하였던 주요 내용은 사장의 정의부터 기능, 역할, 업무, 책임

등등을 강의하였습니다. 혹 미진한 부분이 있으면 짚어 주시지요."

"박 교수, 수고하셨어요. 그런데 말이에요, 우리 사장들이 자신들이 무엇을 하는 사람인지를 모르는 것 같아요."

순간 박 교수의 가슴속에는 참았던 저항감이 일어났습니다. 지금까지 사장이 해야 할 일에 대해 강의를 했다고 하였는데, 무엇을 하는지를 모른다고 한다면 박 교수의 강의는 엉터리라는 이야기로 들려왔지요. 박 교수는 젊음의 패기로 L 회장과 한번 붙어 보기로 마음을 먹었습니다.

"회장님, 그러시는 회장님은 회장이 무엇을 하는 사람인지를 알고 계십니까?"

"허허, 그러게 말이에요. 그런데 박 교수"

짧은 순간 L 회장은 정색을 하면서 말을 잇는다.

"박 교수, 재벌의 회장인 나도 남들과 같이 하루 밥 세 끼 먹고 살아요. 다만, 잠자는 시간을 제외하고 온종일 내 머릿속에는 딱 2가지가 언제나 맴돌고 있어요.

첫째는 '무슨 일을 할 것인가?'이고, 둘째는 '그 일을 누구를 시킬 것인가?'이지요.

이 두 가지는 내 머릿속을 떠나지 않아요."

순간 박 교수는 망치로 한 대 맞은 기분으로 아무 말도 못하였다고 회고합니다.

"………. 회장님, 죄송합니다. 교육 다시 하도록 하겠습니다."

3.
하는 것

달포가 지난 금요일 저녁 6시, 계열사 사장들은 1박 2일의 일정으로 연수원에 모여 저녁 식사 후 7시부터 강의 없이 1조, 2조로 나누어 분임 토의를 진행하였습니다.

1조의 주제는 '사장이 해야 할 일 10가지'
2조의 주제는 '사장이 하지 말아야 할 일 10가지'였다.
2시간 정도의 분임 토의에 참가한 사장님들은 나름대로 열띤 토론을 하였습니다.

둘째 날 아침 시간에는 분임 토의 결과 발표 시간으로 1조, 2조의 조장이 '사장이 해야 할 일 10가지'와 '사장이 하지 말아야 할 일 10가지'를 전지 한 장에 적어 칠판의 양쪽에 붙여 놓고 사례까지 곁들어 설명하면서 발표하였습니다.

이제 교육의 마지막 시간으로 박 교수는 종합 강평을 하였습니다.
"사장님 여러분 안녕하십니까? 그동안 2번의 교육이 있었습니다만 저의 부족으로 오늘 또다시 3번째 만나게 되었습니다. 지난번 2차 교육이 끝난 후 비서실장이 사장님 여러분들의 회사 비서실에 은밀한 지시를 내렸습니다.
사장님들의 출근 시간부터 퇴근 시간까지의 하는 일들을 시간대별로 기록하게 하였고, 퇴근 후의 일정도 아는 데까지 기록하도록 하였습니다. 그 결과를 어젯밤 수거하여 저희 진행 요원들과 함께 밤늦도록 통계를 내어 보니 사장님들은 지난 한 달 동안 이렇게 일을 하셨더군요." 박 교수는 전지 한

장에 정리하여 기록한 **'사장이 한 일 10가지'**를 공개하였습니다. 순간 강의장은 쥐 죽은 듯 고요해지며 사장들의 얼굴은 벌겋게 달아올랐습니다.

박 교수는 "교육 끝"이라고 외쳤는데 어느 누구도 박수 한 번 쳐주질 않았습니다.

서울로 돌아오는 박 교수는 차라리 홀가분한 마음으로 이 회사와는 이것으로 이별하기로 마음을 작정하고 잊기로 하였습니다.

3개월 후 박 교수는 비서실 김 실장의 정중한 저녁 초대에 어리둥절한 표정으로 응했습니다.

"박 교수님, 지난번 교육에 참 수고 많으셨습니다. 회장님께서도 만족해하시면서 저녁 식사 잘 대접하고 별도 촌지까지 챙겨 주라고 하셨습니다. 고맙습니다."

"실장님, 실장님께서도 아시는 바와 같이 지난번 교육에 제가 한 것은 분임 토의한 것밖에 없습니다. 너무 과분한 말씀입니다."

"그렇지 않지요. 박 교수님께서 사장들이 하는 일을 적게 하셨고, 그 결과로 사장들의 깨달은 바가 컸습니다. 결론은 '아는 것'과 '하는 것'의 차이를 일깨워 주셨고 회장님도 그 점을 평가하셨으며, 실제로 교육이 끝난 후 사장들의 일하는 모습이 많이 바뀌었습니다."

'아는 것'과 '하는 것'은 '아'와 '하'의 글자 한 자가 다르지만 결과에는 엄청난 차이가 있습니다. '아는 것'은 자신의 지식과 경험으로 실적을 쫓아가며 허덕이지만, '하는 것'은 새로운 일을 찾아 생산성을 높이는 일감을 찾는 것입니다.

4.
아는 것 / 하는 것의 교훈

L 회장의 화두에서 다음과 같은 교훈을 찾아 정리합니다.

직책의 구분	놓치지 말아야 할 화두 2가지
최고 의사 결정권자	1) 무슨 일을 할 것인가? 2) 누구를 시킬 것인가?
부서 책임자	1) 무슨 일을 할 것인가? 2) 어떻게 달성할 것인가?
마케팅 활동 현장 사원	1) 누구를 만날 것인가? 2) 어떻게 설득할 것인가?

마케팅 활동과 판매에 대한 정의가 참 다양합니다. 가고 오는 거래(去來)로부터 시작하여 고객의 요구와 필요를 만족시켜 주는 행위, 과정 등으로 전개되며 어렵게 이어져 갑니다.

마케팅 계획과 전략, 영업 제도와 정책 등을 논하지만 결과는 마케팅 활동의 현장에서 이루어지는 판매로 성과를 이룹니다. 판매를 한 문장으로 요약해서 설명하라면 주저 없이 다음과 같이 말합니다.

"판매는 사람 만나서 대화 나누면 계약이 이루어진다."

마케팅 활동을 수행하는 판매 사원의 시작은 고객을 만나는 데서부터 출발합니다. 사람을 만나는 것이 첫째 일이고, 만난 고객을 잘 설득하여 계약을 받는 것이 결과입니다.

영업 컨설팅 때의 경험입니다. 기업이 컨설팅을 의뢰할 때는 실적이 부진할 때이지요. 영업부의 실적이 부진한 데는 여러 가지 이유가 있으나 필자의 경우 영업 사원이 방문을 안 한다는 성급한 진단으로 컨설팅에 임한 결과 거의 적중하였습니다. 영업 실적이 떨어지면 90%가 방문에 문제가 있습니다. 너무 억지라 할 수도 있겠으나 사실을 추적해 보면 매우 일리가 있음을 경험하였습니다.

- 시장 경기가 좋지 않아 거래처에 가도 별로 할 말이 없다.
- 정치, 경제 이야기하다 보면 영업은 뒷전이 된다.
- 지명도가 낮아 거래처에서 핀잔만 듣는다.
- 제품의 성능이 경쟁사에 비해 뒤떨어진다.
- 가격이 비싸다.
- 판촉이 약해 거래처로부터 외면당한다.
- 영업 정책도 회사 중심적이어서 고객이 회피한다.
- 회사의 분위기가 가라앉아 일할 기분도 아니다.
- 새로 온 부장이 혼자 잘 낫다고 설치는 바람에 기분 상한다.
- 본사 관리부는 앉아서 이것저것 하라고만 야단이다.
- 기회만 있다면 이직할 것이다.

영업 실적이 부진한 회사에서 자주 듣는 이야기들로 크게 벗어나지 않습니다.

결론은 방문하지 않고 있다. 방문하지 않는 핑계를 논리적으로 무장하고 있다. 영업 사원이 거래처를 방문하지 않는데 결과를 기대한다는 것은 어불성설입니다. 판매는 고객을 만나야 하며 설득해야 합니다.

만나는 것도 많이 만나야 하며 대화도 많이 나누어야 계약서도 많이 얻을 수 있는 것이 판매이지요. 영업 사원은 많은 판매를 원하며 많은 주문서를 원합니다. 위의 문장을 응용하면 쉽게 해답을 얻을 수 있습니다.

'**많은** 판매는 **많은** 사람 만나서 **많은** 대화 나누면 **많은** 계약이 이루어진다.'

누구를 만나며 어떻게 설득할 것인가를 준비하고 재치 있게 대화하는 판매 사원은 일감을 찾아서 일하는 우수한 사원입니다.

'**아는 것**'과 '**하는 것**'의 조화가 필요합니다.

11장

브랜드 스토리 마케팅, 스토리로 무장하라

──────── 김태욱 ────────

1.
브랜드 스토리 마케팅, 가장 쉽게 소통하는 법

(1) 스토리텔링은 구체적으로 그림이 그려지게 하는 것

마케팅 커뮤니케이션의 목적은 메시지의 인지와 인식입니다. 즉, 브랜드는 소비자에게 전달하고자 하는 메시지를 쉽게 기억시키고 쉽게 이해시켜야 합니다. 스토리텔링은 이 목적을 위한 가장 좋은 방법으로 소비자의 머릿속에 잊히지 않는 구체적인 그림을 그리는 작업입니다.

필자가 브랜드 스토리 마케팅 강의에서 교육생에게 '전어'하면 무엇이 가장 먼저 생각나는지 물으면 대부분 '며느리'라고 말합니다. 바로 이 며느리 스토리가 지금의 '가을 전어'의 유명세를 만들었다고 볼 수 있죠. 가을 전어를 유명하게 만든 일등 공신은 바로 며느리인 셈이죠. 전어 자체보다 '전어 굽는 냄새에 집 나간 며느리도 돌아온다는 전어'라는 그림이 그려지게 되죠. 전어 스토리에 주인공인 며느리의 집 나간 사건에는 스토리의 3요소인 인물, 배경, 사건이 그대로 들어 있습니다. 인물은 며느리고, 배경은 집과 가을, 사건은 가출과 귀가로 볼 수 있습니다. 또, 브랜드 스토리텔링 구조인 '결핍과 해결' 구조가 있습니다. 바로 '가출과 귀가'이며, 그 해결의 열쇠는 브랜드 메시지가 됩니다. 며느리의 귀가 이유인 '전어 굽는 냄새'가 바로 해결의 열쇠가 되죠. 결국, 이 브랜드 스토리가 말하고 싶은 것은 전어구이의 기가 막힌 맛은 집 나간 며느리도 돌아오게 한다는 메시지입니다.

가을 전어 이야기는 브랜드 스토리로서 완벽한 구조를 갖추고 있습니다. 이렇게 우리는 전어 맛을 기억하기보다는 전어에 얽힌 이야기를 기억합니다. 브랜드 스토리텔링은 브랜드 메시지를 소비자의 머릿속에 구체적으로 그려지게 합니다. 즉, 이야기를 통해 한 장의 그림이나 한 편의 동영상을 만들어 오랫동안 기억하게 하고 메시지를 제대로 이해할 수 있도록 합니다. 우리 제품도 마찬가지입니다.

(2) 브랜드 스토리는 메시지를 구체적으로 전달한다

스토리텔링을 활용해 브랜드 메시지를 잘 표현한 브랜드 중 하나로 '락앤락'을 꼽을 수 있습니다. 브랜드 네임부터 '락앤락(Lock & Lock)', 즉 '잠그고 또 잠그다'입니다. 메시지가 얼마나 '완벽한 밀폐력'을 중요시하는 브랜드인지 잘 말해 주고 있습니다. 브랜드 네임뿐 아닙니다. 과거에 미국 홈쇼핑에서 방영된 내용을 보면 밀폐력을 한층 더 강력하게 표현했음을 알 수가 있죠. 홈쇼핑 내용은 이렇습니다.

쇼핑 호스트는 완벽한 밀폐력을 강조하는 락앤락 속에 지폐 몇 장을 조심스럽게 넣습니다. 그리고 물이 가득 차 있는 커다란 유리병 속에 락앤락을 푹 담가 넣습니다. 얼마 후 진행자는 물에 흠뻑 젖은 락앤락을 빼서 탁탁탁 소리를 내며 뚜껑을 열어 봅니다. 그리고 이내 감탄을 합니다. 그가 꺼내 든 지폐에는 물 한 방울 젖은 흔적이 없었기 때문입니다.

보이지 않는 메시지를 보이는 사건으로 만들어 구체적으로 보여 주면 소비자의 머릿속에 남게 됩니다. 마케팅을 진행할 때, 브랜드 메시지가 개발되었다면 다음엔 깜짝 놀랄 만한 스토리를 만들어야 합니다. '완벽한 밀폐력'을 보이기 위해 앞의 홈쇼핑처럼 이슈를 만든다면 바로 브랜드 스토리가 되어 소비자가 쉽게 이해하고 기억되는 브랜드가 될 겁니다.

(3) 브랜드 스토리는 새로운 의미를 담는다

어느 기업 영업부에서 신입 사원 면접을 했습니다. 그런데 면접관은 지원자들에게 나무 빗을 스님에게 팔라는 과제를 제시하자 대부분의 지원자가 포기했습니다. 면접관은 남은 세 사람에게 과제를 열흘 동안 수행하고 다시 면접하자고 했습니다. 열흘이 지나 면접관과 세 사람이 만났습니다. 지원자 A는 빗 1개를, B는 10개를, C는 1,000개를 각각 팔았다고 했습니다. 면접관은 세 사람에게 어떻게 팔았냐고 물었습니다.

빗 1개를 판 A는 "머리를 긁적거리는 스님에게 팔았습니다."라고 말했고, 10개를 판 B는 "신자들이 머리를 단정하게 다듬기 위해 절에 비치해 놓으라고 설득했습니다."라고 대답했습니다. 1,000개의 머리빗을 판 C는 "높은 산꼭대기에 있는 절의 주지 스님을 찾아가 '힘들게 이런 곳까지 찾아오는 신자들에게 뜻깊은 선물을 하면 어떨까요? 이 나무 빗에다 스님의 필체로 적선소(積善梳 : 선을 쌓는 빗)를 새겨 선물로 주면 더 많은 신자가 찾아올 것입니다.'라고 설득해 처음에 10개의 빗을 팔았습니다. 스님이 이 빗을 신자에게 주었더니 신자는 너무 좋아하며 마을에 내려가 자랑을 했답니다. 그 후로 신자들이 구름처럼 몰려오게 되었죠. 그리고 주지 스님은 990개를 더 주문하시더군요."라고 했습니다.

C는 빗을 머리를 빗는 용도로 팔지 않았습니다. 그는 새로운 의미를 부여했죠. 빗에 '적선소'를 적어 스님에게 새로운 가치를 담도록 한 셈이죠. 또 얼마 전 대학 수학 능력 시험 때 불낙죽으로 응원 캠페인을 펼친 죽 전문점 '본죽' 역시 불낙의 뜻이 불고기와 낙지를 넣은 죽이 아니라, 아니 불(不), 떨어질 낙(落)을 써서 '떨어지지 않는 죽'으로 의미를 담아 성공한 캠페인도 있습니다.

(4) 브랜드 스토리는 소비자 마음을 열어 준다

11월 11일은 '빼빼로 데이'입니다. 그날 많은 사람들이 빼빼로를 한 아름 사다가 예쁘게 포장하여 친구나 연인에게 선물하죠. 이때 빼빼로를 맛있게 먹으라고 주는 것일까요? 아닙니다. 이때 빼빼로는 과자의 기능에 충실하기보다는 빼빼로가 담고 있는 스토리에 충실한 것입니다.

빼빼로 데이는 1994년 부산 지역 여중생들이 숫자 1처럼 날씬해지기를 기원하며 '1'을 닮은 빼빼로 과자를 '1'이 네 번 들어가는 11월 11일에 서로 선물하며 주고받던 것이 시작입니다. 빼빼로 데이의 이런 탄생 스토리로 인해 빼빼로는 과자의 기능에서 '사랑과 우정'의 매개체로 탈바꿈하였습니다.

브랜드 스토리는 소비자들의 마음을 열어 줍니다. 즉, 브랜드 스토리는 소비자에게 저항감 없이 스토리가 지닌 메시지를 수용하도록 하는 정신적 무장 해제를 주며, 제품을 구매할 때 서슴없이 손을 뻗게 하는 행동적 무장 해제까지도 함께 줍니다. 기업들의 무차별적인 마케팅 메시지 속에서 소비자의 마음을 움직이고 행동을 유도하는 메시지는 무엇일까요? 바로 이런 브랜드 스토리입니다. 스토리가 담겨 있는 광고나 홍보물을 만날 때 소비자는 그 스토리에 몰입하게 되고 자신도 모르게 마음의 문을 열어 줍니다.

(5) 브랜드 스토리는 바이럴 효과가 있다

포노 사피엔스(Phono Sapiens)를 아시나요? 스마트폰의 등장으로 시공간의 제약 없이 소통할 수 있고, 정보 전달이 빨라져 정보 격차가 점차 해소되는 등 편리한 생활을 하게 되어 스마트폰 없이 생활하는 것이 힘들어지는 사람이 늘어나면서 나타난 용어입니다. 포노 사피엔스처럼 인간을 표현하는 말에는 '생각하는 사람'을 뜻하는 호모 사피엔스(Homo Sapiens), '놀이하는 사람'을 말하는 호모 루덴스(Homo Ludens)가 있습니다.

또 '이야기하는 사람'을 말하는 호모 나랜스(Homo Narrans)도 있습니다. 호모 나랜스는 인간의 본성에 이야기를 전하고 싶어 하는 본성이 있다고 합니다. 그것도 재미있는 이야기라면 더 말할 것도 없겠죠.

브랜드 스토리는 이러한 인간의 본성을 브랜드와 연관 지어서 극적으로 호모 나랜스 역할을 충실하게 수행하도록 하는 기능을 합니다. 그래서 브랜드에 담긴 스토리는 그 소비자가 스스로 전달하려 합니다. 브랜드 마니아들은, 이 브랜드는 어떤 스토리가 있는지, 자신이 왜 이 브랜드를 선택했는지, 이 브랜드에 자신의 어떤 스토리가 담겨 있는지를 호모 나랜스가 되어 이야기합니다. 아마 코카콜라 마니아라면 코카콜라를 마시면서 옆에 있는 친구에게 이렇게 이야기할 겁니다.

"이보게, 코카콜라 병이 왜 이렇게 생겼는지 알아? 아주 오래전에 코카콜라는 경쟁사를 따돌리려고 병을 차별화하기 위해 고민하던 중, 패키지 디자이너가 자기 여자 친구의 주름치마 입은 모습이 너무나 아름답게 보여 그 모습을 모티프로 코카콜라 병을 디자인한 거라고. 그래서 코카콜라 병의 라인이 이렇게 곡선형으로 되었지."

2.
브랜드 스토리텔링의 종류와 사례

(1) 기업 철학이 담긴 핵심 스토리

홍보 전략의 핵심은 목표 공중(또는 대중)에게 쉽게 알리는 방법을 찾는 것이며, 그중 스토리텔링은 가장 좋은 방법입니다. 또한 기업 철학이 담긴 핵심 스토리는 브랜드 스토리 중에 가장 기본이 되는 스토리라 할 수 있습니다. 이 핵심 스토리는 기업 철학에서 나오는 내부 스토리입니다. 신발 브랜드인 뉴 발란스(New Balance) 브랜드 스토리는 다음과 같습니다.

1906년 영국 이민자 출신 윌리엄 라일리(William J. Riley)는 미국 매사추세츠 주 보스턴에서 발에 장애가 있거나 온종일 서서 일하는 경찰, 소방관, 우체국 배달원들을 위해 가장 편한 신발을 만들고 싶었죠. 발에 무리가 가지 않는 신발을 연구하던 중 마당에서 걸어 다니는 닭이 3개의 발가락만으로도 완벽한 균형을 이루고 있는 것을 발견했습니다.

그래서 그는 발을 디딜 때 편안하면서도 완벽하게 균형을 잡을 수 있는 지지대가 있는 신발 깔창인 아치 서포트(Arch Support)를 개발했습니다. 이것이 뉴 발란스 운동화의 핵심 기술이 되었습니다.

이 스토리는 뉴 발란스 브랜드 미션이 담긴 핵심 스토리로 브랜드 스토리의 중심이 되며, 이를 기반으로 다양한 서브 스토리(Sub Story)들이 개발되어 홍보 마케팅으로 활용되어야 합니다.

이 핵심 스토리를 제대로 발굴하여 스토리텔링하는 작업이 브랜드 스토리 마케팅의 시작입니다.

(2) 광고 스토리의 기본 구조, 결핍과 해결

"옷에 밴 냄새도 방금 빤 것처럼! 페브리즈, 부장님과 함께 타도 냄새 걱정 없이 상
쾌하게! 페브리즈 차량용, 공기 중 냄새를 빤 것처럼! 페브리즈 에어."

방향제 페브리즈 광고 카피 문구입니다. 이 브랜드의 광고 스토리 구조는
정확하게 '결핍과 해결' 구조를 갖고 있습니다. 사무실에서 점심 식사 후 옷
에 밴 냄새에 대한 문제, 직장 상사인 부장님이 차에 탔는데 차 안에서 나는
냄새 문제, 손님이 방문하기로 했는데 집안에서 나는 냄새 문제를 페브리즈
가 해결해 줍니다.

브랜드 스토리텔링 기본 구조에서 갈등을 일으키고 브랜드 메시지로 해
결을 하는 구조와 일치합니다. 즉, 광고의 시작 부분에서 문제를 보여 주고
그 문제를 광고 메시지로 풀면 됩니다. 이 스토리텔링 방법은 광고에서 상당
히 많이 사용됩니다.

(3) 지라르의 욕망의 삼각형 스토리 구조

"가장 추운 날이 내가 가장 빛나는 날이다. 스타일은 안으로부터 네파 프리미아,
가장 추운 날, 전지현이 가장 빛나는 날이 되다."

배우 전지현의 네파 TV 광고입니다. 네파는 배우 전지현의 도회적이며
세련된 이미지를 그대로 반영하고 있습니다. 제품 역시 전지현의 이미지와
어울리는 흰색의 우아함과 검은색의 세련미를 강조하고 있습니다.

여기에 '욕망의 삼각형'이라는 이론이 깔려 있습니다. 문학 평론가이자 사
회 인류학자인 르네 지라르(Rene Girard)의 이론으로, 그는《낭만적 거짓과 소

설적 진실》에서 주인공들의 욕망 체계를 설명했는데, 욕망은 주체가 대상을 직접적으로 욕망하는 진정한 욕망과 주체가 중개자를 통해 대상을 간접적으로 욕망하게 되는 간접 욕망이 있다고 했습니다.

광고에서는 이 욕망의 삼각형 이론의 간접 욕망을 활용하여 스토리텔링 광고를 만듭니다. 여기서 주체는 소비자이며, 대상은 광고 모델, 중개자는 브랜드가 됩니다. 광고를 보는 소비자인 주체는 대상이 되는 광고 모델의 모습을 동경하면서 자연스럽게 중개자인 브랜드를 소유하려 합니다. 대상은 현실과는 멀리 떨어져 있지만, 브랜드는 중개자로서 주체가 손을 뻗치면 닿을 수 있는 거리에 있기 때문이죠. 이 스토리텔링 방법 역시 광고에서 상당히 많이 사용되는 방법으로 광고에서 유명 모델이 나오는 경우 대부분 여기에 속합니다.

(4) 스토리텔링형 홍보 이벤트

대부분의 홍보 이벤트는 참여자에게 스토리를 만들어 주는 역할을 합니다. 소비자가 이벤트에 참여하게 하여 스스로 자신과 브랜드와의 스토리를 만들어 내는 거죠. 즉, 소비자들이 이벤트에 참여하는 것은 브랜드를 경험함으로써 스토리를 만들어 내기 때문에 소비자는 브랜드와 관계 형성을 맺게 됩니다. 소비자는 참여한 브랜드와 관련한 스토리를 갖게 됩니다. 홍보 이벤트의 궁극적인 목적은 바로 이 스토리를 만들어 내는 것입니다.

처음처럼은 소셜 미디어를 활용한 이벤트를 잘합니다. 그 사례가 '처음처럼 마이 라벨 이벤트'입니다. 마이 라벨, 즉 'My Label, 내 상표'를 말합니다. '처음처럼' 라벨 대신 내 라벨을 대신 덧붙이는 롯데 주류의 이벤트입니다. 롯데 주류는 온라인에서 신청을 받아 처음처럼 마이 라벨을 무료로 제작해 주고 있습니다. 처음처럼 이벤트 페이지에 접속하면, '처음처럼'에서 '처음' 대신 자신이 원하는 문구 'OO처럼'을 쓰면 롯데 주류에서 라벨을 제작해 우편으로 보내 줍니다. 세상에 하나밖에 없는 나만의 라벨이 만들어져서 내 손에 온다면 어떨까요? 누구나 이를 기록에 남기고 자랑하고 싶겠죠. 그래서 페이스북과 인스타그램에는 친구 생일 파티에서 친구의 이름을 딴 '희정처럼', 우리 팀 회식 자리에서는 팀명을 적은 '홍보처럼', 우리 동문 모임을 기념하는 '우르르31처럼'이 많이 올라옵니다.

광고계에는 "들려주면 잊어버린다. 보여 주면 기억한다. 경험하면 이해한다."라는 말이 있습니다. 일방적으로 말로만 들려주면 기억하기 어렵고, 또 보여 주기만 하면 기억하지만, 충분히 이해하기 어렵다는 의미죠. 경험이 이해하기 쉽다는 말은, 경험은 자신의 스토리를 만들기 때문입니다. 즉 이벤트를 통한 브랜드 경험은 브랜드 스토리텔링이 됩니다.

(5) 스토리텔링형 공익 캠페인

스타벅스의 '커피 찌꺼기에서 커피 퇴비까지'라는 농영상이 있습니다. 커피 찌꺼기를 활용해 천연 비료로 만들어 농가에 제공하면, 농가에서는 우수한 농산물을 스타벅스에 제공한다는 내용으로 '커피 원두, 커피, 커피 찌꺼기, 커피 퇴비, 우리 농산물 제품'으로 이어지며 부가 가치를 창출하는 공익 활동을 보여 주고 있습니다. 놀랍게도 커피 찌꺼기에는 폴리페놀, 무기질, 질소, 탄소, 칼륨 등이 풍부하므로 커피 찌꺼기를 토양과 1:9의 비율로 섞어 사용하면 양질의 천연 비료로 만들어진다고 합니다. 스타벅스는 농가에서 커피 퇴비로 수확한 농산물로 '라이스 칩', '넛츠 라이스 바', '블랙 빈 라이스 바' 등 다양한 상품을 매장에서 판매하고 있습니다.

공익 캠페인이 스토리텔링되는 사례입니다. 소비자와 브랜드가 함께 참여하는 캠페인으로써 이 자체가 스토리텔링이 되는 과정으로 볼 수 있습니다. 공익 캠페인은 지속성이 생명입니다. 지속적인 공익 캠페인은 이야기를 만드는 과정인 스토리텔링(Storytelling)과 이야기를 실천해 가는 스토리 두잉

(Story doing)이 선순환하며 지속적인 스토리텔링으로 발전해 가는 좋은 마케팅 활동입니다.

(6) 소설처럼 만드는 픽션 스토리텔링

의자왕은 뼈마디가 골골하는 백성을 위해 삼천 연구원을 설립합니다. 마침내 전국 방방곡곡 신망 받는 명의와 과학자를 모아 삼천 연구원에서 백성의 피로를 풀어 주는 생명 과학의 집약체 '안마 의자'를 개발하게 됩니다. 의자왕은 이 안마 의자를 만백성의 건강을 치료하는 친구라는 뜻으로 '몸 친구'라 명명했습니다. 몸 친구는 온 세상에 알려지며 인류의 사랑을 받게 되는데, 세계열강들이 이 몸 친구 기술을 빼앗으려고 쳐들어옵니다. 삼천 연구원은 이 기술을 보호하려고 스스로 강물에 몸을 던지고 맙니다. 다만, 의자왕의 특명을 받은 한 명만이 이 기술을 간직하고 살아남게 됩니다. 그리고 세월이 흘러 2018년, 마침내 백성의 건강을 위한 비기(祕器) '몸 친구'가 환생하게 됩니다.

바디 프랜드(Body Friend) 브랜드 스토리입니다. TV에서 역사를 배경으로 소설처럼 만들어진 바디 프랜드 광고를 보고 깜짝 놀랐습니다. 이 스토리는 허구이긴 하지만 너무 재미있어 기억에 확실히 남더군요.

홍보 기법으로 활용하는 브랜드 스토리텔링은 반드시 사실 자체를 그대로 사용하지 않아도 됩니다. 사실이나 상상력을 바탕으로 스토리텔링을 할 수 있습니다.

또, 브랜드 스토리를 받아들이는 소비자도 그 스토리가 사실인지 아닌지를 깊이 판단하지 않습니다. 전쟁고아와 마음 착한 취사병의 사연이 담긴 프링글스 스토리, 이루지 못한 애달픈 사랑의 연가인 말보로 스토리 역시, 소설처럼 만들어진 픽션 스토리입니다.

(7) 익숙함과 낯섦의 동반 작용, 패러디 스토리

남편 : 올겨울 엄청 춥다는데, 우리 월동 준비는 다 했나?

아내 : 다했지~

남편 : 진짬뽕. 햐~ 진짬뽕은 진짬뽕이다.

아내 : 여보~ 아버님 댁에도 진짬뽕 놔 드려야겠어요.

오뚜기의 진짬뽕 TV 광고 '월동 준비 편'입니다. 진짬뽕 모델 황정민과 아내의 대화입니다. 추운 겨울을 대비하여 진짬뽕을 미리 준비했다는 내용이죠. 그런데 광고 끝에 나온 카피가 어디선가 많이 듣던 익숙한 카피죠. "여보~ 아버님 댁에도 진짬뽕 놔 드려야겠어요."는 바로, 1990년대에 경동 보일러, 지금의 경동 나비엔 TV 광고 메인 카피에 나오는 "여보~ 아버님 댁에 보일러 놓아 드려야겠어요."를 패러디한 것입니다. 당시 경동 보일러는 TV를 통해 광고 '보일러 놓아 드려야겠어요'를 '소편', '연탄 갈기 편', '부부 편' 등을 시리즈로 제작해 방영하면서 감성적인 광고로 많은 인기를 끌었습니다. 20여 년이 지난 2017년 겨울, 진짬뽕의 '여보~ 아버님 댁에도 진짬뽕 놔 드려야겠어요'는 그때의 경동 보일러의 따뜻한 효심을 다시 소환하고 있는 셈이죠.

서양인 배우 햄릿의 "To be or not to be, that is the question.(죽느냐 사느냐 그것이 문제로다.)"에 이어 거울 맞은편에 한국 배우 공유가 햄릿으로 등장해 "To B or not to B.(B tv인가 아닌가?) 그것만 물어보라."고 합니다. 바로 SK 브로드 밴드의 'B tv'를 홍보하기 위해 셰익스피어의 '햄릿'을 모티프로 한 'B tv'의 TV 광고입니다. SK 브로드 밴드는 햄릿의 명대사 "To Be or not to Be, that is the question."에서 'Be'가 B tv의 'B'와 동음임에 착안하여 'To B or not to B'로 쓰고 "B tv인가 아닌가, 그것만 물어보라."라고 광고 카피를 만들었죠. SK 브로드 밴드에서는 부왕의 복수 앞에서 고뇌하는 햄릿의 'Be'를 소비자가 IP TV 서비스 'B'의 사용 여부를 고뇌하게 만든 셈이죠.

'어디서 많이 본 듯한데, 그런데 좀 다른데'라는 생각에 소비자는 벌써 그 광고에 흠뻑 빠져듭니다. '익숙한 인물과 배경'에 '낯선 메시지'를 결합하여, 그 익숙함과 낯섦에 소비자의 눈길을 빼앗곤 하죠. 익숙하면서 또 다른 것에 대한 매혹으로 빠져들게 하는 힘, 이것이 강렬한 패러디의 유혹입니다.

(8) 캐릭터를 활용한 소셜 스토리텔링

나레이터 : 걱정 많은 아이에게 할머니가 말했어요.

할머니 : 이 인형들이 걱정을 대신해 줄 거야.

걱정 인형 : 걱정은 우리가 할게요. 당신은 행복하기만 하세요. 가족을 지킨다. 우리는 메리츠 걱정 인형

메리츠 화재 걱정 인형 캠페인 론칭 광고입니다. 메리츠 화재는 "걱정은 우리가 대신할게요, 여러분은 행복하기만 하세요."라는 메시지를 걱정 인형을 통해 이야기하고 있습니다. 메리츠 화재는 이 캠페인을 TV 광고부터 온라인 미디어뿐만 아니라 매장에서도 활용해 실제로 걱정 인형 캠페인 론칭전 메리츠 화재의 인지도는 급상승했다고 합니다.

필자는 걱정 인형 캠페인의 성공 요인을 세 가지로 봅니다. 첫째는 스토리의 원천이 탄탄합니다. 걱정 인형의 스토리 원천은 과테말라 인디언의 '워리 피플(Worry People)'입니다. 과테말라 인디언 할머니가 잠 못 이루는 아이에게 "걱정 인형에게 걱정을 말하고 베개 밑에 둔 채 잠을 자면 걱정이 없어질 거야."하고 아이에게 실로 만든 인형을 주었다고 합니다. 론칭 광고에서는 그 스토리를 그대로 재현해 보여 주고 있습니다.

두 번째는 보험업의 특성과 걱정 인형의 콘셉트가 정확하게 일치합니다. 왜 보험에 가입합니까? 바로 미래에 대한 위험을 걱정하고, 그 고민을 조금이라도 덜어 내려고 보험에 가입하는 것이지요.

세 번째는 상품 기획입니다. 걱정 인형의 이름은 메리츠의 영문 'Meritz'에서 따왔습니다. 메리(Merry)는 가족의 건강과 행복에 대한 걱정, 에코(Eco)는 회사, 사업, 기업에 대한 걱정, 라라(Rara)는 어르신들 노후 걱정, 인디(Indi)는 아이들에 대한 걱정, 타타(Tata)는 자동차에 대한 걱정, 루돌프 2세 찌지리(Ziziry)는 잡스러운 걱정이라는 의미를 부여합니다. 이렇게 6개의 인형들이 해결해 주는 걱정의 유형에 따라 보험 상품군을 나누고 이야기를 풀어 나가고 있습니다.

캐릭터는 스토리의 3요소인 '인물, 배경, 사건'에서 인물입니다. 스토리의 앞부분의 '인물과 배경'이 잘 세팅되어야 '사건'이 힘을 받아 스토리가 잘 풀리게 됩니다. 이것이 기승전결(起承轉結)의 기(起)의 '인물의 탄생'이 스토리 시작에서 매우 중요한 이유이지요. 브랜드 스토리텔링이 걱정된다면 메리츠 화재처럼 캐릭터를 만들면 좋습니다. 캐릭터는 이야기를 만드는 주인공입니다.

3.
브랜드 스토리텔링의 7가지 기법

(1) 브랜드 네임에 스토리를 담아라

잘 만든 브랜드 네임은 브랜드 자체만으로 스토리를 끄집어내야 합니다. 브랜드 네임이 왜 이런지, 제품은 어떤 특징이 있는지를 브랜드 네임으로 이야기하고 설명해야 합니다. 고객이 브랜드 네임에 담긴 이야기를 듣고 무릎을 '탁' 쳐야 잘 만든 브랜드 네임이지요.

생활용품 락앤락은 'LOCK & LOCK'으로 잠그고 또 잠그다, 완벽한 밀폐력을 말해 주는 이중 잠금을 말합니다. '죠스 떡볶이'의 '죠스'는 영어로 'Jaws'입니다. 죠스 떡볶이는 한국인 성인 여성이 벌릴 수 있는 입의 가로 길이가 4.5cm라는 점에 착안해 3.5cm 떡볶이 제품을 내놓았답니다. 즉, 한입에 먹기 좋은 떡볶이 크기로 만든 것이라 합니다. 또, 아식스(ASICS)의 A, S, I, C, S에는 아식스의 창업 정신이 담긴 탄생 스토리가 있습니다. 아식스의 뜻은 'Anima Sana In Corpore Sano(건강한 정신은 건강한 육체에서)'입니다.

(2) 제품 탄생을 스토리텔링하라

기업이나 제품의 탄생 스토리는 브랜드 스토리 중 가장 중요한 핵심 스토리입니다. 대부분 탄생 스토리는 브랜드 미션에 해당합니다. '당신의 브랜드는 왜 만들어졌나요?'의 대답이죠. 그래서 탄생 스토리 구조는 대부분 '결핍과 해결' 구조로 이루어졌습니다. 즉, 어떤 부족한 상황이 생기고 이 문제를 해결하기 위해 우리 제품이 만들어지게 된 거죠.

중소기업 레드로즈빈의 팥으로 만든 초콜릿 '팥콜릿'의 탄생 스토리에는 그 내용이 잘 담겼습니다. 레드로즈빈 한은경 대표는 대학생 때 당뇨로 아픈 어머니를 위해 이 상품을 개발했답니다. 팥콜릿은 일종의 '효심이 낳은 브랜드'가 되었죠. 또 최초의 고무 타이어 던롭도 미션이 담긴 탄생 스토리입니다. 존 던롭(John Dunlop)은 자전거를 타다가 다치는 아이의 상처를 본 아빠의 마음에서 현재의 고무 타이어의 탄생을 이끌었습니다. 당시 타이어는 쇠로 만들었거나 나무 바퀴에 쇠를 씌운 것으로 작은 돌멩이에만 걸려도 마구 흔들려 넘어지곤 했답니다.

(3) 핵심 메시지를 그림처럼 그려지게 하라

마케팅 커뮤니케이션의 핵심은 메시지 전달입니다. 그래서 소비자가 TV

광고, 홍보 동영상 등을 보고 그들의 머릿속에 메시지가 남아 있어야 합니다. 잘 만든 광고와 동영상은 소비자가 재밌게 보고 메시지가 오랫동안 기억되는 것입니다.

LG전자는 진동이 없는 세탁기의 무진동, 무소음 메시지를 알리기 위해 '카드 쌓기' 기네스북 보유자를 등장시켜 작동하는 세탁기 위에서 '카드 높이 쌓기' 세계 기록을 경신했습니다. 스토리를 통해 세탁기의 '무진동' 메시지를 고객의 머릿속에 그림처럼 그려 낸 셈이죠. 또, 삼성전자 청소기 '파워봇' 광고는 청소기의 흡입력을 보여 주기 위해 청소기로 달걀노른자, 피망, 밀가루, 아이가 가지고 놀던 장난감 기차, 피아노 건반, 커다란 소, 자유의 여신상의 횃불과 왕관, 심지어 레오나르도 다빈치가 그린 모나리자의 눈썹마저도 빨아들이는 장면을 보여 줍니다. 모두 메시지를 구체적인 그림으로 보여 주고 있습니다.

(4) 유명한 인물과 연결시켜라

스토리 3요소는 '인물, 배경, 사건'입니다. 이 3요소 중 인물과 배경은 스토리텔링에 자주 활용됩니다. 인물은 연예인, 예술인, 역사에 등장하는 위인, 신화 속에 나오는 신(神), 전래 동화 속 주인공, 마케팅 목적의 캐릭터 등을 포함합니다. 광고를 만들 때 유명인을 광고 모델로 기용하는 것도 바로 브랜드와 모델을 연결해 브랜드 이미지에 유명인의 이미지를 연결하는 겁니다.

유명인과 연결된 브랜드 스토리는 '김연아 귀걸이'로 잘 알려진 제이에스티나, 헤밍웨이, 피카소, 고흐가 사용했다는 '몰스킨 다이어리', 승리의 여신 니케의 '나이키', 메리츠 화재의 '걱정 인형', OK저축은행의 '읏맨' 등이 있습니다. 또 광고는 대표적으로 아웃도어 브랜드 광고에 잘 나타나 있습니다. 배우 전지현과 네파, 가수 이승기와 블랙야크, 루이비통의 뮤즈 배우 배두나와 코오롱 스포츠, 박보검·아이린과 아이더, '밥 잘 사 주는 예쁜 누나'로 스타가 된 배우 정해인과 K2 등 시대의 톱스타들이 브랜드와 함께 스토리를 만들고 있습니다.

(5) 지역 스토리를 활용하라

지역은 스토리 3요소의 하나인 배경입니다. 브랜드 스토리에서 지역을 활용하면 그 지역의 이미지나 특색을 그대로 가져올 수 있기 때문에 브랜드에서 자주 사용합니다.

대표적인 지역 스토리를 활용한 브랜드를 보면, 먼저 '이니스프리'가 있습니다. 자연주의 화장품 브랜드 이니스프리는 아일랜드의 시인 윌리엄 버틀러 예이츠(William Butler Yeats)의 'The lake Isle of Innisfree'라는 시(詩)에 나오는 섬 이름을 딴 브랜드입니다. 이니스프리는 아일랜드 슬라이고 근처에 있는 나무가 우거진 작은 섬으로, 호수 풍경이 그림처럼 아름답다고 합니다. 브랜드 '이니스프리'는 전체적으로 자연주의를 콘셉트로 '자유, 자연스러움, 편안함'을 내세우고 있습니다. 그래서 아일랜드 시인 예이츠 고향의 섬 '이니스프리'를 브랜드로 삼아 호수의 촉촉함과 예이츠의 자유주의와 낭만주의를 브랜드 스토리에 담았다고 볼 수 있습니다. 또, '로만손'은 스위스의 시계 도시 '로만소른', '에비앙'은 알프스 '에비앙' 마을에서 따왔죠. 파리바게뜨, 제주 삼다수, 춘천 닭갈비, 수원 왕갈비통닭도 모두 지역의 스토리를 활용한 브랜드입니다.

(6) 숫자에 스토리를 담아라

브랜드 네임에 숫자가 있으면 반드시 숫자에 중요한 무엇인가가 담겨 있습니다. 배스킨라빈스 31에서 '31'은 '한 달 동안 다양한 아이스크림'을 상징하며, 여명 808의 '808'은 '807번의 실패, 1번의 성공'을 의미합니다. 숫자를 활용한 스토리텔링은 강한 전달력이 있습니다. 숫자나 기호는 다른 문자와 함께 있을 때 눈에 띄기 쉽고, 기억하기 쉽기 때문이죠. 또, 숫자에 특별한 의미를 부여하고, 에피소드나 탄생 스토리를 담을 수 있습니다. 또, 소비자는 숫자를 보면 '이 숫자의 뜻이 뭘까'하고 궁금해 합니다. 결국, 숫자에 의미를 부여하면 평범한 숫자가 특별한 숫자로 변신하게 됩니다.

몇 가지 예를 들어 보겠습니다. 롯데 칠성의 '2% 부족할 때'는 우리 몸속에 수분이 2% 부족할 때 마시는 음료라는 의미며, 애경의 '2080'은 20개의 치아를 80대까지 보존하자는 의미죠. 편의점 '세븐 일레븐(7-Eleven)'은 아침 7시부터 밤 11시까지 긴 영업시간이라는 원칙을 담았고, 매일 유업이 설립한 '제로 투 세븐(0 to 7)'은 0세부터 7세까지 육아 전문 기업을 뜻합니다. 유독 우리나라 골퍼들이 좋아하는 와인 '1865'는 한국의 와인 판매사가 '18홀을 65타에 치자'라는 행운의 스토리를 담았기 때문에 좋아한다고 합니다.

(7) 명작의 감동을 패러디하라

패러디는 일단 재밌습니다. 어디서 본 듯하거나 들어본 듯한 것을 가져와서 새로운 메시지를 담는 방법입니다. 이미 잘 알려진 선 텍스트(先 text)가 되는 익숙한 인물과 배경을 가져와 전략적으로 메시지를 슬쩍 탑재하는 겁니다. 패러디 스토리텔링은 스토리의 3요소인 인물, 배경, 사건에서 인물과 배경의 텍스트를 미리 안착한 셈이죠. 그리고 그런 익숙함과 낯섦이 재밌고 신기해서 소비자들이 좋아합니다.

커피 브랜드 스타벅스(Starbucks)는 소설 '모비딕'에 등장하는 고래잡이 어선 피쿼드호의 일등 항해사 이름인 '스타벅(Starbuck)'을 빌려 왔고, 패스트 패션 브랜드 자라(ZARA)는 '그리스인 조르바(Zorba the Greek)'에서 따왔고, 롯데는 괴테의 '젊은 베르테르의 슬픔'의 주인공 '샤롯데(Charlotte)'에서 유래되었습니다. 또, 박경리의 '토지'에 등장하는 국밥집 이름에서 따온 '모던 주막 월선네'와 전래 동화 '흥부전'에서 가져온 브랜드 '놀부'도 있습니다.

12장

스마트 농촌을 위한
스마트 마케팅

정진혁

1.
도입 : 대한민국 농촌의 현재와 미래

한국의 농어촌 고령화가 심각해지고 있습니다. 2016년 〈한국고용정보원〉 보고서에 따르면 향후 30년 226개 시·군·구 중 37%(85개)가 소멸 위기에 있다고 합니다. 또한 OECD 최하위 수준의 출산율로 인해서 '인구 절벽' 쇼크가 현실화되고 있습니다. 〈한국농촌경제연구원〉 보고서에 의하면 농촌 지역은 2015년 21.4%로 초고령 사회로 진입하였고, 경상북도와 전라남도의 경우 50%가 초과하는 곳도 과반수입니다. 미래의 농촌 지역 고령화는 더욱 심각해질 것으로 예상되며, 2040년경 주민 중 절반이 65세 이상이 될 것이라고 합니다.

필자는 어린 시절 농촌에서 태어서 중학교를 졸업할 때까지 농촌에서 자랐습니다. 제 고향은 영화 '집으로'의 촬영 장소로 유명했던 '충청북도 영동군 상촌면' 지역입니다. 1975년에 마을에 전기가 처음으로 들어오고, 1983년에 처음으로 버스가 다니기 시작하였습니다. 도로는 비포장 도로였고, 소나 경운기로 농사를 짓는 두메산골이었습니다. 제 부모님은 아직 농촌 지역에 살고 계십니다. 아버지와 어머니는 70세까지 각각 마을에서 청년 회장과 청년 부녀회장을 맡았습니다. 70세가 청년 회장을 맡고 있을 정도로 고령화가 심각하다는 이야기입니다. 하지만 현재 농촌은 어떤 환경일까요? 한국의 농촌은 이미 삶의 질이 크게 향상되어 있습니다. 마을 곳곳 도로와 농로(농사를 위한 길)가 포장이 잘되어 있어서 편리하게 농사를 지을 수 있습니다. 트랙터, 포크레인, 경운기 등은 널리 보급되어 쉽게 기계로 농사를 지을 수 있습니다. 각 지역마다 농업 기술 센터에서 농업 기술과 농업 기반 시설을 지원하고 농업인들의 역량 강화도 돕고 있습니다.

정부 부처에서도 지역의 시·군·구의 활성화를 위하여 매년 많은 예산을 개발에 투자하고 있습니다. 농림축산식품부의 '일반 농산어촌 개발' 사업, 국토교통부 '도시 재생 뉴딜 사업' 등이 대표적인 사업입니다. 이러한 정부의 노력으로 농촌 지역의 삶의 질은 크게 향상된 것을 제 부모님을 보고 체감할 수 있습니다.

농림축산식품부에서 추진하고 있는 농촌 중심지 활성화 사업은 농촌 어디서나 불편함이 없는 3·6·5 생활권 구축을 목표로 하고 있습니다. 즉, 30분 이내에 소매·보건·보육 등의 기초 생활 서비스를 구축하고, 60분 이내에 문화·교육·의료·창업 등 복합 서비스를 구축하며, 5분 이내에 응급 벨·무선 방송 등 긴급 연락 체계를 이용할 수 있는 생활권을 말합니다. 균형 발전 위원회에서 발표한 내용에 따르면 '지역이 강한 나라, 균형 잡힌 대한민국'입니다. 향후 지역 인구 비중을 50% 이상, 지역 일자리 비중도 50% 이상, 농어촌 인구 순유입 10% 이상을 유지하여 지역 주도 자립적 성장 기반을 마련하려고 합니다. [그림 12-1] 참조.

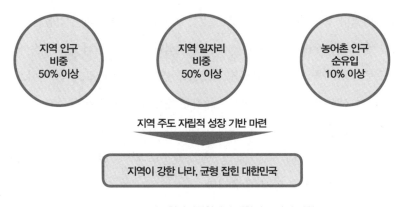

지역 주도 자립적 성장 기반 마련

지역이 강한 나라, 균형 잡힌 대한민국

[그림 12-1] 국가균형발전위원회의 대한민국 발전 방향

2.
이제, 농촌도 스마트 마케팅이 필요하다

1990년대 PC의 등장, 2000년대 웹의 보급과 함께 온라인 시대가 개막된 이래 디지털 산업은 성장한 반면 순수 오프라인 산업은 위기를 겪어 왔습니다. 신문이 포털로, 도서관이 검색으로, 백과사전이 위키피디아로, 방송이 인터넷 동영상 서비스로, 워크맨이 MP3로 대체되면서 온라인은 오프라인의 대체재로 진화되었습니다. 하지만 스마트폰의 성장은 온라인이 오프라인의 대체재를 넘어 보완재가 되면서 온라인 기업이 오프라인 사업에 진출하고, 오프라인 기업은 스마트폰을 이용한 디지털화를 통해 혁신이 가능해짐으로써 온라인 사업으로의 진출을 오히려 활발하게 하였습니다.

4차 산업 혁명으로 대표되는 디지털 혁명은 한 차원 더 다른 세상으로 모든 것을 바꾸고 있습니다. 모바일과 디지털 기술은 인간과 사물을 연결하고, 사물과 사물을 연결하고, 비즈니스와 비즈니스를 연결하는 사회적 근간이 되고 있습니다. O2O(Offline to Online)는 오프라인과 온라인을 단순하게 연결하여 온라인의 장점을 가져와서 오프라인에서 극대화시킬 수 있는 하나의 혁명입니다. 이러한 세상의 모든 것들이 인터넷과 연결되어 있음을 의미하는 말이 바로 사물 인터넷(Internet of things)입니다. 사물 인터넷은 기존 제품이 고부가 가치를 가질 수 있도록 새로운 콘셉트를 부여하고, 기존 서비스를 확장하며 시장 잠식에 대처하는 혁신적인 수단입니다. 또한 제품의 독창적 서비스화를 통해 새로운 시장 개척의 수단이 되기도 하고 고객과의 관계를 ICT(정보 통신 기술, Information and Communication Technology)를 활용하여 새롭게 창출하거나 강화할 수 있게 해 줍니다.

2010년부터 시작된 소셜 미디어 마케팅은 대한민국 마케팅을 혁신적으로 바꾸어 놓았습니다. 오프라인 마케팅과 온라인 마케팅이 별도로 진행되었던 시대에서 온라인과 오프라인이 서로 융합돼 진행되기 시작한 시점입니다. 스마트폰의 대중화가 시작되면서 사람들의 습관에 큰 변화를 가져왔습니다. 언제 어디서든 인터넷에 접속할 수 있을 뿐만 아니라 소셜 미디어나 SNS를 즐길 수 있는 환경 변화의 요인입니다. 이 시기를 기점으로 온&오프 통합 마케팅이 주류를 이루게 되었으며 페이스북, 블로그, 카페, 카카오스토리, 유튜브 등 온라인 미디어와 오프라인 캠페인을 동시에 연동시켜 활용하게 되었습니다. 특히, 소비재 브랜드나 서비스 업체들은 앞다투어 소셜 미디어 기반의 통합 마케팅을 실행해 왔으며, 공공 기관들도 많은 비용을 소셜 미디어 마케팅에 투입하였습니다. 그 결과 빅 데이터의 시대가 본격적으로 시작되었고, 최근에 인공 지능이 도입되어 더 효과적인 마케팅 방법을 찾게 되었습니다.

농촌 마을의 경쟁력을 확보하기 위한 가장 확실한 방법은 소비자들이 신뢰할 수 있는 온라인과 오프라인의 인프라 구축과 차별화된 창의적인 마케팅을 통해서 좋은 브랜드 평판을 얻는 것입니다. 스마트폰 대중화로 인해 소비자들이 기업의 브랜드를 인지하고 제품을 구매하는 방법에 많은 변화가 생겨났습니다. 따라서 기존의 마케팅 방법을 탈피하여 모바일 공간에서 디지털 마케팅 경쟁력을 갖추고 오프라인과의 연계를 통해 고객과의 커뮤니케이션을 강화하는 것이 매우 중요한 시대가 되었습니다. 즉, O2O(Offline to Online)를 양방향으로 커뮤니케이션에 활용해야만 하며, 이는 농촌 지역의 활성화를 위해 반드시 필요합니다. 이번 주제에서는 농촌 지역을 활성화시킬 수 있는 농촌 마케팅 실행 전략에 대해서 알아보도록 하겠습니다.

(1) 스토리텔링 콘텐츠로 승부하라

농촌 지역 경제를 활성화시키기 위한 노력으로 농·식품 산업의 6차 산업화가 뜨거운 이슈로 부각되고 있습니다. 6차 산업이란 기존 농업과 지역에 새로운 부가 가치를 창출할 수 있는 고부가 가치 산업을 통칭하는 말입니다. 농촌에 존재하는 모든 유무형의 자원을 근간으로 식품 또는 특산물을 제조 및 가공하여 이러한 자원을 유통, 판매, 문화 체험, 관광 서비스 등과 복합적으로 연계하고 제공함으로써 새로운 부가 가치를 창출하는 활동을 말합니다. 즉, 6차 산업화란 지역 경제의 활성화를 내포하고 있습니다. 지역의 6차 산업 활성화를 위해서는 도·농 간 직거래가 중요합니다. 모바일로 편리하게 거래를 할 수 있는 신개념 모바일 유통 방법론이 구현되어야 하는 이유입니다. 종이 전단지에도 새로운 가치를 부여하여 고객과의 관계 고리로 활용하는 것이 필요해진 시대에, 단순 전단지가 아니라 모바일로 응용할 수 있는 QR 코드를 적용하여 단골 고객을 쉽게 확보하고, 홈페이지와 연계하여 SNS를 통해 널리 확산될 수 있어야 합니다. 한 번 방문한 고객들에게 관계성을 부여하여 재방문할 수 있는 동기를 부여하는 것은 더 이상 어려운 일이 아닙니다. 일반 기업에서 고객 관리하는 방법을 농촌 지역에 활용하면 됩니다. 디지털로 콘텐츠를 제공하고, 스토리텔러(Storyteller) 양성을 통해 아날로그 감성을 전달하기만 하면 되는데 몰라서 못하고 있습니다. 각 지역별 은퇴한 시니어들이 클라우드 기반의 스토리텔링 콘텐츠를 활용하는 차별화된 감성 이야기꾼으로 재탄생될 수 있는 것이 디지털 혁명이 바꿔 놓은 세상입니다.

지역마다 문화 콘텐츠 개발에 많은 노력을 기울이고 있지만, 로컬의 한계를 쉽게 벗어나지 못하고 있습니다. 이는 SNS, 인공 지능, 빅 데이터, 클라우드, 사물 인터넷, 웨어러블로 대표되는 환경의 변화를 수용하고 적극적으로 반영하고 있지 않기 때문입니다. 농촌을 찾는 관광객의 수가 급격히 증가한 이유를 살펴보면, 스토리가 그 중심에 있습니다. 매체를 통해 농촌을 알게 되고, 이를 통해 농촌을 느끼고 싶은 분들은 직접 방문하게 됩니다. 방문객들의 관점에서 로컬 스토리를 구축해야 함에도 불구하고, 이를 개선하려는 노력은 적습니다. 관광 산업은 디지털 융·복합을 통해 SNS 기반의 스토리텔링 시대로 접어들었고, 가히 미래 디지털 혁명의 시대를 맞이하고 있습니다.

1인 미디어의 전성시대 도래와 함께 유튜브 마케팅이 대세가 된 현재, 비디오와 커머스를 연계한 비디오 커머스의 시대로 급격히 넘어가고 있습니다. 기존에 다양한 매체를 통해 하던 광고와 홍보 시장이 유튜브를 통한 광고와 홍보 시장으로 급격하게 변화되었습니다. 1인 미디어 유튜브 크리에이터들이 창작해 낸 콘텐츠들로 검색 시장까지도 바뀌게 되었습니다. 세계 1위의 검색 엔진이 구글인데, 유튜브에서 검색하는 사람들도 급격히 증가하고 있습니다. 구글과 유튜브의 국내 검색 점유율 증가로 인해, 한국 고유의 검색 엔진인 다음이나 네이버의 위기까지 초래하고 있습니다. 아직까지 네이버가 한국에선 1위를 유지하고 있지만 향후에는 어떻게 될지 알 수 없는 시대가 되었습니다. 따라서, 농촌 마케팅을 위해서는 소셜 미디어의 핵심을 활용할 수 있어야 합니다. 소셜 미디어의 핵심은 결국 고객이 끌리는 콘텐츠입니다. 한국의 농촌에는 볼거리, 즐길 거리, 먹거리가 많습니다. 지역마다 명소가 있고, 체험 관광을 할 곳들이 많으며, 지역의 차별화된 전통 음식들이 많습니다. 또한 지역마다 전통문화들이 잘 보존되어 있어, 이런 콘텐츠를 잘 발굴하고 스토리텔링하여 소셜 미디어를 적극 활용해야 합니다. 요즘, 대세로 떠오르고 있는 유튜브 채널을 구축하여 농촌의 일상을 유튜브로 전하거나, 농촌 마을의 요소요소를 촬영하여 재미있고 유익한 동영상을 제작해 유튜브나 블로그에 활용해야 합니다.

세상은 급변하고 있습니다. 소셜 미디어는 거대한 제3의 국가로 거듭나고 있습니다. 글로컬 서비스 페이스북, 유튜브 등을 통해 전 세계 사람들은 소통하고, 자신들이 믿는 정보를 매일 얻고 있습니다. 빅 데이터와 인공 지능의 시대에서 신뢰할 수 있는 정보를 선택하는 기준은 자신이 믿고 있는 지인인 경우가 많습니다. SNS와 모바일로 대표되는 현 시대에는 글로벌을 타깃으로 하여 관계를 형성하는 것이 마케팅의 핵심이 아닐 수 없습니다. 그 관계를 형성하는 것, 디지털 매체를 통해 맞춤형 로컬 전략이 가능해집니다. 이제 시대적 흐름을 반영하여 농촌 지역의 관광 융·복합 산업을 새롭게 재해석해야 하는 시점입니다. 글로벌을 타깃으로 한 로컬 전략은 바로 글로컬 사고로, 글로벌 관점의 가치 있는 로컬 스토리텔링만이 농촌 지역 경제 활성화를 위한 핵심 동력임을 기억해야 할 것입니다.

(2) 핵심 키워드를 선점하라

스마트폰으로 일상의 모든 일을 하는 시대에, 고객들은 제품을 구매할 때 키워드를 검색하는 것으로 먼저 시작합니다. 네이버, 구글, 유튜브 등에서 브랜드명을 검색하여 홈페이지가 있는지, 브랜드 광고는 얼마나 자주 실행되고 있는지, 신뢰할 수 있는 보도 자료가 있는지, 신뢰성 있는 브랜드 어워즈를 수상하였는지, 소비자들의 리뷰나 반응은 어떠한지, SNS에서 인기를 끌고 있는지, 브랜드의 모델이 누구인지, 온라인 쇼핑몰에서 많은 거래가 이루어지고 있는지, 최저가는 얼마에 판매가 되고 있는지, 오프라인 매장이 있는지 여부 등을 확인해 봅니다.

자기가 원하는 체험이나 관광 명소를 찾기 위해 제일 먼저 하는 행동이 키워드 검색입니다. 네이버는 뉴스, 블로그, 카페, 포스트, 지식인, 지도, 백과 사전 등의 모든 지식을 검색할 수 있게 되어 있습니다. 최근에는 스마트 플레이스를 등록하여 회사의 정보를 요약하여 볼 수 있도록 하는 서비스로 확장하였고, 스마트 스토어를 활용하여 누구나 쇼핑몰을 무료로 제작할 수 있게 되었습니다. 스마트 스토어 쇼핑몰은 네이버 쇼핑 검색에 최적화되어 기존의 다른 쇼핑몰 솔루션에 비해 큰 강점을 가지고 있습니다. 또한 네이버는 모두(Modoo)라는 무료 홈페이지 솔루션도 오픈하여 네이버 검색에 잡히도록 서비스를 이미 시작하였습니다. 덕분에 네이버 키워드 검색을 통해 회사의 홈페이지, 지도, 쇼핑몰, 소셜 미디어, 블로그 리뷰 글, 보도 자료 등을 일목요연하게 확인할 수 있습니다.

농촌 지역을 방문하는 고객들은 네이버에서 검색부터 시작합니다. 네이버에서 검색된 블로그를 통해 맛집을 찾아다니고, 네이버 지도에 등록된 스마트 플레이스를 참조하여 정보를 얻고 내비게이션 주소로 활용합니다. 따라서, 농촌 지역의 검색을 대표할 수 있는 핵심 키워드를 선정하는 일은 농촌 마케팅에서 가장 중요합니다. 필자가 진행했던 서산시의 사례를 살펴보겠습니

[사진 12-2] 다양한 키워드로 검색되는 서산시 농촌 마을 검색 마케팅 사례

다. 서산의 서산 농촌 체험, 팔봉산 감자 축제, 팔봉산 체험, 꽃송아리 마을 등의 키워드로 검색이 되어, 네이버 포털의 지도에 표시가 됩니다. 또한, 스마트 플레이스로 등록이 되어 깔끔하게 소개가 되는 구조입니다. [사진 12-2] 참조.

검색에 노출될 수 있는 핵심 키워드를 선정하는 것은 매우 중요합니다. 고객들의 입장에서 키워드를 고민하고, 그 키워드를 가지고 블로그, 웹 페이지, 스마트 플레이스, 스마트 스토어, 보도 자료에 활용해야 합니다.

유튜브 또한 마찬가지입니다. 전 세계적인 유튜브 열풍으로 인해 농촌 정보, 관광지 정보를 얻기 위해서 유튜브에서 검색도 증가하고 있습니다. 유튜브도 역시 해시태그 키워드 선정을 통해서 여러 가지 핵심 키워드로 검색이 되는 구조입니다. [사진 12-3] 참조.

[사진 12-3] 다양한 키워드로 검색되는 서산 한다리 마을 검색 마케팅 사례

(3) 모바일 최적화 홈페이지로 승부하라

스마트폰이 대중화된 지금의 시대에 반응형 웹을 구축하여 고객들에게 좋은 첫인상을 주는 것은 매우 중요합니다. 예전에는 주소 창에 도메인 주소를 타이핑해서 검색된 내용을 기반으로 홈페이지에 접속을 합니다. 정부의 지원으로 농촌 체험 마을로 지정된 곳들은 홈페이지 구축을 지원받아서 운영되는 곳이 많습니다. 그런데, 대부분 PC에만 최적화되어 있어서 스마트폰으로 홈페이지를 읽기가 어렵습니다. 일단 스마트폰에 최적화되지 않은 홈페이지는 한 번 방문 후에는 두 번 다시 들어가지 않습니다. 즉, 홈페이지가 그 브랜드의 첫인상을 좌우합니다. 요즘은 홈페이지 대신에 블로그를 개설하여 홈페이지처럼 운영하는 곳들도 많이 있습니다. 하지만 블로그로 운영하는 경우, 보여 주고자 하는 정보를 일목요연하게 보여 주기 어려운 단점이 있습니다. 반대로 작성한 글들이 검색에서 쉽게 노출되는 장점도 있으나, 이왕이면 모바일에 최적화된 홈페이지를 동시에 활용하는 전략이 훨씬 더 유리합니다.

최근에는 홈페이지를 쉽게 만들 수 있는 서비스가 넘쳐 납니다. 소위, 빌더(Builder)라고 불리는 홈페이지 솔루션들이 많습니다. 국내의 대표 기업으로는 네이버의 모두(Modoo)를 들 수 있습니다. 전문적인 웹 프로그래밍을 배우지 않아도 블로그를 만들 수 있는 수준이며 누구나 쉽게 제작이 가능합니다.

홈페이지 빌더 해외 서비스에는 여러 가지가 있습니다. 최근, 한국에서 많이 쓰는 빌더로는 마이크로소프트 사에서 만든 윅스(WIXX)가 있습니다. 윅스의 경우, 홈페이지를 구축했을 때 매우 깔끔하고, 전문가다운 느낌을 보여 줍니다. 단점은 무료로 사용하는 경우 용량의 제한이 있고, 윅스의 로고가 노출되어야 하는 단점이 있습니다. 윅스와 유사한 해외 빌더로서 구글의 위블리(Weebly)가 있습니다. 위블리의 경우도 굉장히 단순한 구조로서, 블록을 맞추듯이 누구나 쉽게 홈페이지를 제작할 수 있습니다. [사진 12-4] 참조.

[사진 12-4] 빌더를 활용하여 콘텐츠 중심으로 만든 모바일 웹 페이지 사례

요즘은 콘텐츠 마케팅이 대세입니다. 유튜브를 활용한 비디오 마케팅을 대부분 이용하고 있습니다. 해외 홈페이지 빌더들은 유튜브 영상을 간단히 주소만 입력함으로써 홈페이지에 삽입시킬 수 있습니다. 예전 홈페이지에는 사진과 글이 대세였다면, 요즘은 동영상 중심이 되고 있습니다.

이제, 농촌도 비디오 콘텐츠를 제작하여, 유튜브에 업로드하고, 이를 모바일에 최적화된 홈페이지에 연동시켜서, 꼭 필요한 정보만을 직관적으로 보여 줄 수 있어야 합니다. 무한 경쟁의 시대에 적응하지 못하는 농촌 마을들은 고령화로 인해 곧 사라질 수도 있습니다.

(4) 충성 고객 확보와 고객 관리에 힘써라

체험 관광이 활성화된 농촌 지역은 충성 고객을 만들기 위해 많은 노력을 들이고 있습니다. 핵심 구매 고객들을 특별 초청하여 팸 투어 여행, 특산품 등을 제공하여 고마움을 표현하기도 합니다. 핵심 고객에서 더 나아가 직접 입소문까지 내줄 수 있는 있는 충성 고객들을 많이 만드는 것은, 기업이 고객으로부터 신뢰성을 확보하는 데 있어 매우 중요합니다. 충성도를 높이기 위한 전략으로 활성화된 농촌 지역은 주부 서포터즈, 대학생 서포터즈 등의 운영을 꾸준히 진행하고 있습니다. 광고가 아닌 홍보로써 고객들에게 다가서기 위해서는 직접 마케팅을 하기보다는 충성 고객이 좋은 글이나 콘텐츠를 생산해 주는 것이 가장 중요합니다. 한 번 방문한 고객을 영원한 고객이 될 수 있도록 충성 고객을 발굴하고, 좋은 관계를 구축하는 것에 많은 투자를 해야 합니다.

스마트폰으로 인해, 고객들의 서비스 눈높이는 매우 높아졌습니다. 농촌 지역이라고 해도 예외가 아닙니다. 농촌도 이젠 높아진 고객들의 서비스 눈높이에 맞추어 고객 관리를 해야 합니다. 농촌이라서 서비스 품질이 낮아도 된다는 생각을 하면 홍보에 성공하더라도 고객들의 지속 가능한 방문을 이끌어 내기 어렵습니다. 고객 관리의 핵심이 바로 서비스 품질 관리이기 때문입니다.

활성화된 농촌 지역은 고객들의 서비스 만족도를 높이는 활동을 적극적으로 수행하고 있습니다. 특히 고객과의 커뮤니케이션을 별도로 진행하고, 고객들의 목소리에 귀를 기울여 이를 농촌 마을 운영에 적극 반영하고 있습니다. 활성화된 농촌 지역의 성공 사례를 통해 고객 서비스 만족도 향상을 위한 핵심 사항을 벤치마킹하고 고객 관리나 고객 접점 커뮤니케이션에 투자를 해야 합니다. 고객들의 경험을 활용하고 이를 농촌 마을의 서비스 전략에 반영해야만 생존할 수 있는 시대입니다. '한 번 고객을 영원한 고객으로' 만들지 못하면, 어렵게 구축한 고객 관리 노력이 물거품이 될 수 있으니 고객 관리에 철저해야 합니다.

(5) 고객 평판을 철저히 관리하라

고객의 평판은 농촌 지역의 차별화와 경쟁적인 이점을 만들어 냅니다. 최근 온라인 미디어를 살펴보면 전 세계가 공통적으로 기업과 제품의 평판에 대한 기사를 자세하게 볼 수 있습니다. 지역 브랜드의 차별화는 마니아들의 평판으로부터 나오며 바이럴 마케팅도 중요한 도구가 되고 있습니다. 작은 이슈로 인해서도 기업들은 브랜드에 큰 타격을 입을 수 있는 시대입니다. 고객들이 몰리는 농촌 지역은 이러한 시대적 트렌드를 파악하여 소셜 미디어를 모니터링하고, 사회 공헌 활동이 포함된 캠페인을 진행합니다. 이런 활동을 통해 평판을 관리하고 있습니다. 고객들에게 부정적인 이미지로 보일 수 있는 상황을 미리 파악하고 사전에 대비하고, 더 좋은 브랜드로 알려질 수 있도록 관리하고 있다는 점입니다.

기업 마케팅의 궁극적 목표는 브랜드의 평판을 만들고, 고객의 브랜드 충성도를 지속시키는 것입니다. 농촌 지역 마케팅의 궁극적 목적도 마찬가지입니다. 그러기 위해서는 농촌 지역 브랜드에 대해서 자기만의 브랜드 평판 가치를 만들고, 그 평판 가치를 고객에게 커뮤니케이션해야 합니다. 브랜드의 평판 가치는 바로 고객이 바라는 고객 가치와 연결되어 있습니다. 고객이 추구하는 가치와 농촌 지역 브랜드의 가치가 일치하였을 때 고객의 평판이 높아집니다. 농촌 지역 브랜드 제품에 대한 평판, 즉 신뢰도, 만족도, 호감도를 높이기 위해서는 농촌 지역 브랜드의 이념과 철학은 물론, 그 지역 제품의 품질과 서비스에 대한 우수성이 무엇인지 내부와 외부의 이해관계자들에게 소통하는 실천이 필요합니다. 이해관계자의 소통에 필요한 기반은 평판 플랫폼이라 할 수 있습니다. 이 평판 플랫폼을 통하여 농촌 지역 브랜드에 대한 평판을 구축하는 것이 필요합니다.

현재, 대한민국 농촌 지역에는 농촌 휴양 체험 마을들로 넘쳐 납니다. 방송이나 축제로 활성화된 마을들이 지역마다 존재합니다. 하지만, 지속 가능하게 관광객들을 유치하는 곳은 많지 않습니다. 대부분 고객들에 대한 서비스 품질을 일관성 있게 유지하지 못하기 때문입니다. 좋은 평판을 만들기는 매우 어렵습니다. 하지만, 그 평판을 유지하는 것 또한 매우 어렵습니다. 좋은 평판을 위해서는 고객 서비스 품질 관리를 철저히 하여야 하고, 온라인에 노출되는 스토리텔링 콘텐츠, 블로그 노출 콘텐츠 등의 모니터링에 신경을 써야 합니다.

한번 구축된 평판은 관성이 있어서 바꾸기 어렵습니다. 한국에는 수많은 농촌 지역이 존재하고, 그 지역의 브랜드 상품으로 넘쳐 나고 있습니다. 그리고 미디어는 수많은 정보를 쏟아 내고 있습니다. 명성은 구축하기도 힘들고 유지하기도 힘듭니다. 평판이란 우리가 각각 주관적으로 내린 하나의 판단입니다. 차별적 아이덴티티를 드러내고 일관된 커뮤니케이션 캠페인이 실행될 수 있다면 농촌 지역에 좋은 평판을 만들어 낼 수 있을 것입니다.

글로벌 시대, 마케팅이 해답이다

13장

글로벌 마케팅,
먼저 세계인이 되자

함기수

1.
글로벌 마케팅의 환경 변화

(1) 내 머릿속의 지도

모든 사람에게는 머릿속에 자신만의 지도가 있다고 합니다. 이 지도가 생각의 폭이나 사고의 방향을 결정하게 되지요. 그리고 이 지도는 어쩔 수 없이 그동안 자라 온 환경과 보고 들은 삶의 경험에 의해서 결정될 수밖에 없습니다. 같은 풍경화를 그리더라도 강원도 산골에 사는 아이와 호남평야 가운데 사는 아이는 그림의 대상이 같을 수가 없는 이치이지요. 이 지도의 차이, 머릿속에 자리하고 있는 지도의 넓이와 수준의 차이가 그 사람의 행동양식과 폭을 결정하게 되는 것입니다.

우리가 해외를 자유롭게 여행할 수 있게 된 것은 서울 올림픽이 열렸던 다음 해인 1989년부터입니다. 이전까지는, 일부 사람들을 제외한 일반인들의 머릿속 지도에 외국이란 있을 수가 없었습니다. 보통 사람들이 다른 나라로 가는 비행기를 탈 수 있게 되면서부터 우리의 머릿속에는 비로소 우리가 아닌 다른 지역, 다른 사람에 대한 그림이 그려지게 되었지요.

과연 내 머릿속 지도의 모습과 넓이와 깊이는 어떻게 생겼을까를 한 번쯤 생각해 봄 직합니다. 시기나 기준별로 약간의 차이를 보이고 있지만, 지구상에는 우리와 같은 국가가 242개 정도 있다고 합니다. 세계지도상에 표기된 나라가 237개 국가이고, 우리나라가 인정한 나라도 225여 개국에 달한다고 하는군요. 놀랍게도 우리의 국기인 태권도를 하는 나라, 세계 태권도 연맹의 회원국이 208개 나라입니다. 이들 모두가 내가 살아 나갈 터전이고 내가 활동할 운동장이며, 또한 내가 극복해야 할 경제 전쟁터임을 자각하는 데에서 글로벌 마케터의 자질은 시작됩니다.

(2) 세계화의 의미

세계화라는 말이 이제 우리에게는 너무나 익숙합니다. 전 세계가 하나의 단위로 형상화되는 지구촌(Global Village)이라는 말이 현실화한 지 오래입니다.

우리는 한라봉을 먹고 싶을 때 제주도로 갑니다. 꽃게 철에는 영덕이나 울진으로 가고, 단풍철이면 설악산이나 내장산이 우선 생각납니다. 여기에는 제주도의 정식 명칭이 무엇인지 상관없고 영덕이나 울진 군수가 누구인지는 알려고도 하지 않습니다. 내가 먹고 싶을 때 그곳에 가서 먹으면 그만이고, 내가 구경하고 싶을 때 언제라도 가서 구경하면 그뿐입니다. 우동은 오사카나 후쿠오카에 가서 먹으면 제격입니다. 산천을 구경하고 싶으면 중국의 계림이나 장가계(張家界)가 좋지요. 태국에 가서 골프를 치면 우리보다 싼 값에 우리보다 훨씬 친절한 도우미들을 만날 수 있습니다. 여기에 오사카 시장이나 후쿠오카 현장이 누구인지, 중국의 당 서기나 태국의 총리는 관심 밖의 일입니다. 내가 가고 싶을 때 언제라도 갈 수 있는 곳이지요.

세계화는 나의 생활 영역이 넓어지는 것입니다. 경상도와 전라도가 그동안의 내 생각과 삶의 테두리였다면 이제 그 외연이 일본과 중국, 동남아와 유럽으로 넓어지는 것입니다. 생활과 행동의 반경이 넓어졌을 때 가장 중요한 것은 감각이나 생각이 이러한 외연의 확대에 걸맞게 변해야 한다는 것입니다. 이웃과 반갑게 대면하게 되었는데 말이 통하지 않으면 이보다 답답한 것은 없습니다. 이웃의 행동이 나의 가치관이나 취향에 맞지 않는다고 폄훼하거나 무시한다면 우리는 이웃과 더불어 살 수가 없지요.

바야흐로 세계화 시대입니다. 여기에서 우리가 주목해야 할 것은 세계화 시대는 우리에게 기회와 위협을 동시에 가져다준다는 것입니다. 냉정하게 말하면 그것은 실력 있는 사람에게는 무한한 기회를 가져다주지만 실력 없는 사람에게는 더할 수 없이 잔인한 환경을 가져다줄지도 모릅니다. 우리가 세계로 가는 것처럼 세계 또한 우리를 향해 오고 있기 때문이지요. 통계에 의하면 지금 젊은 세대들이 부모들 세대보다 더 잘살 수 있는 확률이 10%를 넘지 않는다고 합니다. 여건이나 경제 환경이 지금과 같다는 가정하에서입니다. 우리의 시장이나 성장 가능성이 한계에 도달했다는 얘기이지요. 결국 우리는 세계화라는 조류에 우리 자신을 던질 수밖에 없고, 위협 요소를 기회 요소로 바꾸기 위한 노력을 하지 않을 수가 없습니다. 세계화의 물결이 두려운 약자 편에 설 것이냐, 도도한 물결을 헤쳐 나가며 기회를 만드는 강자 편에 설 것이냐를 우리는 심각하게 생각하고 또한 반드시 선택해야만 하는 것입니다.

(3) 한국 산업의 현 위치

한 국가의 부와 힘은 일반적으로 물적 자원과 인적 자원의 합으로 평가됩니다. 물적 자원은 광물 자원이나 동·식물, 수산 자원 등과 같은, 한 국가의 영토 내에 존재하는 제반 천연자원을 말하지요. 한편 인적 자원은 생산적인 재능, 기술, 지식을 갖춘 노동자의 수에 의해 그 양이 결정됩니다. 인적 자원이 전반적인 사회 분위기나 교육 환경 등으로 어느 정도 후천적인 개발 가능성이 있는 데 반해, 천연자원은 한 국가의 의지와는 전혀 상관없는 부의 원천이라고 할 수 있습니다. 개인으로 말하면 조상으로부터 물려받은 유산과 같은 것이지요.

태어나면서 부유한 집에 태어나는 것보다 더한 복은 없습니다. 마찬가지로 자원이 많은 나라처럼 복 받은 나라도 없지요. 그런 면에서 본다면 우리가 태어난 대한민국은 정말 복이 없는 나라입니다.

우리가 항상 접하는 의식주(衣食住)를 살펴보면 그것은 분명해집니다. 우선 입는 것[衣]을 보겠습니다. 입는 것에는 면내의, 면양말 등과 같은 면 종류와 나일론이나 폴리에스터 등과 같은 합성 섬유가 있습니다. 면직물의 원료는 물론 면화입니다. 우리나라에는 면화가 나지 않습니다. 전량을 중국, 스리랑카, 미국, 브라질, 호주 등으로부터 수입하고 있습니다. 나일론이나 폴리에스터는 석유 정제 과정에서 나오는 폴리에틸렌(PE)이나 폴리프로필렌(PP)으로부터 원사를 추출해서 짠 직물입니다. 원료 정점에 석유가 있지요. 대략 100여 개 국가에서 나온다는 석유가 우리나라에서는 나지 않습니다.

다음은 먹거리[食]입니다. 한우를 먹으면 대단한 애국자인 것처럼 착각하는 사람이 있습니다. 물론 축산 농가를 돕는다는 의미에서 국내에서 생산되는 육류를 먹는 것이 바람직한 것은 사실이나 실은 국내 가축들이 먹는 것은 거의 전부 수입산입니다. 가축 사료의 대부분을 차지하는 것은 옥수수입니다. 일부 식용으로 수입하는 것을 포함한다면 우리가 2018년 수입한 옥수수가 1,000만 톤을 넘었습니다. 강원도에 가면 옥수수 밭이 많은 것 같지만 우리의 일 년 옥수수 생산량을 전부 합쳐 봐야 8만 톤 남짓입니다. 우리가 매일 먹는 라면이나 짜장면, 빵의 원료인 밀의 수입량이 400만 톤에 달한다는 것을 아는 사람은 별로 없습니다. 우리의 식량 문제를 해결하기 위해서는 현재 농작물을 재배할 수 있는 경작지의 4배가 더 필요하다고 합니다. 따라서 우리가 우리 스스로 먹거리를 해결한다는 것은 현실적으로 불가능하다는 얘기가 됩니다.

포스코와 같은 세계적인 철강 회사가 있다고 해서 주택(住宅) 문제는 걱정 없다고 생각하면 그것은 오산입니다. 건물에는 철근이나 구리, 스테인리스가 들어가지요. 철근의 원료는 철광석이고 스테인리스는 철광석에 니켈과 크롬을 섞은 것입니다. 우리의 철광석 수입량이 7천만 톤을 넘고, 구리의 수입량 또한 200만 톤에 육박합니다. 니켈과 크롬 역시 우리 주위에서는 찾아볼 수가 없습니다. 주택 문제는 아니지만, 우리의 매년 유연탄 수입량은 1억 3천만 톤을 넘어섰습니다.

2019년 현재 세계 인구는 77억 명입니다. 생산 인구의 감소와 고령화를 걱정하는 우리의 인구는 5천만 명을 겨우 넘어서고 있습니다. 남한의 면적은 9.8만 제곱킬로미터입니다. 세계 면적은 대략 1.4억 제곱킬로미터라고 합니다. 세계 면적 대비 0.07%입니다. 태부족한 면적 중에서도 70%가 못 쓰는 땅입니다. 삼면이 바다로 둘러싸여 있고 북으로 북한이 막고 있어서 섬이나 다름없습니다. 변변한 자원 하나 나지 않는 나라입니다. 그러면 해답은 자명해집니다. 물적 자원의 부족함을 인적 자원으로 메워야 하고 좁은 국토를 세계화에서 찾아야 합니다. 우리가 스스로 잘살 수 있는 길이 멀다면 우리는 스스로 세계인이 될 수밖에 없습니다. 세계 속에서 우리의 미래를 개척해 나갈 수밖에 없습니다.

(4) 패러다임의 변화

변화의 정의 중에서 잘 알려진 것 중 하나가 앨빈 토플러(Alvin Toffler)의 정의입니다. 그는 변화란 '미래가 우리 생활에 침투하는 과정'이라고 했습니다. 피할 수 없다는 뜻이겠지요. 변화는 예고된 일정에 맞추어 서서히 오는 경우도 있지만, 보통은 '아침의 여명'처럼 순식간에 우리 주변을 엄습할 때가 많습니다. 새벽 운동이나 이른 약속으로 아직 동이 트지 않은 어둠 속에 집을 나서는 경우가 있지요. 그럴 때 앞을 분간하기 어려울 정도로 깜깜하던 주변이 어느 사이 훤하게 밝아져 있음을 경험한 적이 있을 것입니다. 변화는 이처럼 부지불식간에 우리 옆으로 와 있어 우리를 당황하게 합니다.

우리가 학교에 다닐 때만 해도 동네 어귀에 있는 포장마차는 돈 없는 사람들의 친구가 되어 주었습니다. 소주 한 잔에 먹장어나 어묵 국물 등으로 뱃속을 녹이면 부러울 것이 없었지요. 당시의 포장마차는 가게 얻을 돈이 없는 사람들이 리어카에 간단한 안줏거리를 싣고, 동네 어귀나 빈터 외딴곳에서 덩그러니 손님을 기다리던 곳이었습니다. 그러나 요즘의 포장마차에서 그런 낭만을 느끼기란 쉽지 않습니다. 용산이나 부산 해운대 등에는 수많은 포장마차가 한곳에 모여 마치 거대한 기업처럼 군락을 이루고 있습니다. 개별적으로 흩어져 있던 포장마차가 군집을 이루고 대형화하는 것은 마케팅이나 원료 수급 등 제반 효율성을 고려한 자연스러운 현상일 것입니다. 최근 클러스터(Cluster)라는 말이 유행합니다. 마치 포장마차처럼, '비슷한 업종의 업체끼리 일정 지역으로 몰리는 것'을 말합니다. 대덕 단지의 연구 개발 혁신 클러스터나 창원의 첨단 기계 클러스터, 울산의 자동차 부품 클러스터 등이 그 사례가 될 것입니다. 우리가 잘 아는 할리우드는 영화 산업의 클러스터이지요.

세계화(Globalization)는 기업의 국적이 없어짐을 의미합니다. 국적에 관계없이 오직 지역별, 업종별로 통합되는 수순이 남았을 뿐입니다. 포장마차 촌에 합류하지 못한 포장마차는 앞날을 기약할 수 없을지도 모릅니다. 이제 우리의 기업들은 자기에게 맞는 클러스터를 선택해서 이전해야 하는 절박함을 느끼고 있습니다. 그 클러스터가 어느 나라에 있느냐는 중요하지 않지요. 다만 기업의 효율성을 따져야 할 뿐입니다.

과거 치열한 상담을 거쳐 계약을 맺고 신용장(Letter of Credit)을 개설한 후 선적을 하고 공급하는 일련의 전통 무역은 현지 맞춤 서비스에 밀려 서서히

빛이 바래고 있습니다.

스테인리스의 주 고객군 중 하나가 PC 컴퓨터 제조업체입니다. 그들은 한국의 포스코나 아르셀로미탈 등 세계 굴지의 철강 회사로부터 그들이 필요한 스테인리스를 전통 무역 방식으로 공급 받아 왔습니다. 그러나 이제 과거의 방식으로 이들에게 접근한다면 문전 박대를 받기에 십상입니다. 이 업체들 주변에, 스테인리스를 규격에 맞게 잘라 주는 소위 코일 센터(Coil Center)가 들어섰습니다. 이들은 필요한 시점에 필요한 규격으로 원자재를 공급해 주고 대금 회수 기간까지 연장해 주는 현지 맞춤 서비스를 시작한 것이지요. 바야흐로 스테인리스 공급 패러다임이 바뀌게 된 것입니다. 지금 상하이(上海) 주변인 쿤산(昆山)이나 쑤저우(蘇州) 등 장쑤(江蘇)와 저장성(浙江省) 일대에서는 세계 노트북 PC 컴퓨터의 절반 가량을 생산하고 있습니다. 그리고 놀랍게도 그들은 지금 부품의 70~80%를 공장 주변에서 자체 조달하고 있습니다. 변화는 미래가 우리 생활에 침투하는 과정입니다. 국가와 국경이라는 개념으로 나누어지던 국내와 국제 마케팅의 구분도 이미 의미가 없어진 지 오래입니다. 중국이 우리의 내수 시장이라는 개념처럼 글로벌 시대의 마케팅은 국경자체를 초월하고 있습니다. 진정한 글로벌 마케터는 이러한 변화를 온몸으로 받아들이고 세계인으로서의 자세를 가다듬는 데서부터 출발합니다.

2.
글로벌 마케팅의 선행 과제

(1) 나에 대한 이해

'지피지기 백전불태(知彼知彼 百戰不殆)'라는 말처럼 마케팅의 핵심을 명쾌하게 설명해 주는 말도 없는 듯합니다. '나를 알고 상대방을 알면 백 번을 싸워도 위태롭지 않다'라는 이 말은 중국 춘추 전국 시대의 병법서인《손자병법》의 〈모공편(謀攻篇)〉에 나옵니다. 그리고 2,500년 이상의 시공을 뛰어넘어 오늘날 우리에게 금과옥조로서 선명한 교훈을 남겨 주고 있습니다.

나를 정확하게 안다는 것은 생각만큼 쉬운 일은 아닙니다. 우리는 우리 자신을 잘 알고 있다고 생각하지요. 나의 강점과 약점, 내 주변의 환경을 정확히 그리고 구체적으로 파악해 보려는 시도조차 잘 하지 않습니다. 내가 잘하는 것이 무엇이고, 나는 무엇을 하고 싶은가에 대한 해답을 정확하게 알고 있는 사람은 드물지요. 무엇을 모르고 있다는 것을 모르는 것이 문제라는 얘기입니다. 핵심 역량(Core Competence)이라는 말을 글로벌 마케터들은 잊어서는 안 됩니다. 이는 개인이나 기업이 보유하고 있는, 남들보다 우월한 실력이나 자산을 말합니다. 강력한 기술이나 개발력, 지식이나 문화 등이 이의 범주에 속하지요. '내가 잘하는 것'이 아니라 '남보다 잘하는 것'입니다. 해외 영업의 성공 요소 중 가장 중요한 것이 나의 핵심 역량이 무엇이냐 하는 것입니다. 이 핵심 역량의 경쟁력에 따라 성패가 좌우됩니다. 무작정 해외로 나가려는 사람들이 주변에 의외로 많습니다. 국내 시장이 포화 상태에 이르고 경쟁이 치열해지면서 기울어 가는 사업의 돌파구를 해외에서 찾으려는 사람들입니다. 이 사람들은 해외는 더 치열한 경제 전쟁터이고 세계 어느 곳에도 실력 없는 사람들이 대책 없이 성공할 수 있는 곳은 아무 데도 없다는 사실을 모르는 사람들입니다.

인간관계(Human-Network)에서 가장 중요한 것은 내가 상대방에게 무엇을 줄 수 있는가 하는 것입니다. 즉 상대방에게 줄 수 있는 무엇이 반드시 있어야 한다는 것이지요. 아무 줄 것도 없이 상대방을 찾아다닌다고 해서 반겨 줄 사람은 이제 거의 없다고 봐야 합니다.

세계화와 FTA 체제에서는 국가 간의 구분이 무의미해진다고 하였습니다. 시장의 구분이 없는 기업 간의 무한 경쟁 시대라는 의미입니다. 현지 소비자들에게, 그리고 현지 국가에 줄 수 있는 것이 없다면 이제 어느 곳에서도 환영 받을 수 없습니다. 나의 핵심 역량을 정확하게 파악하는 것이 해외 영업의 선행 과제 중의 선행 과제입니다. 우선 나를 아는 것부터 출발합니다.

(2) 시장에 대한 이해

전문가를 구별하는 기준에는 여러 가지가 있을 수 있습니다. 해외 영업에서 가장 중요한 기준은 이른바 시장에서 '돈 냄새'를 맡을 수 있느냐 하는 것입니다. 어떤 산업이나 특정 품목에 자신의 모든 것을 바치는 사람들은 어느 시장에서도 본능적으로 '돈 냄새'를 맡을 줄 압니다. 이 '돈 냄새'는 나의 시장을 알아내는 가장 중요한 실마리입니다.

세계는 넓습니다. 그것은 시장이 그만큼 넓다는 의미입니다. 이 넓은 시장에서 나 자신에게 적합한 시장을 고른다는 것은 말처럼 쉬운 일이 아닙니다. 시장의 규모나 잠재력, 시장 수명 주기상의 위치 등 이론적으로 시장의 외형을 선별하는 기준은 있으나 이것이 나의 품목이나 사업에 적합하다는 절대적인 기준이 될 수는 없습니다. 수많은 옷 중에서 내 몸에 맞는 옷을 고르는 것, 나에게 적합한 시장을 알아낸다는 것은 실로 간단한 일이 아닙니다.

시장은 나의 제품을 구매할 의사와 능력을 갖추고 있는 사람들이 있는 곳입니다. 내 제품이 아닌 다른 사람들의 제품에 관심 있어 하는 시장은 이미 시장이 아닙니다. 내 제품에 관심 있어 하는 곳을 알아내는 능력, 이는 수많은 시행착오와 경험에서 나오는 것임은 물론입니다. 나에게 적합한 시장, 그것은 발에서 나옵니다. NATO(No Action Talking Only)라는 우스갯소리는 역설적으로 시장에서 부딪치며 체험하는 실제 경험의 소중함을 강조합니다.

중국은 한국 기업이 사업하기 어려운 곳입니다. 롯데, 신세계 등 국내 굴지의 그룹들도 중국에서 쓴맛을 보고 잇따라 철수했습니다. 그런데 국내 재계 순위 42위인 이랜드 그룹은 20년 넘게 중국 시장에서 승승장구하고 있습니다. 이랜드는 소위 '차이나 드림(China Dream, 중국몽, 中國夢)'을 실현한 세계에서 몇 안 되는 기업입니다. 그들은 1996년 상하이에 1호점을 냈습니다. 그리고 현재 5,000여 개의 오프라인 매장을 운영합니다. 최근 들어서는 이커머스(전자 상거래) 시장에서도 활약이 두드러집니다. 2018년 광군제 때에는 하루 매출액이 700억 원을 넘었고, 세계 최대 이커머스 업체인 중국의 알리바바로부터 한국 기업들을 중국에 진출시키는 허브 역할을 해 달라는 제안까지 받았다고 합니다. 이랜드(중국명 : 衣戀)의 중국 사업의 성공 요인으로는 여러 가지를 들 수 있지만, 그중 가장 첫손으로 꼽는 것이 발로 뛰는 경영입니다. 그들은 철저히 발로 뛰는 마케팅을 추구합니다. 열악한 버스나 기차로 10시간 이상을 왕복하며 그들은 전(진, 鎭) 단위 시장까지 샅샅이 살피고 오지까지 철저히 누빕니다. 매주 중국 현지인 900명의 사진을 찍어 본사 디자인실로 보내고, 본사는 이를 분석하여 중국인들을 위한 옷을 제작합니다.

나와 궁합이 잘 맞는 사람을 고르는 것은 평생을 좌우하는 그야말로 중요한 대사(大事)입니다. 나와 궁합이 맞는 시장을 고르는 것 또한 글로벌 마케터들에게는 이에 못지않게 중요합니다. 내가 하는 사업이나 품목에 모든 열정을 바쳐 노력한다면 상대방과 시장을 보는 안목이 생깁니다. 평생 한 품목에 인생을 바친 달인들은 시장에서 '돈 냄새'를 맡습니다. 이는 저절로 생기는 것이 아닙니다. 내가 맡은 품목에 대한 깊은 애정과 이를 바탕에 두고 직접 발로 뛴 경험의 소산입니다. 무작정 시장이 크다고 해외로 나가는 것은 나가지 않음만 못합니다. 그것은 실패가 눈에 보이기 때문입니다. 시장에 대한 이해, 나의 몸에 꼭 맞는 궁합이 온몸으로 느껴지는, 그러한 시장에 대한 이해가 무엇보다 우선되어야 합니다.

(3) 문화에 대한 이해

우리가 인생을 살아가면서 반드시 해야 할 것과 하지 말아야 할 것을 하나씩만 꼽는다면 그것은 배려와 냉소가 아닐까 합니다. 배려는 신뢰를 낳고 냉소는 외로움을 낳습니다. 배려하는 사람에게는 주변에 사람이 모이지만 냉소적인 사람에게는 스승이나 친구가 있을 리 없기 때문입니다. 상대방을 배려하는 사람들은 매사에 긍정적입니다. 남의 단점보다는 장점을 보고 칭찬해 주는 사람들입니다. 모든 일에 냉소적인 사람들은 사안의 부정적인 면이 먼저 떠오릅니다. 그래서 상대방의 장점보다는 단점을 끄집어내어 비평하는 사람들입니다. 배려는 따뜻한 가슴에서 나오고 냉소는 차가운 머리에서 나옵니다. 냉소를 즐기는 사람 중 머리가 좋은 사람들이 많은 이유입니다.

모름지기 국내나 해외를 불문하고, 영업에서 기본은 머리가 아닌 가슴으로 하라는 것입니다. 이것은 상대방에 대한 배려와 다른 말이 아니지요. 가장 잘하는 접대는 '상대방이 원하는 것을 해 주는 것'입니다. 책을 좋아하는 사람에게는 도서관을 소개해야 합니다. 술을 좋아하는 사람은 술집으로 안내해야지요. 내가 술 생각이 난다고 상대방의 생각과는 상관없이 술집으로 데리고 가는 것은 최소한 상대방에 대한 배려는 아니지요. 배려란 상대방이 원하는 것을 헤아리고 싫어하는 것을 하지 않는 것입니다.

이(異) 문화권에 있는 사람이 다른 문화를 이해하고 따라 준다는 것은 상대방에 대한 배려에서 기인합니다. 상대방의 문화를 이해하지 않고 상대방의 관습을 따라 주지 않으면서 그 지역에서 사업을 한다는 것은 그 지역에 대한 최소한의 배려도 없는 행동입니다. 메이와쿠(迷惑 : 남에게 끼치는 폐) 정신을 모르고 일본인들을 상대할 수는 없습니다. 남에게 폐를 끼치지 않는 행동은 일본인들의 교육 이념이며 삶의 전부이기 때문이지요.

종교는 사회의 믿음과 태도, 가치관의 중요한 원천입니다. 종교의 갈등으로 전쟁까지 불사함을 우리는 역사에서 자주 봅니다. 세계 인구 3명 중 1명이 기독교인입니다. 세계 인구 5명 중 1명이 이슬람을 신봉합니다. 불교 신도는 6% 정도인 4억 명에 이릅니다. 인도와 네팔 등에 한정되어 세계 종교로는 인정받지 못하고 있으나 힌두교도는 세계 인구의 13.4%인 8.3억 명에 달합니다. 우리가 상대하는 세계 대부분의 고객이 그들만의 종교나 믿음이 있다는 얘기입니다. 이들의 규범과 가치관을 이해하고 존중한다는 것은 상대방에 대한 배려 이상의 의미를 갖습니다. 중국에 가서 함부로 마오쩌둥의 흉을 본다면 최소한 상대방의 의중조차 파악하지 못한 사람입니다. 서양에서 순수함이나 청결함을 상징하는 흰색이 동양에서는 대체로 죽음을 의미한다는 사실을 모르면서 글로벌 마케팅을 잘할 리가 만무합니다.

성공적인 마케팅은 상대방의 문화를 진정으로 이해할 때 탄생합니다. 이슬람교도가 많은 인도네시아에서 라마단 기간 중 해가 진 저녁 마케팅에 성공한 KFC나, 소고기를 먹지 않는 힌두교도의 인도에서 닭고기와 야채 햄버거를 개발한 맥도널드의 사례는 상대방의 문화를 이해한 데서 비롯한 성공 사례입니다.

상대방을 알기 위해선 우선 상대방에 대한 이해가 우선되어야 합니다. 그들의 문화, 그들의 믿음이나 가치관, 종교, 미적 감각이나 기호 등을 이해하고 존중해 준다는 것은 그들에 대한 배려입니다. 해외 영업은 상대방의 문화를 이해하고 존중하는 상대방에 대한 배려로부터 출발합니다.

(4) 사람에 대한 이해

비즈니스는 결국 사람이 하는 것입니다. 성공과 실패는 모두 사람과 사람 사이에서 일어나고 모든 말썽과 문제도 사람으로부터 발생합니다. 직장을 떠나거나 적응하지 못하는 사람 중 업무 자체가 과중하거나 싫어서 떠나는 사람은 드물지요. 그들 대부분은 상사나 주변 사람들과의 인간관계 때문에 떠나거나 겉돌게 됩니다. 윗사람이 아랫사람을 잘 만나는 것이나 아랫사람이 윗사람을 잘 만나는 것이 직장 생활에서의 가장 큰 복이라는 것을 아는 사람들은 다 압니다.

해외 영업에서 가장 중요한 것 중의 하나는 적절한 파트너를 만나는 것입니다. 나를 이해하고 나와의 궁합이 잘 맞는 사람, 이것은 다른 어떤 것보다 큰 복입니다. 중국에서의 인간관계, 즉 꽌시(關係)는 법이나 규정을 넘어서는 절대적인 힘을 갖는다고 했습니다. 서양 사람들이 아무리 개인적이고 철저하게 법과 규정을 신봉하는 사람들이라고 해도 파트너 간의 끈끈한 이해와 정이 비즈니스에서 어떤 결정적인 역할을 하는지는 겪어 본 사람들은 잘 압니다.

결국 나와 시장에 대한 이해, 문화에 대한 이해는 사람에 대한 이해로 귀착됩니다. 이들 모두의 출발점이 사람이기 때문이지요. 그러나 사람에 대한 이해는 시장이나 문화의 특성과는 보다 세분됩니다. 같은 일본 사람이라고 하더라도 사람에 따라 취향이 다르고, 같은 이슬람교도라도 그들의 종교에 대한 믿음이나 가치관이 다 같을 리가 없습니다.

'사람 나름'이라는 말은 같은 시장이나 문화권에 속한 사람이라고 하더라도 각 개인별로는 큰 차이가 있다는 말이 됩니다.

사람과 사람이 만났을 때 우리는 서로의 이미지를 보고 그를 관찰하고 그를 이해하기 위한 노력을 시작합니다. 이때의 이미지는 그 사람의 매너나 에티켓, 즉 예의범절로부터 생성됨이 보통이지요. 예절의 기본은 상대방을 존중하는 데서부터 출발합니다. 상대방의 신분이나 문화, 성별과 나이 등을 고려하여 정중하고 사려 있게 대하는 것입니다. 그리고 약속된 시간을 잘 지키고, 선물이나 정성에 대해 받은 만큼 답례합니다. 이러한 마음의 따뜻함이 체질화되어 있다면 그는 글로벌 마케터의 자질을 갖춘 사람입니다. 상대방의 콤플렉스나 터부(Taboo) 사항을 잘 지켜 주고, 약점을 들추거나 하지 말아야 할 것을 하지 않는 것도 인간관계의 끈을 연결해 주는 기본이 됩니다.

주변에서, 사업에 성공한 사람에게는 예외 없는 공통점이 있음을 보게 됩니다. 그들의 주변에는 사람이 모입니다. 회사에서 일을 잘하고 출중한 능력을 자랑하던 사람이, 회사를 그만두고 자기 사업을 시작했을 때 실패하는 경우가 흔히 있습니다. 반면에 회사에서는 별로 두각을 나타내지 못했던 사람이 자기 사업에서 성공하는 경우가 있습니다. 이는 그가 가지고 있던 인간적 매력이 비로소 유감없이 발휘되어 주변에서 그를 지원해 주는 사람이 많은 경우입니다.

기본적으로 우리와 외국 사람과는 인간 본성에서의 차이는 없습니다. 우리의 잣대로 상대방을 평가하지 않고 가슴에서 우러나온 따뜻한 배려가 있다면, 어떠한 비즈니스 파트너라도 그들의 가슴을 열어 줄 것입니다. 내가 만나는 사람에 대한 이해와 배려가 해외 영업에서 다른 어떤 것보다 중요한 선결 과제임을 명심해야 할 것입니다.

3.
세계인이 되는 법

(1) 강아지 이론 - 먼저 내 마음의 문을 열기

강아지를 키워 본 사람은 압니다. 강아지는 정확하게 상대방이 자기를 좋아하는지 싫어하는지를 알지요. 조금이라도 싫어하는 내색을 하면 문 뒤로 꼬리를 감추며 들어가고, 조금이라도 좋아하는 눈치이면 금세 무릎으로 올라와 재롱을 피웁니다. 강아지의 눈은 선하지요. 그 선한 눈으로 정확하게 상대방의 속마음을 알아맞힙니다.

상대방이 나를 얼마나 좋아하는지 혹은 싫어하는지를 궁금해 하는 사람들이 있습니다. 직장의 상사가 과연 나를 좋아할까, 주변의 동료는 나를 어떻게 생각할까, 나는 이 회사나 조직에서 과연 성공할 수 있을까, 이러한 생각을 하는 사람들은 강아지로부터 한 수를 배워야 합니다. 해답은 정확하게 자신에게 있습니다. 내가 상대방을 10만큼 좋아하면 상대방도 나를 10만큼 좋아합니다. 내가 상대방을 진심으로 100만큼 좋아한다면 상대방도 틀림없이 나를 100만큼 좋아합니다. 이것은 사람이 아닌 무생물에도 해당하지요. 자신이 속한 조직이나 회사를 싫어하고 험담하고 비평하는 사람은 절대로 그 조직에서 성공할 수 없습니다. 조직이나 회사는 비록 생명은 없을지라도 정확하게 상대방이 자기를 좋아하는지 싫어하는지를 맞혀 냅니다. 해외 진출이나 영업을 하는 사람들에게도 마찬가지입니다. 해외 시장에서의 성공 가능성은 품목도 중요하지만, 시장에 대한 애정이 우선입니다. 내가 가고자 하는 해외 시장에 대한 절실한 관심과 열정이 있을 때, 그 시장은 틀림없이 나를 받아들일 겁니다. 카레 냄새라면 코를 막는 사람을 인도가 좋아할 리 없습니다. 1990년대 중국 시장 진출 초기에 중국을 비웃고 중국 사람을 깔보고 중국의 공산 문화를 업신여겼던 일부 한국 기업인들의 좋지 않은 말로가 이를 증명해 줍니다.

해외에서 성공한 사람들의 공통점은 내가 몸담고 있는 현지 국가를 너무나도 사랑하는 사람들입니다. 그 나라의 음식을 사랑하고 문화를 사랑하고 역사를 사랑하고 사람들을 진심으로 사랑한 사람들입니다. 그래서 나의 인생의 목표를 그 나라와 더불어 하겠다고 맹세한 사람들입니다. 나를 좋아하는 사람을 시장은 선한 눈으로 바라봅니다. 강아지의 눈 같은 선함으로 말이지요.

(2) 콤플렉스 이론 - 나에게 엄격하고 상대에게 너그럽기

우리는 런던의 히스로 공항이나 뉴욕의 존 F. 케네디 공항에 내리면 자신도 모르게 위축됨을 느낍니다. 사람들은 우선, 키가 크고 영어가 유창합니다. 그런 사람들이, 붐비는 거리와 고층 건물 사이를 활보하는 것을 보면 어느새 자신이 왜소해지고 촌스럽지 않으려고 어깨에 힘이 들어갑니다. 그와 반대로, 규모로 치면 세계에서 으뜸가는 베이징의 서우두 국제공항이나 상하이의 푸동 공항에 가면 모든 것이 익숙하고 만만해 보입니다. 다니는 사람들이 우리와 비슷하며 주변의 풍광과 건물들이 우리보다 못한 듯하여 그들보다 우월함을 보이려고 어깨에 힘이 들어갑니다. 이는 필리핀이나 동남아 국가들에서도 마찬가지입니다.

여기에서 우리에게 서양은 '보는 것만큼' 알게 되고 동양은 '아는 것만큼' 보인다는 말이 나왔습니다. 유럽의 성 베드로 성당이나 피사의 사탑 앞에서, 뉴욕의 엠파이어 스테이트 빌딩이나 록펠러 센터 앞에서 우리는 그들의 뛰어난 역사와 발달한 문화에 넋을 잃습니다. 본 만큼 알게 되는 것이지요. 그러나 중국이나 동남아에서 우리는 우리보다 몇 십 년 떨어진 나라라고 쉽게 그들을 폄훼합니다. 그 순간 우리는 그들에 대해서 아무것도 모르게 되지요. 콤플렉스의 사전적 의미는 '억압된 의식 아래 잠재된 관념, 열등감' 정도로 되어 있습니다. 콤플렉스가 없는 사람은 없습니다. 가령 상대방이 무슨 얘기를 했을 때 몹시 기분이 언짢고 의지와는 상관없이 신경이 쓰였다면 그는 그것에 콤플렉스가 있는 사람입니다. 내가 콤플렉스가 있는데 상대방이 없을 리 없지요. 신체의 일부나 습관, 학벌에 대한 콤플렉스 등 사람마다 다양한 콤플렉스가 있을 수 있습니다.

우리는 우리 자신의 콤플렉스를 스스로 다스려야 합니다. 콤플렉스의 극복에는 치열한 노력이 필요하지요. 자신에게 지극히 엄격하여 스스로 자기 자신을 채찍질하여야 합니다.

상대방의 콤플렉스를 보는 것은 나의 콤플렉스를 극복하기보다 훨씬 쉽습니다. 상대방의 콤플렉스를 건드려서 나의 콤플렉스를 덮으려 하기도 합니다. 동남아에서 우쭐거리는 사람이나 중국 뒷골목의 공중변소를 사진 찍는 사람들은 콤플렉스가 있는 사람들입니다. 지금 우리보다 못사는 나라에서 거리나 호텔이 지저분하고 냄새난다고 코를 막는 사람들은 우리의 과거에 대한 콤플렉스가 있을지도 모릅니다. 불과 반세기 전 일인당 국민 소득이 100달러였던 나라에서 태어난 소위 '졸부 기질'이 그것입니다.

중국이나 동남아 비즈니스에서 한국의 많은 기업인이 외모와는 상관없는 그들의 상술과 총명함에 당한 것도 우리의 값싼 콤플렉스가 판단력을 흐리게 했기 때문입니다.

영업에서 고객보다 더 소중한 가치는 없습니다. 마음이 넉넉한 사람은 콤플렉스가 없습니다. 이를 위해서는 엄격한 잣대로 나를 극복하고 상대에게는 지극히 너그러워야 합니다. 그것이 세계 어느 곳에서나 환영받고 그들과 어울리며 세계인으로 자리 잡는 지름길입니다.

(3) 흡성대법(吸星大法) - 상대방의 뛰어남을 인정하고 그 장점 배우기

"단전(丹田)은 마치 빈 상자처럼 비워 두어야 하고, 깊이는 깊은 계곡과 같아야 한다. 빈 상자는 물건을 담을 수 있고, 깊은 계곡은 물을 채울 수 있다." 김용의 무협 소설 중 한 대목입니다. 사람과 사람의 혈도를 통하여 상대방의 내공을 자신의 것으로 만드는 흡성대법은 무협 소설을 즐기는 사람들에게는 상식이라고 할 정도로 잘 알려진 무공인데, 소오강호(笑午江湖)에 나오는 일월신교(日月神敎) 교주 임아행(任我行)이 쓰는 마공(魔功)입니다.

상대방의 내공을 받아들이기 위해서는 내 마음을 비워야 한다는 것이 이 무공의 요체인데, 나를 낮추고 상대방의 장점을 보아 그 장점을 배우라는 것으로, 우리는 일상생활이나 조직에서 응용할 수 있습니다. 흡성대법은 상대방의 내공을 빨아들여 상대방을 폐인으로 만드는 일종의 마공이지만, 상대방의 장점을 배워서 나를 일으켜 세운다는 것은 상대방에게도 이로운 진정한 신공(神功)이라 할 만합니다.

모름지기 현명한 사람은 남으로부터 배우려고 하고 어리석은 사람은 남을 가르치려 합니다. 배우기를 원하는 사람은 상대방의 좋은 점과 뛰어난 점을 보려고 노력하나, 가르치길 원하는 사람은 상대방의 나쁜 점과 부정적인 면을 부각합니다. 진정으로 내가 고수가 되기를 원한다면 나의 단전을 비우는 겸손함으로 내공이 있는 사람들을 많이 만나야 합니다. 내 주변의 모든 사람이 나의 내공을 높여 주는 은인으로 생각해야 합니다.

사람 중에는 밝은 사람과 어두운 사람이 있습니다. 만났을 때의 인상이나 느낌이 전체적으로 밝은 사람과, 어딘지 모르게 어두워 보이는 사람들이 분명히 있습니다. 밝은 사람들은 상대방의 장점을 보고 사물의 긍정적인 면을 보는 사람들입니다. 어두운 사람들은 상대방의 단점을 보고 사물을 부정적으로 보는 사람들일 가능성이 높습니다. 장점을 보면 칭찬을 하게 되고 긍정적으로 생각하면 걱정이 없어집니다. 단점을 보게 되면 지적하게 되고 충고하고 싶어지고 비평하고 싶어집니다. 부정적으로 생각하면 근심이나 걱정거리가 생기고 그것이 사람의 얼굴이나 분위기를 어둡게 만듭니다.

시장의 글로벌화는 우리가 만나는 사람과 접하는 문화와 생활하는 지역이 많아지고 넓어짐을 의미합니다. 새롭게 대하는 모든 현상을 어떻게 보고, 어떻게 생각하느냐에 따라 결과는 달라지지요. 해외 영업을 하는 사람들은 끊임없이 현지 고객들을 만나고 현지 음식을 먹으며 현지 문화에 젖어서 삽니다. 현지 국가의 향후 경제 전망과 정치 흐름에 대해서 항상 관심을 갖고 들여다보고 나름대로 예측하고 전망해야 합니다.

현지 고객들이나 문화에는 반드시 그들만의 장점이 있고 나름대로의 부족한 점이 있습니다. 현지 국가의 경제 상황이나 미래 예측 또한 긍정적인 면과 부정적인 면이 없을 수 없지요. 밝은 사람들은 상대 국가의 고객이나 문화의 장점을 보고 그를 좋아하고 배우려 합니다. 현지 국가의 경제 상황 또한 가능하면 긍정적으로 생각하고 그 바탕 위에 자신의 열정을 바칩니다. 어두운 사람 중에는 나름대로 사물을 예리하게 보고 날카롭게 비평하는 총명한 두뇌를 가진 사람이 많습니다. 이들은 비판에 익숙합니다. 상대방의 단점을 찾아내고 현지 국가의 경제 상황을 부정적인 측면으로 해석합니다.

영업의 핵심은 상대방으로부터 신뢰를 얻는 것입니다. 서로 다른 문화를 가진 곳에서 터를 잡고 그들로부터 신뢰를 얻기 위해서는 그들의 장점을 보고 배워야 합니다. 그들 문화의 우수성을 인정하고 그들의 미래를 긍정적으로 보는 마음의 넉넉함이 필요합니다. 편견을 갖고 그들을 폄훼하는 사람을 그들이 받아들일 리가 만무합니다. 어두운 사람에게 신뢰를 줄 사람은 아무도 없습니다. 세계가 넓다는 것은 우리가 갖지 못하여 우리가 배울 만한 내공이 너무나 많다는 것을 의미합니다.

14장

글로벌 마켓의 도전과 응전 : 시장 만들기

전철호

1.
통제 불능의 요소들에 어떻게 대처할 것인가?

(1) 해외 통상 환경의 급격한 변화 도래 - 해외 시장 환경 분석

1) 해외 시장의 환경이 급격히 변하고 있습니다. 어떻게 대처할까요?

현실을 정확히 파악하고 있으면 미래에 대한 예측이 가능해집니다.

2019년 예정된 영국의 EU 탈퇴 — BREXIT— 가 현실화될 경우 그 후폭 풍은 만만치 않을 것으로 예상됩니다. 그리스, 스페인을 위시한 남유럽 국가 들의 재정 위기는 계속되는 상황입니다. 재정 지원을 하자니 독일, 프랑스의 우량 은행들이 부실화될 수 있고, 하지 않을 경우 유럽을 넘어 전 세계로 위 기가 파급될 것입니다.

미국과 중국 간의 무역 전쟁은 해결의 실마리가 보이지 않고 있지요. 무역 환경에서 무한 경쟁은 이미 시작되었고, 각 국가들은 자국 내 산업을 보호하기 위한 규제를 한층 더 강화하고 있습니다.

이에 맞설 우리의 대비책은 무엇이며, 어떻게 해야 할까요?

2) 40억 인구와의 만남

2017년 10월 기준으로 전 세계에 254건의 FTA가 발효 중이며, 지역 무역 협정〔RTA(Regional Trade Agreement)〕 포함 시 455건입니다.

국제 거래의 약 60% 이상이 FTA 무역으로 추정되며, 현재 전 세계에서 FTA를 체결하지 않고 있는 나라는 극소수에 불과한 바 FTA에 동승하지 않을 경우 Global Market에서 도태될 것임은 명백해 보입니다.

3) Sub-prime / Prime

2008년 미국 금융 위기의 촉발로 미국 주택 시장의 30%가 되지 않는 불량 주택 담보 대출자가 전 세계를 뒤흔들었지요.

미국 최대 투자 은행이었던 리먼 브라더스를 위시한 대형 투자 은행 3개 사가 파산하고 세계적으로 20여 개가 넘는 은행들이 도산하였습니다. 소방 헬기에서 무지막지하게 소방수를 뿌리듯이 2조 달러가 넘는 돈을 투입하여 불을 껐지만, 이로 인한 세계의 경제는 크게 위축될 수밖에 없었습니다.

4) After Beijing Olympic

1964 동경 올림픽, 1988 서울 올림픽, 2008 북경 올림픽 등은 20년 경제 발전을 앞당기는 기회가 되었으나 올림픽 이후 일본과 한국은 부동산 가격의 폭등을 겪었습니다. 반드시 홍역을 앓게 되고 그만큼의 후유증을 남기게 되지요.

중국도 예외일 수는 없을 것입니다. 다만 북경 올림픽 이후 국가의 통제하에서 숨어 있는 것으로 보이나 언젠가는 나타날 수도 있을 것이고, 아니 서서히 나타나고 있는지도 모릅니다.

(2) 통제 불능의 요소 대두 - 어떻게 대처할 것인가?

1) 유가, 원·부자재 가격의 급등, 환율, 금융 위기와 같은 통제 불능의 변수가 상존하고 있고, 또 어떠한 상황이 발생할지 긴장감을 늦출 수 없습니다.

남보다 한발 앞선 준비와 대응이 반드시 필요한 시점이며, 준비의 소홀이나 미흡, 적기 대응이 이루어지지 못할 경우 생존의 문제까지도 나타날 수 있습니다.

2) 이러한 통제 불능의 변수로부터 자유로워질 수 있다면 경쟁력 확보를 넘어 절대 우위의 강자로 자리매김할 수 있을 것입니다. 과연 무엇을 어떻게 하면 될 것인가? 자유로워질 수 있는 길이 과연 있을까요? 있습니다.

3) 마케팅 활동의 기본은 '내가 무슨 비즈니스를 하는지'를 명확히 알고 있어야 하며, 특히 유의할 점은 제품을 고객의 입장에서 보고 생각하는 것이 될 것입니다.

업(業)의 개념을 기업의 관점에서만 본다면 고정 관념에서 벗어나지 못하게 되며, 초점을 무엇(What)을 파느냐에 두는 것이 아니라 고객들이 왜(Why) 사느냐의 관점에서 보는 것입니다. - 미국 하버드 비즈니스 스쿨의 시어도어 레빗(Theodore Levitt) 교수

이렇듯 사업의 본질을 고객의 관점에서 규정해 놓으면 직원들의 마음가짐부터 달라집니다.

(3) 새로운 시장 창조하기

1) 성공은 고객에 대한 명확한 이해에서 비롯됩니다.

애플은 스마트폰이라고 하는 과거에 없던 새로운 시장을 창출하였으며 iPhone은 사전 지식이 전혀 없는 소비자라도 직관적으로 당장 쓸 수 있도록 만들어져 가히 폭발적인 수요를 만들어 내게 된 것입니다.

2) 소비자의 머리에 기억된다는 것은 곧 생존과 직결되며, 기억되지 않음은 곧 존재하지 않음을 의미합니다. 스마트폰이라고 하면 어떠한 브랜드가 떠오르시는지요?

몇 개가 안 될 것입니다. 여기에 들어가지 않으면, 즉 떠오르지 않으면 시장에서 결국 도태될 수밖에 없을 것입니다.

2.
FTA, RTA(Regional Trade Agreement) 등 무한 경쟁의 시대를 직시하고 향후의 방향과 추이를 가늠해 본다

(1) FTA, RTA - 무한 경쟁의 시대 돌입

1) FTA, RTA 등으로 인한 무역 환경이 급속히 변화하고 있는 바, 이로 인한 제반의 요소(factor)들에서도 눈에 띄는 변화가 나타나고 있습니다.

FTA는 특정 국가 간의 상호 무역 증진을 위해 물자나 서비스의 이동을 자유화시키는 협정으로, 국가 간의 제반 무역 장벽을 완화하거나 철폐하여 무역 자유화를 실현하는 특혜 무역 협정입니다. RTA는 흔히 지역 무역 협정이라고 부르며, FTA가 주류를 이루고 있습니다.

FTA의 내용은 어느 국가와 체결되었는가에 따라 상당히 다르며, 일반적으로 개도국 간의 FTA는 상품 분야의 무역 자유화 또는 관세 인하에 중점을 두고 있는 경우가 많습니다.

그러나 WTO 체제의 출범(1995년)을 전후하여 FTA의 적용 범위도 크게 확대되어 상품의 관세 철폐 이외에도 서비스 및 투자 자유화까지 포괄하는 추세입니다.

2) 거대 규모의 단일 경제권이 블록화되어 역외 간 거래 시에는 상당한 차별이 발생하게 됩니다. 미국·멕시코·캐나다 협정[USMCA(United States Mexico Canada Agreement)], 유럽 자유 무역 연합(EFTA), 동남아시아 국가 연합(ASEAN), 남미 공동 시장(Mercosur)……

영국 런던에서 스페인 마드리드로 주문을 하면 트럭이 48시간 안에 도착합니다. 관세도 없고 부가세도 없지요.

구태여 EU 지역 밖의 국가들과 거래를 체결하고 수입 보증금을 예치한 후 신용장을 개설하는 과정을 통하여 두 달이 넘게 기다린 후 수입 통관 시 관세와 VAT를 물어야 하는 고달프고 피곤한 기존 무역의 패턴을 감내하려 할까요? 무역의 패러다임은 엄청나게 변화하고 있습니다.

3) 거래 방식에서도 대폭적인 변화가 시작되었습니다. 기존의 Off-Line과 전자 상거래에 의한 유통, 무역, 물류의 가치 사슬이 On-Line상에서 통합되는 형태에서 모바일에 의한 거래로 대폭으로 증가하였습니다.

4) 유통 단계에서도 거대한 변화가 나타나고 있습니다. 생산 → 수출 → 선적 → 수입→ 물류의 다단계 판매 구조로부터 제품 기획에서 바로 소비자로 연결되면서 유통 단계가 압축되고 있습니다. 한정된 상황에서의 원·부자재 조달, 생산, 출고, 판매, 사후 서비스 등으로 형성되는 일반적인 기업 가치

사슬에 의한 일방통행에서, 동일한 부품과 소재 등의 효율적 생산을 위한 부품 산업과 소재 산업 간 쌍방 통행 거래가 증가하고 있습니다.

5) 기업 간의 분쟁 해결 방식에서도 국제 재판, 제3국의 법정, 계약서상 합의된 법정, 국제기구 등에 의한 법적 해결 방식보다 알선, 조정, 중재에 의한 사례들이 증가하고 있습니다.

분쟁 해결은 특별한 경우를 제외하고는 법정까지 끌고 가는 것은 지양하도록 하여야 하며, 공개로 재판이 이루어지는 바 양 당사자의 기밀이 누출되고 변호사 수임료를 위시한 제반 비용들이 감당하기 어려운 상황까지 몰릴 수 있게 됩니다.

소요 시간도 몇 년은 기본, 설사 재판에 이긴다 하더라도 과연 얼마나 이득이 될까요? 원만한 해결(amicable settlement)이 최우선이며 여기에서 해결이 되지 않을 경우 알선 및 조정의 절차를 거치게 됩니다. 최후는 중재 판정으로 끝나야 합니다.

(2) 비경쟁 요소들의 시장 경쟁 요소화

1) 결제 방식에서도 신용장과 송금 방식[T/T(Telegraphic Transfer)]에 의한 결제는 현저히 감소하고 있고, 지급 인도 방식 [D/P(Documents against Payment)], 인수 인도 방식[D/A(Documents againt Acceptance)] 등의 외상 거래를 요구하는 사례가 증가하고 있습니다.

신용이 확고한 해외의 우량 거래선으로부터 기존의 T/T와 신용장 방식 대신 어느 날 외상 요구를 받게 된다면 어떻게 대처할 것인가요? 만약 이 거래선이 우리 회사 총매출액의 50% 이상을 발생시켜 주고 있다면?

Win-Win — 두 회사가 서로 만족 할 수 있는 — 의 해법은 과연 없는 것일까요? 명쾌한 해법을 찾아보도록 하겠습니다.

2) 유통에서도 기존의 전통적 단계가 대폭 축소되어 제품 기획에서부터 바로 시장으로 연결되고 있습니다. 시장을 어떻게 파악할 것인가? On-line 상에서 정보는 넘쳐 나지만 과연 신뢰할 만한 정보는 어디에 있으며, 어떻게 찾아낼 것인지 해법이 보이질 않습니다.

(3) 새로운 패러다임에 대한 대응 체제 구축과 실행은 필수

1) 무역의 패러다임이 근본적으로 변하고 있습니다. 동승할 것인가?

아니면 마이 웨이를 고집할 것인가? 선택이 아닌 필수 사항이 되었습니다. 대상 거래선도 불특정 수입 업체 중심에서 다수의 글로벌 기업으로 확대되고 있으며, 시장에서의 해당 제품에 대한 수요가 변화하고 사이클이 단축됨에 따라 기존의 공급자가 구매자를 발굴하는 전통적 영업 방식에서 구매자가 공급자를 발굴하는 역순의 형태로 변화하고 있습니다.

기업 간의 경쟁도 이제까지의 가격, 품질, 납기 등의 하드웨어 중심에서 서비스와 가치 같은 소프트웨어를 누가, 어떻게, 얼마나 제대로 제때에 공급하는가에 따라 승패가 극명하게 갈릴 것입니다.

2) 가격 경쟁 : 얼마나 더 내려갈 것인가?

더욱더 치열해지고 있고 우리 기업들의 추가 인하 여력은 한계에 달한 상황입니다. 어떻게 해야 할까요? 가격을 낮추게 되면 어느 정도까지 판매량은 늘어나지만, 인하된 가격에 소비자들이 서서히 익숙하게 되면 매출은 원점으로 돌아옵니다. 경우에 따라서는 인하 이전보다 매출이 감소하는 경우도 있고, 이는 소비자들이 추가 인하를 기다리면서 구매를 미루고 있기 때문입니다. 반드시 필요한 경우나 시기가 아니라면 가격에 대한 결정과 운영 정책은 신중히 고려하여야 할 것으로 봅니다.

고객들이 구매를 결정하게 되는 결정적 동기 중 가격은 단지 하나일 뿐입니다.

3.
사용자 인터페이스(User Interface) 시스템 구축을 위한 해법을 습득하여 현업에 적용한다

(1) 만들면 팔릴까? 사용자 인터페이스(User Interface)는 생존의 문제

1) 사용자 인터페이스(User Interface) : 무조건 만들면 팔리는 시대는 이미 끝났습니다. 시장의 변화와 Needs를 정확히 알아 적기 대응을 하지 못하게 되면 소비자들은 등을 돌리게 됩니다. 특히 과거의 성공 방정식에 안주하여 자만을 하게 되면 시장에서 완전히 도태될 수도 있지요.

2) 이스트먼 코닥(Eastman KODAK) : 2012년 New York 남부 법원에 파산 보호를 신청했습니다. 131년의 역사, 1881년 사진 기술자 조지 이스트먼(George Eastman)이 설립한 후 1884년 Roll Film을 출시하며 압도적인 시장 점유율을 기록하였었지요.

1975년 세계 최초로 디지털 카메라 기술을 개발했으나 기존 주력 제품이던 필름 시장을 잠식당할까 봐 디지털 카메라의 개발과 마케팅에 적극적으로 나서지 않았습니다. 그 결과는 참담함, 그 자체였지요.

3) 반면 시장의 변화와 흐름을 꿰뚫어 보고 향후를 정확히 예측하여 대비한 경우는 오히려 매출이 대폭 증가하였습니다. IBM은 1980년대 초반까지 PC의 대명사로 불릴 만큼 세계 컴퓨터 업계를 선도하였지요. 1980년대 중반 이후 시장의 급격한 변화에 대응하지 못하면서 1990년대 초반까지 심각한 경영난을 겪었으나 이후 주력 사업을 제품 생산에서 서비스로 전환하면서 일대 변환기를 맞게 됩니다.

PC 생산에 의한 주력 사업이 한국과 일본 기업들에게 시장을 내주자 일찌감치 포기하고 향후에는 소프트웨어(Software)에 대한 수요가 기하급수적으로 늘 것으로 예측하여 IT 솔루션 개발과 구축, 전략 컨설팅을 주력 사업으로 전환한 결과 대성공을 이루게 됩니다.

(2) 더 까다로워지고 복잡해지는 무역 장벽에 선대응하기

1) 기존의 관세에 의한 장벽 이외에도 기술, 안전 규정, 친환경, 인권, 보건 등의 여러 가지 분야의 비관세 장벽에 걸친 제한과 규제가 한층 더 강화되고 있으며 정치, 경제, 사회적으로도 불안 요인이 계속 증가하고 있습니다.

2) 비관세 장벽
- **수량 제한(Quota)**
  ① 총량별 : 수입 총량을 지정, 대상국별로 수입량을 할당하지 않는다.
  ② 국별 : 수입 대상국별로 수입량을 할당
  ③ 관세별(Tariff Quota) : 특정 품목에 대해 일정한 수입량을 정해 놓고 이를 초과할 경우 초과 분량에 대해 더 높은 관세 부과
- **보조금(Subsidies) :** 정부가 국내 생산 업체에게 주는 일반적 특혜 – 저리 융자, 현금 보조, 세금 감면

- **상계 관세(Countervailing Duty)** : 수출국 자국 정부로부터 보조금을 받아 가격 경쟁에서 특혜를 누릴 경우 수입국 정부가 그 보조금에 해당하는 만큼 의 금액에 대해 관세 부과
- **반덤핑 관세(Anti-dumping Duty)** : 덤핑 방지가 목적임

  ① 수입 가격이 국제 시장 가격보다 낮을 경우

  ② 수입 가격이 생산 원가보다 낮을 경우

  ③ 수입 가격이 수출국의 내수 가격보다 낮을 경우

  ⇒ 수입국 정부가 자국에서의 정상 가격과 덤핑 수출 가격의 차액에 대해 관세를 부과
- **긴급 수입 제한 조치(Safeguard)** : 특정 제품의 수입으로 인해 심각한 피해를 입었을 경우 자국 산업 보호를 목적으로 취함. 미국의 철강 Safeguard가 대표적 사례입니다.
- **수입 절차 제한** : 통관 절차를 복잡하게 한다든지 외환에 대한 관리와 감독을 강화하고 수입에 대한 허가를 까다롭게 하는 등의 조치를 취함으로써 제한

(3) 모든 면에서 경계가 없어지고 있다 - Convergence

1) Convergence

여러 가지의 기술이나 성능이 하나로 융합되거나 합쳐지는 현상이며, 아날로그에서 디지털로 변화하면서 서서히 나타나기 시작하였고 모바일과 결합되면서 우리의 삶을 완전히 바꾸어 놓았습니다.

새로운 생태계에 적응할 것인가, 아니면 이제까지를 고수할 것인가? — 선택은 우리의 몫입니다.

2) 스마트폰

우리에게 필요한 거의 모든 기능이 들어 있고 지금 출시되는 최신의 스마트폰들을 보면 수많은 기능이 탑재되어 과연 그것들을 다 사용할 수 있을는지 의문이 듭니다. 아니 오히려 이 많은 기능이 결코 필요한 것일까 생각해 보게 됩니다.

3) 디지털 대 아날로그

양날의 검이자 서로가 없어서는 절대 안 되는 짝. 디지털이 만능일까? 이젠 더 이상 아날로그는 필요 없는 세상으로 변할 것인가?

4.
직접 기업을 지원하여 해외 시장 진입과 확대에 성공한 사례

(1) B2C - 사례 1 : 미술용 팔레트

1) 카탈로그 : 소박스(Inner Box)에 몇 개가 들어 있고, 대박스(Carton Box)에는 몇 개의 소박스가 들어 있으며 20ft와 40ft 컨테이너에 각각 몇 개의 대박스가 적재된다는 것도 카탈로그에 다 나와 있어 원하는 정보를 바로 찾을 수 있도록 제작하였다.

2) 바이어들이 문의해 오는 것은 딱 두 마디이다. 가격과 납기를 알려 달라는 것(Please quote and delivery)이다.

(2) B2C - 사례 2 : 비데

1) 기존 제품의 문제점

① 저장된 온수를 다 써 버리면 냉수가 나온다는 것은 가장 큰 문제이다.

② 허리가 불편한 사람은 우측에 있는 조작 버튼을 누르기가 만만치 않다.

③ 온수를 저장하기 위해 큰 수조를 사용해야 한다.

④ 자다 일어나 한밤중에 용무를 보기 위해서는 등을 켜야 한다. 따라서
순간적인 눈부심이 발생한다.

2) 해결책

① 순간온수기를 단다.

② 리모컨으로 조작하게 한다. 몇 만 원짜리 선풍기에도 리모컨이 달려 있다.

③ 순간온수 기능이 있으니 수조가 클 필요가 없다.

④ 자체 내 조명 장치를 부착하였더니 구태여 화장실 등을 켤 필요가 없어
졌다.

3) 해외 시장 개척

해외 Network를 가동했다. 때마침 일본의 한 대기업에서 신규 사업군으
로 웰빙 사업을 추진하고 있다는 정보를 입수하였다. Contact & Approach의
과정을 섬세하게 진행하였고, 소소한 부분에 대해서도 놓치지 않으려고 노
력을 많이 하였으나 일본의 요구 수준을 맞추는 것은 결코 녹녹하지 않았다.
무엇보다 임직원들의 눈높이와 사고의 변화를 가져오는 부분이 가장 힘들
었던 과정이었다.

전화번호부보다 두꺼운 코레스 철, 수많은 메일과 전화, 일본 측의 방한,
우리 측의 현지 방문, 변경 또 변경(Revising & Revising), 우리의 기대 수준을 훌

쩍 뛰어넘는 그들의 요구 사항 등등. 인체와 물과 전기의 만남은 쉬운 제품이 결코 아니었다.

(3) B2B - 사례 1 : Circuit Breaker

1) 경기도 소재 금속 회사. 1999년 법인 설립, 직원 10명

발전소나 변전소에 낙뢰가 칠 때 중요 설비를 보호하기 위해 낙뢰 시 자동 분리되는 Circuit Breaker. 핵심은 상단 끝부분에 대한 특수 용접 코팅 ─ 유사시 분리가 되지 않을 경우 최하 몇 백만 불의 피해 발생. 캐나다를 위시하여 소수의 선진국에서만 코팅 가능. 해외 시장에서 주요 Major들에 대한 납품 실적이 적거나 없으면 명함조차 내밀 수 없는 대단히 어려운 제품

2) 미국 조지아주 소재 Major 업체 경영진 방한 시 상담 지원. 당시 거래 중이던 캐나다의 Supplier로부터 납기가 지연되어 신규 공급 업체 발굴을 위해 2명의 Buyer 방한 상담 시 지원 ─ 핵심 포인트는 품질 관리(Quality Control)

품질 보증(Quality Assurance)을 위해 캐나다의 공급 업체는 자동 로봇에 의한 전자 용접 처리 시스템을 구축하여 제품을 출하하는 데 반해 본 기업은 수작업에 의한 용접으로 작업을 하고 있었다. 현장에서 수작업의 과정과 이 과정을 통해 생산된 제품을 견학한 이들의 표정은 착잡함 그 자체였다. 수작업으로 어떻게 품질을 맞출 수가 있을까?

그게 가능한 일인가? 제3자 입장에서 생각해 봐도 틀린 말이 아니지 않는가? 어떻게 하면 이 고비를 넘길 수 있을까. ─ 고민, 궁리 그리고 해법을 찾았다.

3) 상담을 진행함에 주의를 요하는 것 중 하나는 주객이 전도되는 일이 결코 없어야 된다는 것. 의욕을 앞세우다가는 설치는 꼴이 될 수도 있기 때문이다.

가감, 완급, 강약 등의 요소들이 제때에 적절히 구사되어야 효과를 볼 수 있다. 이를 위해 제품에 대한 전문 지식을 사전에 공부해 두어야 하며, 그들이 던질 수 있는 질문에 대해서도 상담에 임하는 임직원들과 미리 협의해 예상을 하고 대비해 두어야 한다. 무엇보다 중요한 것은 신뢰도 제고 — 향후에 서로에 대한 믿음이 없을 경우 거래가 이루어질 수 있을까? 상대는 같은 분야의 세계적인 Major 기업. 규모, 인프라, Reference, 매출 등에서 비교조차 할 수 없는 협상 테이블

4) Trouble Shooting, After Sales Service, Monitoring…… 예리하고도 복잡한 Issue들이 계속적으로 꼬리에 꼬리를 물고 나오기 시작했다. 각각의 이슈들을 대응함에 힘이 부칠 수밖에 없었고 하나라도 시원한 대책이 절실히 필요했던 상황이었다.

상담은 더디게 진행되었고 바이어들은 시계를 쳐다보기 시작했다. 나라면 어떻게 대처할 것인가? 우리가 상대의 입장이라면 대충 넘어갈 수 있겠는가! 객관적 자료들을 제시함으로써 해결의 실마리를 찾았다.

(4) B2B - 사례 2 : 레벨계(Level Meter) 및 유량계(Flow Meter)

1) 레벨 계측 기기, 유량 계측 시스템, 1975년 설립. 직원 87명(2017.12)

공기업으로부터 업무 위탁, 국내 대형 건설 회사들과 거래, 동종 업계 선도 업체. 국내 굴지의 플랜트 건설 업체들을 통해 중동, 아시아 지역으로 이미 로컬 수출을 하고 있는 기업으로서 해외로 직수출을 해 보고자 하는 것이

당시의 목표. 주력 시장인 미국 이외에도 독일, 중국, 말레이시아, 싱가포르, 대만 등으로 수출이 활발하게 진행

2) 품목의 특성상 해외의 석유 Major들과의 납품 실적과 주요 현장(Job site)에서의 품질에 대한 검증이 되지 않았거나 없는 경우 해외 시장으로의 진입 자체가 안 되는 제품으로, 국내 업체들과의 실적은 필요조건이지 결코 충분조건이 되질 않아 해외 시장 개척이 거의 불가능한 제품임. 미국 텍사스 소재 Major 기업의 Sales Manager와 Technical Manager의 방한에 따라 상담과 협상을 지원하게 됨

3) 모의 상담을 통해 사전 시뮬레이션을 진행하였고, 상대측에서 요청한 기술적 요구 사항(Technical Requirements)에 대한 자료들을 준비하고 점검하면서 상담을 준비하였음.

상담 시 기술적인 부분들에 대해 나름대로의 1:1 대응을 하였으나 상대의 요구 수준은 우리의 예상을 넘어서는 것들이 적지 않았다.

4) 보증(Warranty) : 유전에서 유조선에 석유를 실었을 때 얼마를 실었는가에 대한 정확한 계측이 되지 않았다면 누가 책임을 져야 하는가? 계측 시스템 설치 초반에는 문제가 없다가 추후 문제가 생긴다면 어떻게 할 것인가? 만일 계측 오류로 천 톤, 만 톤, 아니 그 이상이 선적이 되었다면? 그래서 유전 회사에서 손해 배상을 청구해 온다면 그 금액을 감당할 수 있을 것인가, 해답은 없는 것일까?

5) 위탁 판매 방식(Consignment Contract) : 수요를 예측하기 어려운 바 위탁 판매 방식을 제의해 왔다. 위탁 판매 방식이 무엇인가? 판로 확보가 어려

운 품목이니 그들한테 갖다 놓고 판매가 될 때 대금을 지불하겠다는 것 아닌가! 만약 특정 기간 내 판매가 부진할 경우 반품을 하고 반품 비용도 우리 측에서 부담해야 한다.

필드에서 검증되지 않은 제품에 대한 안전장치를 확보하고자 함인지, 가격을 추가로 인하하기 위함인지 제품의 특성을 잘 알고 있는 그들의 속내를 알아내기란 결코 쉬운 일이 아니었다.

5.
맺음말

해외 시장 진입과 다변화를 위해서 비교 우위의 경쟁력을 보유해야 하는 것은 필수로 요구되는 사항입니다. 가격, 납기, 품질, A/S 등 여러 가지의 경쟁력이 있지만 가장 중요한 것은 품질이라고 할 수 있습니다. 혹 가격이 아닐까라고 생각해 볼 수도 있겠으나 품질이 따라 주지 않을 경우 가격은 그 의미 자체가 없게 될 것입니다.

15장

글로벌 마켓 – B2G(Business2Government)를 주목하라

김종원

1.
글로벌 B2G 마케팅(국제 입찰)의 개요

(1) B2G 마케팅의 정의

필자가 의도하는 B2G 마케팅 전략의 정의는 B2B와는 달리 거래 상대방이 소위 해외 관공서(공공 기관, 국제기구)이기 때문에 정부(GOVERNMENT)가 전 세계 공급 업자(BUSINESS)들을 상대로 국제 입찰에 부치는 '입찰 초청서'(Invitation To Bidders, 이하 ITB로 약칭함)에 명시된 제품과 용역 서비스를 공급(납품)하는 마케팅 전략에 한정됩니다.

(2) B2G 시장 규모와 비즈니스 특성

현재 전 세계에서 입찰을 통한 해외 B2G 시장은 국내 조달 시장의 50배가 넘는 약 10조 달러 규모의 초거대 시장입니다. 조달청에 따르면 유엔(UN) 등 국제기구 조달 시장은 약 500억 달러 규모임에도 불구하고 UN 조달 시장의 경우 국내 기업의 수주 비중은 약 1%에 그치고 있습니다.

한편 B2G 시장은 그러한 실무 절차상 복잡성의 단점이 있지만, 아래와 같은 비즈니스 특성을 갖습니다.

① 제품의 구매자인 바이어가 정부나 공공 기업, 국제기구이기 때문에 일반 무역 거래보다 대금 회수의 신뢰도가 높아 기업의 자금 관리에 도움이 됩니다.

② 한번 낙찰이 되면 대량 매출이 발생하며 다음 입찰 시 다시 초청되는 등 지속적인 매출이 가능하며 업무 진행도 용이합니다.

③ 투명 구매와 구매 절차를 강조하는 최근의 국제 입찰은 서류로써 요구 재화나 용역에 대한 평가를 실시하고, 필요한 경우 실제 응찰 기업의 공장 실사를 통해 검사를 추가하며, 모든 구매 행위 과정 자체가 관련자들에게 명확한 근거를 가지고 평가하는 방식을 택하고 있습니다.

따라서 현재 중국 및 기타 동남아 개도국의 추격으로 인해 가격 경쟁력을 상실하여 국제 시장에서 입지 확보가 어려운 국내 기업에는 유리한 사업 기회로 간주됩니다.

④ B2G 시장은 외국의 물품 구매(공사 발주) 기관이 외국인을 상대로 물품, 공사 및 용역을 조달하기 위해 공고를 통하여 가격 등 공급 조건을 정해진 기간 내에 제시하면 입찰 시행청이 구매하는 방식이기 때문에 입찰 상대국과의 통상 마찰도 적고, 개도국에 대한 경제 협력 차원에서 정부의 수출 지원 효과도 얻을 수 있습니다.

[사례 #1] 유엔 본부 항공 조명 장치 낙찰

인터넷을 통하여 유엔 본부 국제 조달 공고(UN Procurement Service)를 보게 된 국내 H 산업은 동사가 생산하는 항공 조명 장치(airport lighting equipments)의 입찰 참가 여부를 두고 고민하던 중 필자에 상담을 요청해 왔다. 동사 무역 담당자의 고민은 국제기구에 납품 절차 및 서류는 복잡할 것이라고 지레 걱정하여 입찰 서류 작성이 엄두가 나지 않는다는 것이었다. 이에 필자는 유엔 개발 계획(UNDP) (이하 '발주처')의 공급자 등록은 'UN Global Marketplaces(www.ungm.org)' 통합 공고에 접속하여 업체 등록 서류(supplier registration form)를 다운로드 받아 입찰 서류의 첨부 서류인 기업의 재무 상태 보고서, 생산 제품의 납품 실적 및 기술력에 대한 자료를 준비하면 된다고 담당자에게 설명하였더니 국제 조달의 투명한 절차 와 신속한 정보 입수에 놀라는 표정이었다.

그러나 동사 사장은 가격 요청서(Request for Proposal)상에 구매 SPEC이 미국 FAA 인증을 받아야 하고 4주 이내 짧은 납기의 까다로운 조건이어서 응찰을 포기 하겠다는 것이었다. 그러나 필자는 세계적인 항공기 자재 제조업체인 이태리 경쟁 업체가 이번 입찰 품목은 가격 경쟁력이 없다는 점에서 가격 제안서만 제출하면 낙찰된다고 설득한 끝에, 가까스로 입찰에 참가할 수 있었다.

그로부터 2주일 만에 발주처는 업체 등록이 되었다며 일반 구매 조건(General Terms for Procurement)을 e-메일로 보내왔다. 그러나 발주 조건이 유엔 본부 사무 실에서 기술적 안정성을 시현하는 기술 미팅에 참석하라는 조건과 일반 구매 조 건상 발주 후 1주일 내 이행 보증서(P-BOND)를 납부하는 조건 때문에 업체 사 장은 기술 미팅의 참석이 어렵다면서 공급을 포기하는 입장으로 돌아서는 바람 에 또 한 번 물거품될 뻔하였지만, 다행히 발주처는 P-BOND 대신 업체의 공급 확약서(Letter of commitment)와 기술 확약서로 대체한다고 양보해 왔다. 아무리 국제기구라 하더라도 공급이 급박한 상황이었기에 구매 조건의 예외를 허용했던 것이다. 결국 구매 의향서에 서명한 후 2개월 만에 무사히 선적을 마치고 대금을 UNDP에 청구하니 약 US $60,000가 입금되었다. 한국산 제품의 첫 UN 수출이라 는 점에서 사장 이하 전 직원이 감격했고, 그 후에도 1차 적기 공급의 신뢰를 기반 으로 UNDP로부터 수시로 입찰 참가 제의를 받고 있다.

(3) 글로벌 B2G 마케팅 프로세스

한정된 자원으로 최대의 효율을 내기 위한 글로벌 B2G 마케팅 전략의 실행 PROCESS는 아래 [그림 15-1]과 같이 7단계로 압축됩니다.

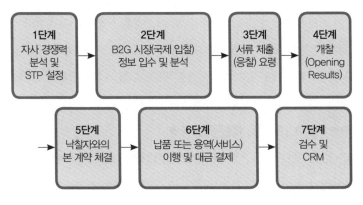

[그림 15-1] 글로벌 B2G 마케팅 PROCESS

1) Process 1단계. 자사 경쟁력 분석 및 STP 설정

글로벌 B2G 시장은 갑인 '입찰 시행청'(창)과 을인 '응찰 기업'(방패)의 처절한 싸움에 비유됩니다.

입찰 초청서(IT) B의 일반 조항(GCC) 내에는 양 당사자 간 협상 가능 구역(ZOPA)이 없는 영역이 상존하며, 입찰 기관에 따라 입찰 진행 방식 및 평가방식이 상이한 경우가 많기 때문에 응찰 기업은 자사가 생산, 공급 가능한물품 및 서비스의 경쟁력을 분석하고 경쟁사들을 따돌릴 수 있는 지속적 수익 시장(sustainable segment)을 결정함이 매우 중요합니다.

2) Process 2단계. B2G 시장(국제 입찰) 정보 입수 및 분석

수시로 공고되는 국제 입찰 정보를 확보하고 응찰자의 입장에서 가장 경쟁력 있는 입찰 초청인지를 분류, 분석합니다.

[사례 #2] 폴란드 보건성 낙찰

L 그룹 계열사가 폴란드에 B형 간염 백신을 대량 수출하게 된 것은 폴란드 조달청 인터넷 사이트(www.uzp.gov.pl)를 통해서였다. 즉, 폴란드 보건청이 최근 실시한 국제 입찰에서 L 그룹 계열사가 최종 낙찰되어 한국산 의약품이 처음으로 폴란드 시장에 어린이 40만 명에게 접종될 120만 병 분량을 수출할 수 있게 됐다.

이번 입찰에는 L 그룹 계열사와 국내 기업 1개사, 다국적 기업인 GSK 등 3개사가 응찰하여, 치열한 경쟁 속에 최저 가격을 써낸 L 그룹 계열사에 최종 낙찰되었다.

3) Process 3단계. 서류 제출(응찰) 요령

입찰 공고서에 기재된 정해진 날짜 및 시간(Bid Closing Date)에 맞추어 응찰자(BIDDER)는 완비된 서류를 비공개로 가격과 제품의 품질을 제안하여야 합니다. 마감 시한 내에 서류를 제출하지 못하는 경우와 서류 접수 완료 후 추가 사항이나 수정 사항에 대한 추가 제출은 불허됩니다.

4) Process 4단계. 개찰(Opening the tender, Opening results)

입찰 시행청은 필요 재화 및 용역에 대한 기술 사항을 자체 심사 위원회나 지정된 기술 감리 회사를 통해 응찰 시 제출된 서류와 가격을 평가하고 결과를 공개합니다.

일반적으로 조달 입찰 서류 제시 마감 후 먼저 가격 부분에 대해 평가한 후 기술 심사에 들어갑니다.

평가는 아래 4가지 개찰 방식 중 하나를 택하여 최종 낙찰자를 확정하고 계약 당사자와 본 계약을 체결합니다.

① 가격 + 기술 동시 심사(Single stage - one envelope)

가격과 기술 제안서를 단일 봉인, 제출토록 하여 가격과 기술 요소를 종합 평가하여 가장 유리한 조건을 제시한 응찰 업체를 낙찰 기업을 선정하는 방식입니다.

② 가격 + 기술 분리 심사(Single stage - two envelope)

가격과 기술 제안서를 동시에 별도의 봉투로 작성하여 제출하되 일단 기술 자격을 통과한 응찰자에 한하여 가격 제안서 개봉을 실시하며, 기술 자격 불합격자는 가격 제안 기회를 주지 않거나 가격 제안서를 개봉하지 않습니다. 이 경우 최저 가격 응찰자라고 하더라도 낙찰 대상에서 제외되므로 응찰자의 규격 미비(Technical Deviation)보다 100% 일치하는 규격을 제안하는 것이 중요합니다.

③ 기술 제안서 및 가격 동시 심사(Two stage - two envelope System)

가격과 기술 제안서를 동시에 별개로 제출하되 1단계 입찰에서 기술 자격을 통과한 응찰자에 한하여 가격 제안서를 개봉하며, 2단계 입찰에서는 기술 미달 응찰자에게 기술을 수정할 시간을 충분히 주고, 그에 따른 수정 가격 제안서를 제출토록 기회를 주어 동일한 기술 수준에서 최종 낙찰자를 선정하는 방식이므로 우선 1단계 기술 자격 통과가 중요합니다.

④ 2단계 봉합 입찰 방식(Two Stage bidding)

가. 1단계 입찰 심사에서는 가격이 포함되지 않은 기술 제안(Technical Proposal)만을 제출하게 하여 평가합니다. 2단계 입찰에서는 상기 기술 제안 중에서 수용 가능한 것으로 최종 평가된 제안자를 상대로 가격 입찰만 실시합니다. 이 경우 기술 평가에 자의적인 요소가 개입할 수 있고, 최저 가격 응찰자라 하더라도 기술 점수가 저평가되면 낙찰에 실패할 수밖에 없는 공정성이 떨어지는 방식입니다.

나. 2단계 입찰 심사에서는 탈락된 응찰자들에게는 제출한 서류 중 BID

BOND가 반환되며 낙찰 계약자에게는 BID BOND를 계약 이행 보증금 (PERFORMANCE BOND)으로 대체 요청합니다.

5) Process 5단계. 낙찰자와의 본 계약 체결

우선 협상 대상자(SHORT-LISTED BIDDERS) 중에서 최종 낙찰자(AWARDEE)로 결정된 당사자와 입찰서(ITB)에 기재된 일정과 절차에 따라 입찰 시행청 (발주 기관)과 정식으로 본 계약을 체결합니다.

6) Process 6단계. 납품 또는 용역(서비스) 이행 및 대금 결제

물품을 납품하는 경우에는 무역과 동일한 제품의 운송이 필요하고, 관련된 거래 조건 및 결제 조건 등을 제시하게 됩니다.

일반적으로 조달 입찰에서 신흥 개도국은 외국 차관(world bank나 ADB 등)을 공여 받아서 동 자금원을 통하여 신용장(LETTER OF CREDIT)을 개설하게 됩니다. 일부 입찰 국가에서 자국산 보호 정책을 실시하고 있는 상황을 감안하여 외국 차관인지 아니면 자체 예산인지 여부에 대한 검토가 필요합니다. 왜냐하면 자체 예산의 경우, 낙찰 이후 자금 부족으로 계약이 지연되는 상황이 발생하기 때문입니다.

7) Process 7단계. 검수 및 CRM

검수 및 사후 관리 절차는 입찰 재화나 용역이 구매 이후 입찰 서류 조건에 의거하여 사후 관리 및 SERVICE를 제공하는 절차를 밟게 됩니다.

특히 사후 관리에 대한 보증을 위해 이미 개설되어 있는 계약 이행 보증 증권(PERFORMANCE BOND)의 보증 기간 동안 연장 조치 혹은 계약 이행 보증 증권의 취소 대신 공급된 재화나 용역의 보증 기간 동안 하자 보증서 (WARRANTY BOND)의 발급이 요청됩니다.

2.
입찰 초청서(ITB)의 분석과 대응 방안

(1) ITB 발행 기관(입찰청)의 신용도(평판) 입수

국제 입찰을 담당하는 실무자는 성공적인 입찰 참가를 위하여 아래의 예시와 같은 입찰 초청서(Invitation To Bidders 또는 Invitation For Bids)를 받으면 입찰의 참가 여부 및 수주 가능성을 판단하기 위하여 살펴보아야 할 기본 조건은 다음과 같습니다.

중남미, 서남아 등의 후진국의 입찰 기관들은 입찰 공고와는 달리 구매 수량의 축소, 규격의 변경, 구매 시간의 연기, 낙찰자의 변경 등 일방적 행태를 보였던 과거 사례가 있었는지를 조사하여 신용도를 따져 응찰합니다.

Invitation for Bids

Date:	9 April 2019
Loan No. and Title:	3600-UZB: Primary Health Care Improvement Project
Contract No. and Title:	PHCIP/ICB-G1: Supply of Medical Equipment, Sets of Instruments, Accessories & PCs for Rural Medical Polyclinics
Deadline for Submission of Bids:	21 May 2019; 3:00 PM (Tashkent Time)

1. The Republic of Uzbekistan has received financing from the Asian Development Bank (ADB) toward the cost of the **Primary Health Care Improvement Project**, and it intends to apply part of the proceeds of this financing to payments under the contracts named above. Bidding is open to Bidders from eligible source countries of ADB.

2. The "**Primary Health Care Improvement**" Project Implementation Unit (PIU) (the "Purchaser") invites sealed bids from eligible Bidders for the **Supply of Medical Equipment, Sets of Instruments, Accessories & PCs for Rural Medical Polyclinics** (the "Goods"):

#	Lot/Item description	Unit of measurement	Quantity/ Number	Delivery Period
1	**ULTRASOUND SCANNERS**			
1.1	Full digital, multifunctional diagnostic ultrasound color Doppler imagine scanning unit	Set	809	20 weeks

[사진 15-2] 우즈베키스탄 의료 기기 국제 입찰 공고
(출처 : 아시아 개발 은행 홈피(www.adb.org))

(2) 각종 입찰 서류(TENDER DOCUMENTS)별 작성 요령

국제 입찰은 서류를 통해 회사를 알리고 공급 희망하는 제품에 대한 평가 및 심사를 받는 과정입니다. 따라서 입찰 서류 제시 만기일에는 반드시 요구 서류를 모두 구비하여 제출 가능한지 정확한 파악이 필요합니다.

그다음 응찰자는 일반 거래에서 타 경쟁사 대비 월등한 서류를 통한 경쟁력을 입찰 시행 기관에 보여 줌으로써 거래의 성약 가능성을 극대화할 수 있습니다.

또한 서류의 미비가 예상되는 경우는 가격 조건이 아주 좋은 경우라 하더라도 기술 심사에서 감점을 받게 되어 낙찰 가능성이 희박하므로 서류 관련하여 명확한 파악이 참가 여부 결정에 중요합니다.

무엇보다 국제 입찰 서류의 완벽한 준비가 필요하며, 서류로서 입찰 참가자가 자신의 역량을 증명하여야 합니다.

(3) 각종 입찰 보증서(BOND) 리스크 체크 포인트

입찰 보증서는 입찰자의 해외 입찰 이행과 관련돼 발생하는 제반 의무를 제3자인 금융 기관이 보증해 낙찰자의 의무 불이행 시 해당 금액을 금전적으로 보상하는 약정으로서 입찰 보증, 계약 이행 보증, 선수금 환급 보증, 하자 보수 보증 등의 종류가 있습니다.

보증서를 발급하는 보증 기관은 통상 발주처가 수락할 수 있는 적격 은행(현지의 국책 은행, 현지 은행, 신용 등급이 우수한 세계 유수 은행, 국내 은행 등)을 지정하므로, 발주처가 요구하는 내용에 따라 발급받으려면 입찰 시행청의 신용도, 발급 신청인(응찰자)의 담보 및 관련 자료 제출 후 금융 기관 내부 심사를 거쳐 발급되므로 충분한 시간을 가지고 발급 준비를 하여야 합니다.

1) 입찰 보증(Bid Bond)

국제 응찰 서류가 작성되었으면 통상 입찰 예정 금액 2~5% 내외의 입찰 보증금(Bid Bond)을 예납하여야 하는데, 에이전트(agent)가 재정적인 능력이 있으면 현지에서 대납해 주는 경우도 있지만 그렇지 못하면 응찰자가 거래 외국환 은행을 통하여 직접 예치합니다. 이것은 입찰 평가 중에 입찰을 포기하거나 낙찰자로 선정된 후 포기할 경우 입찰 시행청이 입을 피해에 대한 보증으로서 입찰 시행청의 입찰 평가 비용, 여타 낙찰자 선정에 소요되는 비용에 대한 보증입니다.

2) 계약 이행 보증(Performance Bond)

계약 체결 시에 계약 조건에 따라 낙찰자의 의무를 다하도록 하기 위해 요구되는 보증으로서, 입찰 시행청과의 본 계약 체결 이전에 계약 금액의 5~10% 수준을 납부해야 하고, 납품 완료 시 되돌려 주는 것으로서 발급 시 전략은 다음과 같습니다.

① 계약 이행 보증 증권의 내용은 입찰서상의 요구 내용을 그대로 반영하여야 하며, 일부 은행 간 특약 혹은 기타 사항을 첨언하는 경우도 있습니다.

② 대부분의 조달 입찰 거래에서 품질 등의 문제가 야기되는 경우 공급자에게 가장 큰 위협이 되는 부분이 계약 이행 보증 증권이며, 이에 따라 입찰 참가 결정 시점부터 동 부분에 대한 조항을 면밀히 검토해야 합니다.

③ 본 계약 체결 이후 이행 보증 증권을 납부하여야 신용장이 개설됩니다.

④ 보증 기간은 해당 품목의 특성과 생산 기간, 운송 기간, 현지 검사 기간 등을 고려하여 정해집니다.

3.
낙찰 전후, 본 계약서상의 독소 조항 대응 방안

국제 입찰을 통한 B2G 거래는 갑(창)과 을(방패)의 처절한 싸움에 비유됩니다. 즉, 국제 입찰 초청서(ITB)의 일반 조항(GCC = General Conditions of Contract) 내에는 양 당사자 간의 협상 가능 구간(ZOPA)이 없는 영역이 상존합니다. 그에 따라 갑(입찰 시행청)은 을에게 불리한 조건을 제시하고 협상을 재차 요구하는 입장(Negotiable)인 반면, 을(응찰자)은 갑이 일방적으로 제시한 불리한 입찰 조건을 거의 그대로 수용해야 하므로 갑의 조건들에 대하여 협상이 불가능한 입장(non-negotiable)에 서게 됩니다.

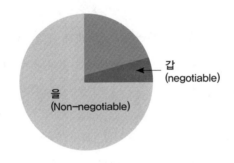

[그림 15-3] 국제 입찰 공고의 필승 전략
(이미지 출처 : 김종원 블로그(blog.naver.com/pprocure))

(1) 유능한 입찰 대리인의 선정 기준

아무리 대기업의 현지 지사원이 상관습(상거래 관행)에 능통하다고 해도 입찰 정보 및 수행 절차를 처음부터 끝까지 follow-up 하는 현지의 입찰 대리인(Bidding agent)을 확보하지 못하면 자체적으로 수주하기가 매우 어렵습니다. 국제 입찰의 성공 여부는 현지 상관습과 정보 관리에 탁월한 입찰 대리인을 확보하느냐의 여하에 달려 있습니다.

1) '유능한 AGENT'의 검증을 위한 설문 내용

① 현지 국적인가?

(입찰 시행 기관이 자국의 회사에 우선권을 부여하는 경우 현지 국적이 아니면

응찰의 결격 요인이 됩니다.)

② 입찰 기관으로부터 신뢰를 받고 있는가?

(과거 입찰 시행 기관과의 인맥의 안정성, 친밀도, 전직 경력, 낙찰 실적 등)

③ 성공적 입찰 업무를 수행할 재무 능력이 있는가?

(물밑 교섭을 위한 경비, 입찰 보증금의 납부 능력, 자체 자금 보유)

④ 장기적 비전과 상도덕성을 견지하고 있는가?

(입찰은 1회적 거래가 아닌 장기적 사업이므로 그에 따른 미래 지향적이고 중장

기적 안목을 가져야 합니다.)

2) 입찰 대리인과 파트너십(동업) 계약 조건

① 가급적 독점권(exclusive agency)을 주어 응찰 업체를 위하여 전력투구하도록

해야 합니다. 국내 업체들이 동일 국가에 복수의 대리인들과 거래하는 경우는

결국 상호 불신만 초래해 입찰이 성공에 이르기 어렵기 때문에 입찰 건별, 한시

적 기한 내 조건부라도 독점권 부여가 필수적입니다.

② 계약에 따른 공식적 관계에 의존하는 것보다 일 년에 한두 번의 방문을 통하여

평소에 친분을 두텁게 쌓아 놓는 것이 중요합니다.

한편, 아프리카나 중동에 소재한 대리인의 경우, 상대방을 한국에 초청하여 제

품 공장으로 안내함으로써 공급 능력 등을 상세히 인식시켜 주는 것도 좋은 방

안입니다.

③ 입찰 대리인은 커미션(돈)을 먹고사는 만큼 독점 대리인의 명분보다는 결국 돈

에 관한 한, 일단 지불 확약한 돈이면 그 약속을 이행하여야 합니다. 예를 들어

약정한 커미션이나 물밑 교섭을 위해 대리인이 먼저 쓰면 주겠다고 한 경비의

지불을 지연하면 상호 불신감만 커집니다. 그러한 사소한 약속의 불이행으로 인해 결국 국내 입찰 업체의 수주와 관련된 대리인의 정보 제공 의무상 '껍데기 정보'만 제공받는 누수 현상이 발생됩니다.

④독점 계약한 입찰 대리인이 외국의 경쟁업체와 양다리를 걸쳐 국내 업체가 입찰에 떨어지도록 역정보를 제공하는 등의 상도(商道, gentlemanship)가 없는 대리인인지도 파악하여야 합니다.

(2) 입찰 대리인을 통한 대응 요령

아무리 최저 응찰자로 판명된 경우라도 입찰 시행 기관의 예정 가액보다 높은 경우 재입찰을 실시하여 예정 가격으로 유도한다거나 아예 입찰 자체가 무효가 되는 입찰 시행국이 있을 수 있으므로 최저 응찰에 성공했다고 해도 입찰 대리인을 통하여 지속적인 이면 교섭은 필수적입니다.

이에 서구 여러 나라들과는 달리 입찰 전 과정이 투명하게 관리되지 않는 후진 국가의 경우 다각도로 구매 기관의 내부 상황에 대한 정보를 획득하는 것이 필요합니다.

특히, 납기 지연 시 계약이 취소되는 조건이라든지 입찰 대금을 선수금 없이 장기 분할 지급 조건이나 특정 기관의 품질 검사 합격 후 지불이 결정되는 등의 불리한 조건은 신용장 방식으로 변경되지 않는 한 응찰을 재고하여야 합니다. 특히 신용장 거래나 선수금 등 지불 조건에 대한 정확한 파악과 신용장 협상 시 필요 서류에 대한 사전 지식이 요구됩니다.

[사례 #3] 베트남 보건부 의약품 낙찰[*]

국내 D 제약은 수출용 품목인 관절염 주사제의 EU-GMP의 인증을 받은 중견 제

---

[*] 업체의 영업 기밀상 일부 사실 내용을 각색하였음.

약 업체로서 KOTRA에서 주관하는 국제 공공 조달 프라자를 통하여 알게 된 베트남 조달관과의 의약품 입찰 상담에서 첫 대면 후 이메일 교신으로 성실하게 한국 의약품 정보를 제공하는 등 친밀하게 관계를 유지하였다. 한편, 호찌민의 의료 기기와 제약 분야의 유명 업체인 MEDI사와의 현지 공동 영업 계약서(Business Co-operation Agreement)를 체결한 후, 해당 입찰 정보를 꾸준히 제공받았다.

2017년 동사는 보건부 의약청(www.dav.gov.vn)의 국제 입찰 초청서(ITB)를 입수 후 국제 입찰 참가 여부를 검토하던 중 독소 조항(아래 영문 참조) 때문에 필자에게 자문을 요청해 왔다.

즉, 현지 기업 우대 조항으로서 'Local Preference Scheme'라 부르는데, 국제 입찰 실시 국가가 자체 예산인 경우 자국산 제품 및 자국에 공급 실적을 필수적으로 요구하는 경우가 있는데 이는 외국의 후발 업체를 견제하기 위한 조항으로서 현지 응찰 업체에게 가산점을 주는 제도이다.

==

a) The preference shall be applied when (i) the lowest Foreign Bid is lower than the lowest bid offered by a Domestic Bidder, or (ii) the lowest bid offered by a foreign bidder is lower than the lowest bid offered by a Domestic Entity.

b) For evaluation purposes, the lowest Foreign Bid or the bid offered by a foreign bidder shall be increased by fifteen percent (15%).

==

이에 필자는 국내 D 제약 업체의 단독 입찰보다는 현지 제약 유통 업체인 MEDI 사와 공동 응찰(co-bidding) 시 가산점을 15%까지 획득하는 ITB 내 평가 기준 (evaluation criteria)을 활용할 것을 권유하였다. 왜냐하면 베트남 정부의 장기적 제약 기술의 자립 정책에 적극적으로 부응하는 것이 수주 전략이었기 때문이다. 아무리 기술력이 좋은 글로벌 제약사라 할지라도 가격 점수에서 가산점을 못 받으면 탈락되기 때문이다.

이에 국내 D 제약사는 관절염 주사제 제조 기술의 베트남 현지화를 위해 향후 공동 R&D와 FDA 인증 비용의 분담 등 적극적인 입찰 제안서의 제출을 통하여 미국 등 글로벌 제약사를 물리치고 낙찰에 성공하였다.

[참고] 국제 입찰 관련 용어 해설

◇ TENDER : 입찰 혹은 경쟁을 통한 구매 형태

◇ TENDER AUTHORITY : 입찰청 혹은 입찰 시행 기관

◇ PREQUALIFICATION : 사전 자격 심사

◇ BIDDER : 입찰 참가자, 응찰자

◇ BID BOND : 입찰 참가 보증금(보증 증서)

◇ PERFORMANCE BOND : 계약 이행 보증금(보증 증서)

◇ WARRANTY BOND : 하자 보증금(보증 증서)

◇ BID FORM : 입찰 가격 서류

◇ RFQ(Request for Quotation) : 공급 가능 업체로부터 단가 정도의 견적서를 접수하기 위한 입찰 참가 요청서

◇ RFP(Request for Proposal) : 공급 가능 업체로부터 입찰 제안서를 접수하기 위한 공식적인 입찰 참가 요청서

알아 두면 쓸모 있는
마케팅 팁

16장

마케팅은 프레임이다 : 마케팅 프레이밍
(Marketing Framing)

—— 황순영 ——

1.
도대체 마케팅이란 무엇인가?

(1) 마케팅의 정의

많은 사람들이 과학이 뭐냐고 물으면 당황합니다. 마치 사랑이 뭐냐고 물으면 오만가지 대답이 나오듯이 딱히 정의될 수 없거나 권위자만이 정의할 수 있는 것으로 생각하지요. 수십 년을 과학이란 단어를 사용해 오고 있고, 그 의미를 알고 있으면서도 막상 전달하거나 정의하기를 몹시 어려워합니다. 실제 전문 서적에서 정의되는 과학의 의미가 서로 조금씩 달라 보이기도 하며, 그래서 교수조차도 "과학이 뭔 줄 아세요?" 라는 질문을 받으면 긴장하기도 합니다.

마찬가지로 마케팅을 수십 년 가르쳐 온 사람도 "마케팅이 뭔가요?"라는 질문을 받으면 얼버무리는 태도로 넘어가기 십상입니다. 마케팅의 의미를 체감하고는 있지만 왠지 자신 있는 설명이 잘 안 됩니다. 사실 모든 용어의 정의(definition)는 정의하는 사람에 따라 조금씩 다를 수 있습니다. 실제 AMA(미국 마케팅 협회)의 마케팅에 대한 정의는 1960년대, 70년대, 80년대…… 가 모두 달라져 왔습니다.

하지만 어떤 용어가 정의된다는 것은 '변하지 않는, 변해서는 안 되는, 변할 수 없는' 핵심적인 의미를 담고 있어야 합니다. 그러므로 그 핵심적인 의미를 파악하면 가장 짧고 포괄적인 용어의 정의를 만들 수 있으므로 어려워하거나 주저할 필요가 없지요. 예를 들어 과학의 정의를 찾아보면 많은 권위 있는 정의들에서 공통적으로 빠지지 않는 단어가 있습니다. '객관', '증명(또는 반증) 가능성', '측정', '방법' 등의 단어들이 그것입니다. 그러므로 그 공통 단어의 의미를 생각하여 '과학이란 객관직으로 증명(또는 반증)하여 진리를 찾아가는 방법 체계'로 정의하면 훌륭한 것입니다.

마케팅의 정의에서 절대적으로 빠질 수 없는 단어가 있습니다. 그것은 시장(Market)이란 단어와 거래(혹은 교환)라는 단어입니다. 그러므로 마케팅의 정의를 '교환을 촉진하는 것'이라고 하면 훌륭한 것이지요. 이때 교환(혹은 거래)이라는 말이 너무 광범위하여 하나 마나한 말처럼 느껴지면 교환의 의미를 진짜로 안다고 할 수 없을 것입니다. 무릇 개념은 언제나 다른 개념과 비교될 때 그 의미가 살아나는 것이지요. 즉, '교환'이라는 단어가 의미를 가지려면 '교환'이 아닌 것, '교환'과 비교되는 개념들을 인식해야만 '교환을 촉진하는 것'이라는 의미가 확고해지는 것입니다.
마케팅의 정의에서 굳이 교환이라는 단어가 핵심이 되는 이유는 교환이 아닌 것들이 있기 때문입니다. 즉, 인간은 자신의 욕구를 충족시키기 위해

자급자족, 강탈, 공짜(구걸), 그리고 교환 4가지 방법을 사용합니다. 그중 강탈(도둑)은 불법이며, 공짜(구걸)는 일반적일 수 없지요. 자급자족은 거의 불가능합니다. 지금 내가 사용하는 것 중 내가 직접 만든 것은 하나도 없습니다. 그러므로 인간이 사용할 수 있는 가장 보편적인 욕구 충족 행위는 교환인 것입니다. 돈과 물건(서비스)을 교환하면 매매이고 물건과 물건을 교환하면 물물 교환인 것입니다.

그렇다면 마케팅은 경영학의 일부입니까? 경제학의 한 분야인가요? 아닙니다. 그저 학제상 편리하게 주로 경영학과에서 취급하는 것일 뿐, 경제학이나 경영학이 독자적이듯 마케팅 역시 그만큼 독자적인 영역입니다. 경제학은 개인이나 조직의 '선택' 행위를 연구하는 것이고, 경영학은 '의사 결정'을, 마케팅은 '교환' 행위가 어떻게 일어나며 또 어떻게 일어나지 않는지를 연구하는 것이지요. 마케팅은 교환을 촉진하는 것으로서 그 대상이 상품이든 서비스든 아이디어든 교환을 할 수 있는 것이면 모두 해당됩니다. 또 마케팅의 주체는 기업뿐만 아니라 정부나 정당, 국회, 지자체는 물론 NGO나 방송국, 개인 모두가 해당이 됩니다.

또 하나의 의문은 '마케팅은 좋은 것인가?' 입니다. 수많은 마케팅 서적들이 이 부분을 묻지 않고 마케팅 수법(전략)을 소개합니다. 나는 개인적으로 마케팅의 정의에 입각한다면 마케팅은 좋은 것이라고 생각합니다. 왜냐하면 마케팅이 잘 안 되면 강탈(도둑)이나 구걸을 하게 되기 때문입니다.

(2) 마케팅의 발전 방향

마케팅의 역사를 시장에서의 주도권을 누가 갖고 있느냐의 관점에서 구분한다면 공급자(즉, 생산자와 판매자)가 시장의 주도권을 갖던 생산자 시대

(1870~1930년)와 판매 시대(1930~1950년), 소비자가 왕이었던 마케팅 시대 (1950~2000년)를 거쳐 오늘날은 운영자 시대라고 할 수 있습니다. 주도권이란 선택권을 의미합니다. 생산자가 소비자를 선택하고 가격을 결정할 수 있었기에 생산자 시대 또는 판매자 시대인 것이고, 소비자(또는 사용자)가 판매자(브랜드)를 선택하고 그에 따른 자연 가격이 형성되는 시기였기에 마케팅 시대, 혹은 소비자 시대라고 하는 것입니다. 하지만 신자유주의가 성공하여 자본가가 정부보다 더 강해진 글로벌화된 오늘날, 시장의 주도권은 제도를 움직이는 자, 즉 운영자가 갖게 되었지요. 정부와 기업, 강대국과 다국적 기업, 대자본이 협력하고 타협하고 경쟁하면서 거래 조건을, 시장 환경을 변화시킵니다. 인터넷의 사용과 검열 및 유통권, 전파 및 에너지 산업의 민영화 및 독과점의 허용, M&A의 금지와 승인 요건, 통신사의 휴대폰 끼워 팔기 허용과 가격 및 서비스의 조정, 환경 규제와 의무에 따른 신사업의 등장 및 기존 사업의 쇠퇴 등 수많은 시장 행위가 자율적인 시장 원리가 아닌 운영자의 손에 맡겨져 있고 그 영향력은 2000년을 전후하여 극대화되고 있습니다.

이에 따라 마케팅의 수법 역시 진화해 왔는데 생산자 시대는 유통(물류) 전략 중심으로, 마케팅 시대는 포지셔닝 전략을 중심으로 발전해 왔고, 이미 1980년대부터 '진실은 인식이 만든다'는 사조가 강화되고 광고보다 언론 홍보의 역할이 극대화되면서 소비자의 인식을 장악하는 쪽으로 마케팅이 발전해 갔으며, 2000년 무렵부터 소위 대중 인식을 조작하는 수법인 프레이밍 시대가 본격화되었다고 할 수 있습니다.

(3) 프레임(Frame)은 무엇인가?

프레임(Frame)은 사물이나 사건을 보여 주는 시각(틀)을 뜻합니다. 카메라의 렌즈를 조절하고 프레임을 잡으면 그냥 보는 것과 엄청난 차이가 생깁니다. 야구에서 포수가 심판의 스트라이크 판정을 유도하기 위해 공을 받는 자세를 조정하는 행위를 프레이밍(framing)이라고 하듯 인식을 조작(control) 하는 행위를 프레이밍이라고 합니다. 마치 콘셉트를 소비자의 두뇌에 자리(position) 잡게 하는 행위를 포지셔닝(positioning)이라고 하는 것과 같습니다.

프레이밍 효과(Framing Effect)는 동일한 사실을 어떤 틀에 담아 표현하느냐에 따라 선택이 달라지는 현상을 말하는 것으로 소위 행동 경제학의 태두라할 수 있는 트베르스키와 카네만(Tversky와 Kahneman, 2002년 노벨상 수상)이 처음으로 명명하였습니다.[1] 위험 지각(risk perception) 분야의 선두자 폴 슬로빅(Paul Slovic), 《상식 밖의 경제학, Predictably Irrational》의 저자 댄 에이리얼리(Dan Ariely), 《넛지(Nudge)》로 유명한 2017 노벨 경제학상 수상자 탈러(Richard H. Thaler), 《보이지 않는 고릴라》로 유명한 차브리스(Chabris)와 사이먼스(Simons) 등이 모두 프레이밍 효과를 연구하고 있습니다.

하지만 국내 마케팅 분야에서 아직까지도 프레이밍이 생소하게 느껴집니다. 1972년 포지셔닝 이론이 소개되자마자[2] 1980년대부터 국내에도 도입되고 그 이후 오늘날까지 50년이 넘도록 핵심 이론으로 자리 잡은 것에 비하면 참으로 의아스럽습니다. 어쩌면 프레이밍 이론을 깊이 이해하고 전파하는 마케팅 교수가 거의 없기 때문이 아닐까 하는 생각도 듭니다. 또 한편 기성의 지식 산업에서 마케팅을 경영 전략의 하부 전략으로 국한시켜 왔던 점도 마케팅 프레이밍의 전파를 어렵게 한 것이 아닌가 생각됩니다. 앞서 마케팅의 정의에서 살펴보았듯 마케팅은 경영의 하부 개념이 아니고, 따라서 마케팅 전략은 재무 전략이나 기업 전략의 후순위로서 결정되는 문제가 아니지만 그렇게 취급되어 오고 있기 때문이 아닌가 여겨지기도 합니다.

사실 마케팅은 경제, 경영과 독자적인 영역일 뿐만 아니라 프레이밍으로 영역이 확대되는 경우 경제 효과나 경영 의사 결정을 하기에 앞서 사전적으로 먼저 고민해 봐야 하는 것입니다. 왜냐하면 프레이밍은 어떤 행위를, 어떻게 하느냐를 포함하여 하는 것과 하지 않는 것 자체의 효과를 생각하는 것이기 때문이지요. 예를 들어, 이메일을 유료화하는 것, 이미지 검색 기술을 구글에 팔 것인가 내가 직접 그 사업을 할 것인가, 혹은 블록체인 기술을 활용한 국제 송금 시스템을 언제 만들 것인가 하는 문제는 모두 나와 상대방의 교환의 문제를 다루고 있는 것입니다. 선택이라는 경제적 관점과 의사 결정이라는 경영적 관점에 앞서 교환을 일으킬 수 있는 당사자 간의 동인(인센티브)을 이끌어 낼 수 있는 마케팅 아이디어에 따라 사업비의 규모와 비즈니스 모델이 마구 달라질 수 있기 때문이지요. 그리고 똑같은 제안이라도 어떻게 보여 주느냐에 따라 상대방의 선택이 어마어마하게 달라지기 때문에 마케팅 프레이밍은 후순위가 될 수 없습니다. 에스키모들이 냉장고를 쓰고 있지 않으니 냉장고 시장이 없다고 인식하는 것과 엄청난 기회가 있다고 인식하는 것의 차이는 드라마틱한 수준이 됩니다.

2.
마케팅은 프레임이다

마케팅 프레이밍

마케팅 프레이밍이란 이름의 강좌나 프레이밍이란 과목은 찾아보기 힘들지만, 소비자 행동이나 소비자 심리라는 이름의 강좌에서 종종 프레이밍 전략 사례가 언급되곤 합니다. 안타까운 것은 전략의 충분한 의미가 제대로 전달되고 있지 못하다는 것입니다. 그래서 응용을 못하는 정도가 아니라 아예 실무에서 적용을 잘 못하는 경우까지 생기는 것이지요. 예를 들어 다음과 같은 문제가 있습니다.

예제 1

===

다음 두 달걀 바구니 중 어느 것이 비싸게 팔릴까?

① 깨끗한 토종닭 유정란 20개와 오물이 덜 닦인 유정란 3개가 담긴 바구니

② 깨끗한 토종닭 유정란 20개가 담긴 바구니

===

이 문제의 정답은 경우에 따라 다른데 대체로 ②라고 가르칩니다. "썩은 계란을 한 바구니에 담지 말라."는 어디서 들은 듯한 금언과 함께, 이것은 마케팅 프레이밍 전략 중 기준 효과(Reference Effect)를 제대로 이해하지 못한 소치입니다. 기준 효과에는 닻 내림 효과(Anchor Effect), 첫인상 효과(First Impression), 점화 효과(Priming Effect), 단수 가격(Odd-even pricing)…… 등 많은 내용을 포함하고 있는데, 핵심은 소비자가 판단(또는 평가)의 기준을 어디에 두느냐 하는 것입니다. 상기 문제에서 소비자가 접하는 실제 상황에 따라 두 가지로 나뉩니다. 즉, A 지역의 가게에서는 ①처럼 팔고 B 지역의 가게에서는 ②처럼 팔 때 '어느 지역에서 더 비싸게 받을 수 있을까'라는 질문이 되었을 경우에는 ②처럼 파는 것이 맞습니다. 이때의 구매자는 ①과 ②를 비교하는 것이 아니므로(monadic evaluation) 유정란의 개수 20개는 차별화 요인이 아니고 오히려 깨끗한 포장이 중요하지요. 하나라도 지저분한 것이 있다면 전체적인 가치가 떨어집니다. 그러므로 비록 23개이지만 지저분한 것이 섞여 있으면 전체 가치가 떨어집니다. 하지만 한 가게에서 ①과 ②를 동시에 진열하여 파는 경우는 ①이 ②보다 조금이라도 더 비싸게 받을 수 있습니다. ①과 ②가 서로의 비교 기준이 되기 때문입니다.(comparative evaluation) 그러므로

동일한 지역에서 A 가게는 ①로 팔고 근처에 있는 B 가게는 ②로 팔 경우에는 같은 가격이면 소비자는 ①과 ②를 비교하게 되므로 A 가게가 B 가게보다 많이 팔 것은 당연한 이치입니다. 마찬가지로 다음 문제도 똑같은 오해를 불러일으킵니다.

예제 2

===

현금 사용 촉진 방법은?

ABC 사막을 관통하는 도로가 있고, 그 도로상에 주유소가 하나 있다. 이 주유소의 주인은 카드 사용자가 늘어 가는 것을 원하지 않는다. 그래서 현금 사용자에게 1리터당 950원을 받고 카드 사용자에게는 1리터당 1,000원을 받기로 하고 현수막을 만들어 걸기로 하였다.

다음 두 문구 중 어느 것이 현금 사용을 촉진할까?

A. 휘발유 1리터당 1,000원. 단, 현금 사용 시 1리터당 50원 할인

B. 휘발유 1리터당 950원. 단, 카드 사용 시 1리터당 50원 할증

===

예제 1에 대한 답을 들은 학생(대기업 마케터)도 예제 2의 답으로 A라고 응답하면서 그 이유를 매우 그럴듯하게 말합니다. "그 이유는 A나 B 모두 동일한 사실을 전달하고 있는데 소비자 입장에서는 B 문구가 거슬리지요. 마치 가격을 50원을 깎아 주는 것처럼 하면서 50원을 더 내라고 하는 방식을 소비자가 싫어하기 때문에 A 문구가 더 효과가 있을 것입니다."라고 이유를 설명합니다. 그 마케터의 논리는 틀렸습니다. 그는 자기도 모르게 A 문구와 B 문구를 소비자가 비교할 것이라고 생각하여 답한 것이기 때문이지요. 문제

를 다시 잘 읽어 보면 소비자가 A 문구와 B 문구를 비교할 일은 일어나지 않습니다. 둘 중 뭐가 되든 하나만 보고(monadic) 판단할 것임을 알 수 있는데, 그 마케터는 자기도 모르게 소비자도 자기처럼 두 문장을 비교(comparative)할 것으로 사고의 첫 단추를 잘못 끼운 것입니다.

상기 문제는 탈러(Thaler) 교수가 대학원 시절 때 연구 조사한 것으로 알려져 있는데 정답은 B입니다. 손실 혐오(loss aversion) 현상을 극명하게 보여 주는 사례로 손실 혐오 경향이 이득 선호 경향보다 2.5배 강하게 나타났고, 이 수치는 일반적인 마케팅 상황에서 평균적인 수치로 나타나고 있습니다. 즉, A 문구를 썼을 때 현금으로 바꿔 내는 소비자가 30%, B 문구를 썼을 때 현금으로 바꿔 내는 소비자가 70%로 나타났습니다. 프레이밍을 강의할 때는 반드시 학생들에게서 답의 이유를 물어 확인해 봐야 합니다. 질문을 해서 반응을 들어야 하지요. 평소 직영점에 10%의 리베이트를 주었는데 신제품 5G 휴대폰의 리베이트를 50%로 대폭 높여 주는 것이 30% 정도로 높여 주는 것보다 훨씬 효과적이라고 생각하면 큰 오산입니다. 직영점의 비교는 50과 30이 같이 일어나지 않습니다. 둘 다 기존의 평균 리베이트 10%와 비교할 것이고 그렇다고 해도 그 숫자 비례대로 노력을 할 수는 없습니다. 수많은 휴대폰 품목들의 판매 우선순위의 기준으로 리베이트 비율이 유일한 기준은 아니지요. 리베이트 비율보다 금액이 더 중요할 수 있고, 그 외 더 많은 변수가 있을 수 있기 때문입니다.

예제 3

==

공짜와 할인의 차이

MIT 대학생들에게 조그만 키세스 초콜릿 세 알을 준 뒤, 작은 스니커즈와 큰 스니커즈 바 중 하나를 나눠 줄 때 작은 것은 공짜고, 큰 것은 키세스 1 알을 요구하였습니다. 어떻게 했을까요?

① 키세스를 안 주고 작은 스니커즈를 가져갔다.

② 키세스를 주고 큰 스니커즈를 가져갔다.

키세스 한 알의 크기보다 작은 스니커즈와 큰 스니커즈 바의 차이가 훨씬 큰 것은 누구나 쉽게 알 수 있습니다. 하지만 학생들은 이익보다 소유의 상실을 훨씬 비이성적일 정도로 크게 인식한 것입니다. 이를 거듭 증명하는 실험으로 가나 초콜릿은 1개당 1,000원, 키세스는 100원으로 선택하게 했을 때 선택 비율은 가나 : 키세스 = 73 : 27 로 나타났습니다. 이것을 가나 500원, 키세스 50원으로 한 경우 선택 비율도 마찬가지로 나타났지요.(7 : 3) 또 가나 900원, 키세스 90원으로 한 경우도 달라지는 것은 없었습니다. 그러나 이것을 100원 할인하여 가나 900원, 키세스 0원(공짜)으로 했을 때 선택 비율은 가나 : 키세스 = 31 : 69로 완전히 상반되어 나타났습니다.[3]

==

이런 수준의 실험과 이론적인 배경을 정말로 이해한다면 응용을 할 줄 알게 됩니다. 예를 들어, 현재 아파트 가격을 올리지 않고 거래를 왕성하게 하기 위해서는 거래세를 없애고 보유세는 동결하고 보유 가격 평가(공시 가격)를 현실화하면 된다는 정도의 대안을 생각해 낼 수 있을 것입니다. 보험 광고의 효과가 복권 광고보다 훨씬 클 것이며 로또 복권의 가격이 두 배가 된다면 로또 복권의 판매량이 폭증할 것임을 예측할 수 있을 것입니다. 인터넷 검색이 보편화된 오늘날 어떤 지식이든 개방되어 있기 때문에 외운다는 것은 어리석은 짓이지요. 안다고 해도 별 볼일 없습니다. 어떤 지식이든 자신의 문제 해결에 응용할 수 없다면 제대로 배웠다고 할 수 없지요. 핵심은 지식 그 자체가 아니라 지식에 대한 이해입니다.

앞서 예시한 사례는 마케팅 프레이밍을 활용한 내용의 빙산의 일각에 불과합니다. 프레이밍 이론은 기준 효과 외에도 손실 혐오, 가용성 오류, 대충 일반화, 사회 순응, 귀인 이론, 희망 사고, 위험 인식 등 매우 다양한 사회 심리 실험과 행동 경제학 이론을 포괄하고 있습니다. 평생을 마케팅 기획과 컨설팅을 해 온 사람으로서 프레이밍만큼 시장과 인간의 행동을 잘 설명하는 과학은 없다고 생각합니다.

3.
가상 화폐 프레이밍 사례

비트코인 프레임

마케팅 프레이밍은 현대 마케팅의 핵심 이론으로 자리 잡아가고 있습니다. 과거 포지셔닝(STP) 전략을 능가하는 활용률을 보일 것입니다. 최근에 등장한 가상 화폐(암호 화폐)의 성공은 마케팅 프레이밍의 진수를 보여 줍니다.

스토리 마케팅과 화폐 프레임

2008년 10월 '나카모토 사토시'란 아이디를 쓰는 정체 불명자가 분산 컴퓨팅 기술을 이용한 변조되지 않는 거래 기록 방법(블록체인 기술)을 논문 형식으로 기술하여 인터넷에 게시했습니다.(그 프로그램을 이용하여 기록 장부(블록)를 만드는 사람에게 주는 수고비의 형태로 비트코인이 생성됩니다.) 이것이 진짜로 돈이 되리라 생각한 사람은 거의 없었지요. 그런데 2년 뒤 2010년 5월 비트코인과 현금을 교환해 주는 세계 최초의 비트코인 거래소 마운트 곡스(Mt. Gox, 일본)가 오픈했습니다. 공교롭게도 같은 시기 미국, 블록을 많이 만든 라스즐로라는 프로그래머는 한 온라인 게시판에 피자 2판을 배달해 주면 비트코인

1만 개를 주겠다는 글을 올렸고 제르코스라는 유유상종으로부터 피자를 받았다며 인증 사진을 올렸습니다. 이렇게 비트코인의 유통이 시작됩니다. 비트코인은 싸이월드의 '도토리'나 카카오톡의 '초코' 같은 것으로 1만 비트코인은 41달러였고 라지 피자 2판 가격은 30달러였으니 제르코스에게는 밑지는 장사는 아니었지요. 이것을 실제 비트코인을 들고 피자집에 갔더니 피자집 주인이 그것을 받고 피자를 주었다는 식으로 인식시킵니다. 이 이야기는 주류 언론에서 보도되고 비트코인의 화폐 가능성에 힘을 실어 주었습니다. 우리나라에서도 2015년부터 암호 화폐는 사회적 어젠다로 형성되면서 1만 비트코인이 2,200만 달러(약 247억 원)에 거래되어 "피자 두 판 값에 수백억을 벌었다."는 이 에피소드는 로또보다 훨씬 큰 노다지에 대한 기대감을 심어 주면서 비트코인 광풍을 몰고 온 스토리텔링 마케팅 수단으로 사용되었습니다.

진실이 아닌 명분을 프레임하다

암호 화폐의 창안자 '사토시 정신'을 믿는 사람들이 있습니다. 암호 화폐의 개발 자체가 2008년 금융 위기 다음 해에 등장한 것으로 중간자, 즉 신뢰 기관(trusted 3rd party) 없이 다중이 직접 거래(Peer to Peer)하기 위한 것이지요. 그들은 1971년 태환 제도(달러를 언제든지 금으로 바꿔 준다는 약속)가 없어진 이후 화폐 자체의 가치가 없어졌으며 오로지 신뢰로써 화폐가 발행될 수 있기 때문에 주조 차익(seigniorage) 효과와 인플레 이득을 독점하는 정부나 FRB 같은 신뢰 기관을 배제하고, 다중의 신뢰로써 다중이 인정하는 화폐가 가능하다고 보는 것입니다. 그리고 그 수단인 인터넷이 있고 블록체인 기법이 있기에 인플레나 디플레가 없는 세상의 실현이 가능하다고 보는 것입니다. 하지만 현실성 없는 생각이었지요. 정부나 금융 기관 등의 신뢰 기관 없이 자유로운 거래는 불가능합니다. 세상 어떤 국가가 법정 화폐가 아닌 것을 돈으로 사용하도록 할까요? 결국 비트코인의 논리는 명분에 불과하지만 아주 필요했습니다. 실제 비트코인에 광분하는 진짜 이유는 '도박 심리'입니다. 비트코인을 사는 이유가 되팔아 이익을 얻으려는 것이기 때문이지요. 전 세계 수많은 사람들이 매일매일 도박을 하고 있습니다. 증권 시장에서, 경마장이나 강원랜드 같은 허가받은 도박장에서도 엄청 성업 중입니다. 도박 시장은 거의 보험 시장만큼 어마어마하게 큽니다. 다만 규제 때문에 못하는 것인데 비트코인을 보십시오. 가상 화폐라는 이름으로 어마어마한 도박장을 만든 것입니다. 국내 거래소인 빗썸 한 군데의 거래 금액만 코스닥 거래 금액보다 많은 하루 5조를 넘나들은 적도 있습니다. 2019년 현재 이 치외 법권 하우스인 가상 화폐 거래소가 2,000개가 넘습니다. 이것이 가상 화폐 성공의 본질입니다. 고객의 '도박', 즉 누구나 갖고 있는 일확천금의 욕구를 타깃으로 만들어낸 완전 새로운 시장입니다. 프레이머(framer)는 '전자 화폐'라는 프레임으로 '하우스(가상 화폐 거래소)'라는 진실을 가린 것입니다. 가리지 않았다면 애당초 불법으로 시작도 못했을 것입니다.

가상 화폐 열기가 다소 시들었지만 전 세계 사용자가 수천만 명이 되는 가상 화폐를 강제로 없앨 수는 없습니다. 대부분의 정부가 화폐는 아니지만 물건(자산)으로 인정하고 하우스(가상 화폐 거래소)를 증권 거래소 수준으로 규제하는 법안을 마련 중입니다. 이 사건의 본질은 정부의 특혜 없이 불법이 아닌 도박장을 만든 사건이고 그 하우스를 만든 사람들이 졸지에 갑부가 되고 있습니다. 각국 정부의 규제 법안이 확립되기 전까지 계속 생겨나고 있습니다. 이제 도박장이라는 실체를 감추기 위해 가상 화폐가 실제 시장에서 물건을 살 수 있는 실질적인 화폐라는 프레임을 살리려는 시도들이 벌어지고 있고 한편에서는 성공하고 있습니다.

교환 가치 프레임

비트코인 등 가상 화폐를 받고 물건을 파는 곳은 2014년 전 세계 200개,

국내 5개이며, 이어서 비트코인 취급점(빵집, 까페)이 생기기 시작하여 2017년 국내 50곳, 전 세계 5,000곳의 인터넷 쇼핑몰 정도였습니다. 그야말로 거래소에서 돈을 챙긴 사람들과 비트코인 채굴자 등이 만든 것으로 실제 거래는 거의 없었습니다. 그들이 번 돈에 비해 쇼핑몰에 올리는 비용 혹은 쇼핑몰을 만드는 비용은 아무것도 아니었기 때문에 대부분 코인(가상 화폐)의 화폐 프레임을 강화할 목적이었지요.

그런데 이제 5년간의 엄청난 노출 효과와 가상 화폐 거래량과 사용자의 폭증 등으로 비트코인과 이더리움은 결코 사라질 수 없는 코인이 되어 버렸습니다. 가상 화폐 거래소는 마치 증권 거래소처럼 가상 화폐가 존재하는 한 함께 존재할 수밖에 없는 것이 되어 버렸고 어떤 정부도 부정할 수 없게 되었습니다.

이제 가상 화폐의 종류가 수천 개가 넘는 상황에서 대부분의 가상 화폐는 사라질 운명에 처해 있습니다. 가상 화폐 발행자들은 자신의 가상 화폐의 가치를 높여야만 합니다. 암호 화폐의 안전성(보안성)만으로는 가치가 없습니다. 이제 진짜로 코인으로 물건을 사는 것을 보여 주어야 합니다. 어떻게 할까요? A코인의 경우 현재 스타벅스나 LG24 등 많은 곳에서 가상 화폐로 결제를 하고 있습니다. 결국 사용자에게 A코인이 결제 수단이 되고 있음을 증명했습니다. 핵심은 A코인이라는 가상 화폐를 스타벅스나 LG24 등이 받아 줘야 하는데 가상 화폐를 상품권이나 포인트처럼 생각하면 쉽습니다. 포인트나 상품권을 받은 유통점에게 돈으로 바꿔 주듯 코인을 받은 업체에게 물건 가격에 상응하는 금액을 지불하면 됩니다.

예를 들어 스타벅스 매장에서 5천 원 커피 값으로 A코인 회사는 5,000개를 받아 주고 A코인은 5,000개를 받고 그것에 해당하는 약속된 금액을 스타벅스에 주면 되지요.

그러면 소비자는 왜 A코인으로 결제를 할까요? 그전에 왜 A코인을 구매

할까요?

여기에서 마케팅 프레이밍이 개입합니다. 정보의 비대칭과 자기 긍정 편의(positive bias), 사회 순응(social compliance), 손실 혐오(loss aversion), 가용성 오류(available bias) 등을 활용하는 것입니다.

일단 코인에 대해 많은 소비자가 대체 화폐라는 인식을 갖고 있는 상태에서 5천 코인을 4천 원에 할인 판매합니다. 5천 코인으로 스타벅스 커피 한 잔 값(5천 원)을 결제하면 A코인 회사는 소비자 계좌에 결제 금액의 30%인 1,500코인을 다시 입금해 줍니다. 사용자 입장에서는 4천 원을 내고 5천 원 짜리 커피를 마시고 다시 1,500코인이 생겼으니 코인 덕분에 2,500원의 이익을 본 것으로 인식이 되지요. A코인 회사가 이렇게 할 수 있는 이유는 스타벅스와 사전에 계약이 되어 있기 때문입니다. 즉, 스타벅스 1잔을 팔아 줄 때마다 50%의 리베이트를 받기 때문에 스타벅스에서 5천 코인을 받고 2,500원만 지급하면 되는 원리입니다. 결과적으로 A코인 회사는 4천 원을 받아 2,500원을 주고 1,500원이 남았으니 그것을 그대로 1,500코인으로 환산하여 사용자 계정에 넣어 줄 수 있는 것이지요. 이때 중요한 것은 A코인 회사는 판매한 코인을 환전해 주지 않는다는 사실입니다. 코인의 환전은 코인 거래소에서 해야 하며 코인 가격은 마치 주가처럼 매 시각 변합니다. 즉, A코인 회사는 자신의 코인이 가상 화폐 거래소에 상장되어 거래가 일어나기 좋은 조건이 되는 것은 물론 현금 1,500원이 생긴다는 것입니다. 이런 조건하에서 100억 개의 코인을 판매할 수 있다면 현금 30억 원이 생기는 것입니다.

마지막으로 독자가 스스로의 이해 수준을 평가해 볼 수 있도록 다음의 프레이밍 예제를 제시합니다.

프레이밍 예제

===

1,000코인을 750원(25% 할인)에 구입한 소비자가 1,000코인을 내고 1,000원짜리 물건 구입하고 500코인을 거슬러 받는다. 이때 소비자는 1,000원짜리 물건을 얼마에 산 것으로 생각할까?

① 750원   ② 500원   ③ 375원   ④ 250원

===

17장

채권 회수는
반드시 제대로 하라

최흥식

1.
채권 회수는 왜 중요할까?

채권 회수에 성공하느냐 실패하느냐에 따라 기업의 경영 성패가 좌우되는 경우를 자주 보게 됩니다. 어떠한 경우에는 기업이 순이익을 내고 있음에도 채권 회수에 실패하여 흑자 도산이 되는 경우도 있습니다. 따라서 채권 회수는 적기에 잘하는 것이 중요합니다.

(1) 채권 회수에 성공하는 기업과 실패하는 기업

기업을 운영하는 데 있어 운영 자금은 사람의 신체로 보면 혈액과 같습니다. 혈액이 없이 사람이 살 수 없듯이 기업은 운영 자금이 없이는 유지할 수 없습니다.

그런데 운영 자금의 원천 중에 가장 큰 비중을 차지하는 것이 채권의 회수입니다.

채권 회수가 잘되면 그 기업은 '채권의 감소 → 운전 자금의 풍부 → 영업의 활성화 → 수익 창출 → 성장 기업'의 길을 갈 수 있습니다.

즉 채권 회수 활동을 잘하게 되면 그 기업을 성장 기업으로 발전시킬 수 있고, 계속해서 사업을 영위하여 나갈 수 있는 계속적 기업(Going Concern)으로 만들어 갈 수 있는 것입니다. 반면에 채권 회수에 실패하는 기업은 '채권 규모의 증가 → 운전 자금의 부족 → 자금 조달의 제한 → 무리한 자금 조달 → 자금 조달 비용의 증가 → 대손의 증가 → 자금 경색 → 무리한 판매 활동의 악순환'을 계속하다가 부도, 도산의 길을 걷게 됩니다.

채권 회수는 기업 자금 조달의 가장 중요한 원천입니다. 그리고 채권 회수가 완료되어야 비로소 기업의 수익에 기여하게 됩니다. 판매를 하였다고 하여 그것이 바로 기업의 수익에 기여하는 것은 아닙니다. 물품이나 용역 대금의 회수가 완료되어야 비로소 수익에 기여하는 것입니다. 회수가 안 되거나 늦어지면 판매가 오히려 손실이 될 수도 있는 것이죠. 회수가 안 되면 그 모두가 손실이 되는 것이며, 회수가 늦어지게 되어 그것을 회수하는 데 들어가는 기회비용과 자금 조달 비용이 마진을 초과한다면 이 또한 손실이 됩니다.

(2) 채권 회수의 마인드

자금 조달의 가장 중요한 원천인 채권 회수에 성공하려면 반드시 회수하겠다는 의지를 가져야 합니다.

채권을 회수하는 데는 채권 회수에 대한 관심과 마음가짐이 중요합니다. 채권을 회수하고자 하는 의지가 약하다면 상대방도 주고자 하는 마음이 적어지게 됩니다.

채무자가 채무를 지불하는 데에 있어 채무자 심리는 '어느 채권자에게는 무슨 일이 있어도 지불해야 한다.'와 '어느 채권자에게는 지급을 미루어야 하겠다.'는 심리로 나누어집니다.

우리가 그중 어느 채권자가 되느냐는 우리에게 달려 있습니다.

이러한 채권 추심의 의지는 하루아침에 이루어지는 것은 아닙니다. 또, 무턱대고 정신력만 강하다고 되는 것도 아닙니다. 회사에서는 영업 사원들이 이러한 의지를 가질 수 있도록 그리고 채권 회수를 효과적으로 수행할 수 있도록 체계적이고 지속적인 교육과 훈련을 병행하여야 합니다.

(3) 부실 채권의 역 승수 효과를 항상 고려한다

받을 채권이 부실화하게 되면 그것을 보전하기 위해서는 상당한 매출을 더 하여야 하는데 이를 부실 채권의 역 승수 효과라고 합니다.

예를 들어 2억 5천만 원의 채권이 부실화되면 이를 만회하기 위하여 100억 원의 매출을 더 하여야 합니다. 왜냐하면 국내 기업의 평균 매출액 대비 세전 순이익율이 2.5% 정도이기 때문입니다.

이익을 내기는 어렵고 까먹기는 쉽다는 말을 흔히들 하고는 합니다. 맞는 얘기입니다. 100억 원을 팔아야 2억 5천만 원 이익 내기 쉽지 않은데 2억 5천만 원의 채권이 부도, 부실화되는 것은 순식간이기 때문입니다. 경영 활동에서 채권 회수의 비중은 그만큼 큰 것입니다. 영업하는 사람이나 채권을 추심하는 사람은 부실 채권의 역 승수 효과를 항상 염두에 두고 업무에 임하여야 하겠죠.

2.
거래처 신용을 파악해 가며 거래를 하여야 한다

경험치에 의하면 거래처의 20%는 부실화 가능성을 가지고 있습니다. 따라서 거래를 시작할 때와 거래 중에 채권 회수가 연체된다든지 거래처에서 거래 조건 변경을 요청한다든지 할 때 등의 거래처에 이상 징후가 있을 때는 거래처의 신용과 부실화 징후를 파악해 가면서 거래를 하여야 합니다.

거래처의 신용 조사와 부실화 징후를 파악해 보는 방법에는 재무적 요인에 대한 신용 조사, 비재무적 요인에 대한 신용 조사, 공적 장부의 열람을 통한 신용 조사가 있습니다.

(1) 재무적 요인에 대한 신용 조사

재무적 요인에 대한 신용 조사는 신용 정보 라인(조회 서비스)을 활용하는 방법과 자체 신용 평가를 하여 신용을 조사하는 방법이 있습니다.

신용 정보 라인을 통하여 재무적 요인, 신용 평점, 현금 흐름 등급을 알아 볼 수 있습니다. 또 신용 정보 라인의 조기 경보 시스템을 활용하여 거래처 신용 관리를 상시로 할 수도 있습니다.

사업자에 대한 신용 정보를 알아볼 수 있는 신용 정보 라인으로는 한국 기업 데이터의 CRETOP, NICE 평가 정보의 KIS LINE, NICE 디앤비의 CREPORT, 이크레더블의 WIDUSPOOL 등이 있고, 개인 신용 정보를 알아볼 수 있는 신용 정보 라인으로는 KCB의 All Credit이 있습니다.

자체 신용 평가는 일반적으로 지수 평가법을 활용하여 평가합니다. 거래처 재무 평가를 지수 평가법으로 평가를 할 때 거래처 재무제표는 거래처에서 받아 보는 방법 또는 금융감독원 — 전자 공시 시스템·중소기업 현황 정보 시스템 등을 통해 열람하는 방법으로 구해 볼 수 있습니다. 거래처 재무 비율과 비교하는 동종 업계 산업 평균 비율은 한국은행 홈페이지 — 경제 통계 시스템에서 구하여 봅니다.

(2) 비재무적 요인에 대한 신용 조사

현재 우리의 기업 환경이나 거래의 형태로 볼 때 실무적으로 재무적 요인의 신용 조사보다는 비재무적 요인의 신용 조사가 실무적으로 더 유용한 경우가 많습니다.

비재무적 요인에 대한 신용 조사는 기업의 사업 이력, 사업장, 경영자, 주위의 평판, 주요 거래처, 종업원에 대한 내용을 보고 신용을 파악하게 됩니다.

사업 이력 조사는 법인 등기부 등본, 사업자 등록증, 홈페이지를 보고 파악을 합니다. 카드 채권이나 금융 거래에서도 카드 회원이 된 기간이나 거래 기간이 짧은 경우에 연체자가 되는 확률이 높습니다.

어느 거래처든 그 업종에 사업 이력이 짧다면 아직은 신용이 검증되지 않고, 그러한 거래처에 대한 채권이 비교적 부실화될 확률이 높다고 보아야 합니다.

그러나 사업 이력만 길다고 무조건 신용이 비교적 양호하다고 볼 수 있는 것은 아닙니다. 사업 이력을 조사할 때는 이와 함께 설립일로부터 현재까지 자본, 매출액 변화 추이를 파악하여야 합니다.

사업 이력도 길고 현재 자본과 매출액이 증가 추세에 있는 거래처라면 신용 상태가 좋다고 보아야 하나 사업 이력은 길지만, 자본과 매출액이 감소 추세라면 신용 상태를 결코 좋게 평가할 수 없겠죠.

사업장 조사를 할 때는 사업장이 자가인지 임차인지를 파악하여야 합니다. 사업장이 자가인 경우는 기업이 비교적 안정적이라고 볼 수 있기 때문입니다.

사업장의 생산·판매 시설 규모와 청결을 파악합니다. 생산·판매 시설이 잘되어 있고 정리 정돈이 잘되어 있는 등 청결한 기업이 비교적 안정적이고 품질 수준도 높고 성장성, 수익성도 높은 기업으로 볼 수 있습니다.

필자는 일반 기업의 사무실을 방문할 때 습관적으로 게시판, 책상과 책상 위의 컴퓨터, 프린터, 파일 박스의 파일의 정돈 상태, 책꽂이에 꽂혀 있는 책의 종류와 발행 연도 등을 보게 됩니다. 이것만 보아도 그 회사의 신용을 어느 정도는 파악할 수 있었습니다. 게시판에 게시된 내용이 발전적이고, 책상과 컴퓨터, 프린터 중에 산 지 몇 년 되어 보이는 것도 있고 얼마 전에 새로 산 듯 보이는 것도 있고, 파일도 좀 오래된 파일도 있고 최근에 새로 정리한 파일도 보이고, 책도 몇 년 전에 산책도 있고 최근에 산책도 있다면 이러한 회사는 신용이 좋은 회사로 봅니다. 이러한 회사는 그만큼 사업 이력도 있고 재투자를 잘하고 있는 회사이기 때문입니다.

사업장의 입지 조건이 좋을수록 비교적 신용이 좋은 기업으로 봅니다. 사업장의 가치도 높고 또 재무 상황이 양호한 업체이기 때문에 입지 조건이 좋은 사업장을 차지할 수 있는 것이며 또 사업을 하는 데도 유리한 입지를 선점하고 있는 것이기 때문입니다.

경영자에 대한 조사는 우선 실제 경영자와 명의상의 경영자가 상이한가를 조사합니다. 중소 규모의 거래처인 경우에는 실제 경영은 소유자가 하면서 명의만 배우자나 친인척의 명의로 하는 등 타인의 명의로 하는 경우가 있는데 이렇게 운영되는 거래처는 신용에 문제가 될 가능성이 높습니다.

회사와 경영자에 대한 동종 업계 및 주위의 평판은 신용 조사의 중요한 요소로 필히 파악하여야 합니다. 동종 업계 및 주위의 평판이 거의 맞는 경우가 많고, 동종 업계 및 주위의 평판을 통하여 거래처에 대한 많은 정보를 습득할 수 있습니다.

거래처의 주요 거래처가 어느 거래처인지를 조사하여 보아야 합니다. 주요 거래처가 우량한 업체라면 우리의 거래처도 안정적일 가능성이 높습니다. 그러나 거래처의 주요 거래처들이 신용도가 취약한 업체들이라면 우리의 거래처도 신용에 문제를 야기할 가능성이 높습니다. 연쇄적으로 부실화를 초래할 가능성이 높기 때문이죠.

종업원에 대한 조사는 조직 분위기 및 종업원 사기를 조사합니다. 종업원들이 친절하고 정문에서부터 사무실까지 방문하기 편하고 좋은 기업이면 양호한 기업일 가능성이 높습니다. 거래처의 종업원들이 전화 받는 예절만 보아도 그 거래처의 신용을 어느 정도는 파악할 수 있습니다.

종업원의 평균 근속 연수가 8년 이상이면 신용이 좋은 기업으로 봅니다.

종업원의 평균 근속 연수가 2~3년 이하일 경우는 조직의 안정성이 낮은 것으로 봅니다. 종업원들이 회사에 오래 근무하지 못하는 기업은 그만큼 근무 여건이 좋지 않다는 것을 의미하며, 또 그러한 기업은 조직도 안정화되지 못하여 정상적인 경영이 어렵게 됩니다.

(3) 공적 장부의 열람을 통한 신용 조사

공적 장부의 열람에 의한 신용 조사를 할 때는 회사와 대표자의 소재지와 거주지의 부동산 등기부 등본, 자동차 등록 원부, 법인 등기부 등본을 열람하여 보고 신용 상태를 파악합니다.

부동산 등기부 등본과 법인 등기부 등본은 대한민국 법원 홈페이지의 인터넷 등기소에서 열람이나 발급을 할 수 있으며, 자동차 등록 원부는 정부(민원) 24에서 열람이나 발급이 가능합니다.

사업장과 대표자의 소재지와 거주지 부동산 등기부 등본 열람을 하였을 때 부동산 등기부 등본에 소유자가 모두 회사와 대표자로 되어 있다면 비교적 신용이 좋은 것으로 볼 수 있겠고, 회사 사업장이나 대표자 집 모두가 타인 명의라면 일단은 신용이 취약한 것으로 볼 수 있습니다.

그리고 자가 소유든 임차든 간에 그것이 어떤 물건인지를 파악합니다. 예를 들어 사업장이 자가라고 하더라도 사업장의 평수가 20평이 안 되는 경우와 사업장이 임차인데 사업장의 평수가 2,000평이 넘는 경우가 있다고 하면 이때는 사업장 2,000평을 임차하고 있는 경우가 오히려 신용이 좋다고 볼 수도 있기 때문입니다.

또 자가 소유라고 하더라도 부동산 등기부 등본에 권리 관계가 복잡하게 나타나 있는 경우에도 거래처 신용은 좋지 않다고 보아야 합니다.

여기서 권리 관계는 현재 살아 있는 권리 관계뿐 아니라 말소된 권리 관계도 복잡하게 나타나 있다면 신용에 문제가 있다고 보아야 합니다. 예를 들어 부동산 등기부 등본에 과거에 가압류가 등기되었다가 말소되고, 가압류가 등기되었다가 말소되고 한 건수가 2건 이상 있다면 그 거래처의 신용은 결코 좋다고 볼 수 없기 때문입니다. 그러므로 대한민국 법원 홈페이지 인터넷 등기소에서 부동산 등기부 등본을 열람할 때에도 말소 사항 포함으로 열람을 하여야 합니다. 그리고 부동산 등기부 등본의 권리 관계에서 권리자 즉, 가압류의 채권자, 근저당권의 채권자가 제3금융권이나 개인이라면 제3금융권이나 개인에게 돈을 빌린 이력이 있는 회사이므로 자금 조달에 문제가 있을 수 있습니다. 이러한 거래처는 유동성에 문제가 될 소지가 많은 거래처입니다.

자동차 등록 원부에서도 부동산 등기부 등본에서처럼 물건이 어떤 물건인지의 여부와 권리 관계 그리고 권리자(채권자)가 누구인가를 가지고 거래처의 신용을 파악합니다.

그런데 거래처의 신용이 악화하고 있을 때 부동산 등기부 등본보다 자동차 등록 원부에 거래처 신용의 악화 징후가 더 빨리 나타납니다. 채권 관리를 하다가 보면 고의 부도를 내는 거래처를 많이 보게 됩니다. 고의 부도는 보통 6개월 이상 준비 단계를 거쳐 내는 경우가 대부분인데, 이 준비 단계 기간에는 남에게 줄 돈은 안 주고 자기가 챙길 돈을 다 받아 내는 형태를 띠게 됩니다. 이때는 세금도 거의 내지 않습니다.

지방세가 체납되었을 때 지방 자치 단체에서 압류하기 제일 간단한 물건은 무엇일까요? 그것은 자동차입니다. 자동차 등록 원부는 시·군·구청에서 관할하기 때문입니다.

따라서 거래처에서 고의 부도를 준비하고 있다든지 거래처 신용이 악화하고 있을 때라면 자동차 등록 원부를 열람 및 발급받아 보면 지방 자치 단체 등에서 압류한 근거가 남아 있게 됩니다. 법인 등기부 등본도 부동산 등기부 등본과 마찬가지로 말소 사항을 포함하여 열람하여야 합니다. 법인 등기부 등본에서는 자본금 그리고 이사의 변동에 관한 현황을 파악할 수 있습니다. 자본금은 재무 상태표에서도 확인할 수 있지만, 법인 등기부 등본에서도 볼 수 있습니다. 자본금은 매출액의 1/5~1/15이면 건전한 회사라고 보고 있습니다.

이사의 변동에 관한 사항도 법인 등기부 등본에서 확인이 가능한데 이사의 변경이 빈번한 경우 신용에 문제가 있다고 봅니다. 그리고 거래처가 부실화될 때에는 이사나 대표 이사가 바뀌는 경우가 많습니다.

3.
채무 이행 심리

채무자는 채무를 갚기로 한 날로부터 1~2개월 이내에는 채무를 갚아야겠다고 생각하다가도, 3개월 정도만 지나면 견딜 때까지 견뎌 보자는 심리 상태로 바뀌며, 6개월 정도가 지나면 채무를 갚을 의지가 더욱 희박하여지고, 1년이 지나면 채무를 갚고자 하는 의지가 거의 소멸합니다.

이렇게 누구든 채무를 부담하는 경우에는 초기에는 채무를 갚아야겠다고 생각하다가도 시간이 흐르면 흐를수록 채무 이행에 대한 의지가 희박하여집니다.

아마도 성인이 아니라면 사람이란 누구나 망각을 하게 되어 있는 것이기 때문에 이러한 심리를 가지고 있다 하여도 과언이 아닐 것입니다.

따라서 채권은 적기에 회수하여야 하는데 연체가 되더라도 변제 기일로부터 2개월 내에는 회수를 완료하여야 합니다.

4.
심리 기법을 활용한 채권 회수

채권은 독촉만 한다고 하여 회수되는 것이 아니고, 오히려 독촉을 잘못하였다가는 상대방과 감정만 상하게 됩니다. 사람은 감정의 동물이고 채권은 사람으로부터 회수하는 것이지요.

따라서 채권을 회수할 때는 상대방의 감정을 상하지 않게 하면서 변제 의사를 갖게 하여야 합니다.

(1) 채권 회수 절차

채권 회수 목표를 효과적으로 달성하기 위해서는 체계적인 절차에 의하여 회수 활동을 하여야 합니다. 회수 활동이 산만하게 되어서는 회수 목표를 효과적으로 달성할 수 없을 것이기 때문입니다.

채권 회수는 다음과 같은 절차에 의하여 이루어집니다.

채무자가 갚기로 한 날(변제 기일)의 3~8일 전쯤에 SMS를 보냅니다. 이때는 인사말, 변제 기일이 3~8일 후에 도래한다는 문구, "변제 기일에 송금을 잘 부탁합니다."는 문구의 순으로 작성하여 보냅니다.

변제 기일(변제 약정일)이 되면 변제 기일에 반드시 변제 청구를 합니다. 변제 기일에 청구하였는데 이때 변제가 되지 않으면 다음 변제 기일을 약속받습니다. 그리고 다음 변제 기일이 되면 또 그 날짜에 필히 변제 청구를 하여야 하며 이러한 절차를 회수가 될 때까지 반복합니다.

위와 같은 정상 절차에 의하여 회수 가능성이 없고 회수 진행이 잘 안 되면 임의 회수의 방법을 활용합니다.

임의 회수의 방법으로는 연대 보증인 및 물상 보증인에의 청구, 채무자 수

시 방문, 연대 보증·채권 양도·물품 양도의 요구 등이 있습니다.

임의 회수 방법으로도 여의치 않으면 강제 회수 방법을 활용하는데 보통은 강제 회수하기 전에 독촉장을 보내 줍니다. 독촉장에는 일정한 기간 내에 변제를 할 것을 기재하고, 일정한 기간 내에 변제를 하지 않게 되면 법 조치 등 어떠한 조치를 할 것을 명기합니다.

독촉장에 의한 독촉을 하였을 경우에 채무자가 협상을 요청하게 되면 그에 응하여 채권 회수를 하면 됩니다. 독촉장에 의하여 변제 독촉을 하였는데도 일정한 기간까지 채무자의 반응이 없다면 독촉장에 기재한 대로 가압류, 지급 명령이나 소 제기, 경매 신청, 채권 압류 및 추심 명령이나 전부 명령, 채무 불이행자 명부 등재 신청, 재산 명시 등 법 조치를 하여 채권을 회수합니다.

(2) 채권 회수 방법

채권을 적기에 회수하는 것은 채권 관리뿐 아니라, 거래 관계를 원활하게 유지하여 나가는 데도 매우 중요합니다.

거래처에 채권을 변제하라고 독촉하게 되면 거래처의 감정을 상하게 하여 거래처를 잃을 수도 있다고 생각하기 쉽습니다.

물론 회수 활동 과정에서 너무 심하게 독촉하는 인상을 주어 거래처의 감정을 상하지 않도록 유연하게 회수 활동을 하여야 합니다.

채권 회수를 잘하여 채권의 규모가 비교적 적은 경우라면 채권자와 채무자 모두 별 부담 없이 거래할 수 있습니다.

그러나 채권 회수를 등한히 하여 매출 채권 규모가 눈덩이처럼 불어난다면 채권자와 채무자 모두 거래 관계에 관해 부담을 갖게 되고, 심한 경우에는 채무자가 채무 변제와 거래 관계를 포기하는 사태에까지 이르게 됩니다. 오히려 변제 요구를 등한히 하여 부실 채권도 발생시키고 거래도 중단하게 되는 결과를 초래하게 되는 것입니다.

매출 확대를 위하여 또는 경쟁사와의 경쟁에서 우위를 점하기 위하여 채권 회수를 느슨하게 한다면 채무자는 갚고자 하는 생각이 점점 약해질 것이고, 매출을 확대해야 되는 채권자의 약점이라도 알게 된다면 채무 이행을 점점 더 지체하게 될 것입니다.

그러다가 채무액이 채무자가 감당하기 어려운 수준까지 이르게 되면 회사와 채무자 모두가 부담을 갖게 되고 정상적인 거래 관계를 유지하기가 어려워지게 되겠죠.

채권 회수 활동을 잘하여 채권 규모를 적절히 유지하게 되면 그것이 결국에는 판매 확대와 우량 거래처를 유지하는 데도 도움이 됩니다.

채권을 효과적으로 회수하기 위해서는 우선 변제 기일(변제 약정일)을 명확히 하는 것이 중요합니다.

채권을 회수하는 데 있어 채무자에게 전화 통화나 방문을 하는 목적은 채권 회수를 받거나 변제 약속을 받는 것 둘 중의 하나입니다. 변제 약속을 받는 것은 채무자의 채무 지급 의사를 확보하는 것인데 이것은 채권 회수에서 매우 중요합니다.

변제 기일이 정해지면 반드시 변제 기일에 거래처를 방문하거나 전화를 하여 거래처에 채무 변제를 요청하여야 합니다. 이것이 채권을 회수하는 가장 중요한 포인트입니다. 즉, 변제 기일을 지나쳐서는 안 되며 반드시 변제 기일에 거래처에 변제할 것을 요구해야 합니다. 변제 기일에 변제 요청을 하는 것과 변제 약정일 며칠 후에 변제 요청을 하는 것은 채무 이행 심리의 강도에 있어 큰 차이가 있습니다. 변제 기일의 며칠 후가 아니라 상당 기간 후에 변제 요청을 하는 경우에는 채무자의 채무 변제 의지를 거의 끌어낼 수가 없습니다. 극단적으로는 채무자가 약속한 사실 자체를 기억하지 못하는 경우도 있습니다.

8월 10일에 2,000만 원을 받기로 하였다면 8월 10일 오전에 변제 청구를 하여야 합니다.

만약 채무자가 1차 변제 기일에 변제 약속을 지키지 못하게 되었다면 채무자는 '약속을 어겨서 미안하다'는 말과 함께 '변제 기일을 연기해 달라'고 요청할 것입니다.

이때 연기해 주는 기간이 15일이 넘어서는 안 됩니다. 15일이 넘게 되면 심리적으로 채무 변제 의지가 느슨하여집니다. 15일이 넘게 되면 채무 이행 의지가 희박해지는 것이죠.

심리 기법을 활용한 회수 기법은 채무 이행 의사의 긴장도(Tension)를 유지해 가는 것이 무엇보다도 중요합니다. 따라서 연장은 해 주더라도 연장 기간이 15일이 넘어서는 안 됩니다. 예를 들어 연기하여 주는 기간이 30일이라고 가정하여 보죠. 30일 후에도 채무자가 과연 지급 의사를 약속한 시점과 동일하게 또는 비슷하게 유지해 갈 수 있을까요? 아마도 거의 그렇지 못할 것이고 앞에서도 언급했듯이 극단적인 경우는 약속한 그 자체를 잃어버릴 수도 있을 것입니다.

따라서 변제 기일을 연장하여 주더라도 1차 변제 기일로부터 15일이 넘지 않게 2차 변제 기일을 약속받아야 합니다. 또 이때는 채무자 입장에서는 1차 변제 기일에 변제를 못한 것에 대한 부담과 미안함도 있기 때문에 15일 안으로 당겨 약속받는 것이 가능합니다.

이렇게 2차 변제 약정일이 정하여지면 1차 변제 약정일에서와 같이 변제 기일에 필히 변제를 요구하여야 합니다.

그런데 만약 2차 변제 기일에도 채무자가 지급할 수 없는 상황이라면 채무자의 심리 상태는 어떨까요? 1차 때보다 심리적 압박감이 더 클 것이고 채권자에게도 '다음번에는 귀사에 대한 채무를 최우선으로 변제를 하겠으니 연장을 하여 달라'고 요청을 할 것입니다.

최우선으로 변제를 하여 주겠다는 것은 우리 채권이 채무자의 채무 중에서 다른 채권자들의 채권보다 변제 순위에서 앞서 있다는 것을 의미하는 것이죠. 이것은 그만큼 채무자의 우리 채권에 대한 변제 의지가 강함을 나타내는 것입니다.

이렇게 3차 약정일이 정하여지면 3차 변제 기일에도 동일한 방법으로 변제 요청을 합니다.

이런 방법으로 회수하게 되면 3~5회 연기가 되기 전까지는 회수가 가능하여집니다. 즉, 변제 약정일로부터 1~2개월 내에는 회수가 완료되는 것입니다.

그리고 이때 채무자로부터 '늦게 변제를 하여서 미안하다'는 말과 함께 '우리 사정을 봐주어서 고맙다'는 얘기를 듣게 될 것입니다.

이렇게 되면 채권 회수도 성공적으로 할 수 있고 거래처와 거래 관계도 좋게 가져갈 수 있습니다.

채권 규모를 가볍게 가져가면 가져갈수록 거래처와 거래 관계는 원활하게 이루어지는 것이며 따라서 판매액도 증가하게 됩니다.

(3) 전화 통화 방법

채권 회수 활동은 방문하여 이루어지는 경우도 있지만 많은 경우에는 전화 통화를 통하여 이루어집니다. 그러므로 전화 통화를 통한 회수 기법은 회수 활동에서 중요한 위치를 차지하는 것입니다.

전화를 통화할 때에는 합리적, 이성적 자세를 가지고 통화를 하여야 합니다. 큰 목소리보다 작은 목소리가 더 설득력을 줄 수도 있습니다. 할 말과 하지 않을 말을 미리 생각하여 보고 통화를 하여야 합니다. 성인이면 합리적이고 맞는 말이라면 수긍을 합니다. 채권 회수는 채무자가 지급할 의무를 수긍하는 데서 즉, 지급 의사를 갖는 데서 시작하는 것임을 명심하여야 합니다.

통화 중 절대 다툼이 되어서는 안 됩니다. 채권을 회수하는 것은 논쟁의 대상이 아닙니다. 특별한 경우를 제외하고는 채권은 당연히 회수할 권리가 있는 것입니다. 그럼에도 다툼이 되면 '지불해 주지 않겠다', '어디 두고 보자. 절대 지불해 주지 않겠다'는 반발심만 불러일으킬 수 있습니다.

전화 통화 시간은 상황에 따라 장단을 조정하여야 합니다. 채무자가 충분한 지급 의사를 가지고 있는 경우에는 짧게 통화하는 게 좋습니다. 이때 통화 시간이 길어지면 오히려 무리수가 생길 수 있습니다. 지급 의사를 가지고 있는 경우란 변제 일자를 약속하는 등의 의사를 표하는 경우를 말합니다.

채무자의 지급 의사가 적거나 없는 경우에는 통화가 다소 길어지더라도 끈질기게 설득할 필요가 있습니다. 단, 이때도 논쟁으로 흐를 염려가 있는 경우에는 통화를 가능한 한 빨리 마무리하는 것이 좋습니다.

변제 독촉은 단도직입적으로 한다. 즉, 상대방이 "……지급할 형편이 안 되어서" 등의 말을 하기 전에 "채무 변제를 약속하신 날이라 전화를 드렸습니다."라고 단도직입적으로 하여야 합니다. 절대 머뭇거려서는 안 됩니다.

그리고 그 후 상대방이 사정을 얘기하면 빨리 지급을 하는 것이 결국 이익임을 설득하고 그 방법에 대해 조언을 하여 줄 수도 있습니다. 또 상대방이 머뭇거리며 확답을 못하는 경우에는 " ……한 방법(분할 지급 방안 등)으로 생각해 보시는 것은 어떨는지요."와 같이 방안을 제시해 주는 것도 한 방법이죠.

전화 통화를 하려면 언급해야 할 목록을 준비하고 채무자의 의중을 예상해 보고 하여야 합니다. 이렇게 하면 전화 통화를 통한 회수 활동의 효과를 배가시킬 수 있습니다. 전화할 때는 집중해야 하고 약속을 하는 경우 등 협상 내용은 필히 메모해야 합니다.

통화의 목적은 채무 변제를 받는 것과 채무 변제 약속을 받는 것입니다. 이 두 가지 목표 중에 하나를 달성하지 못한다면 통화한 의미가 없습니다.

채무 변제를 받지 못한다면 채무 변제 약속이라도 필히 받아 놓아야 합니다.

이 둘 중의 하나를 얻어야 전화 통화를 통한 회수 활동의 효과를 달성하는 것입니다. 전화 통화는 무조건 하는 것이 아니고 상당한 준비를 가지고 하는 것임을 다시 한번 명심하여야 합니다.

(4) 협상 기법

협상을 할 때는 합리적으로 하여야 합니다. 합리성에 대하여 반대의 입장을 표할 채무자는 거의 없을 것입니다. 우리가 합리적으로 협상에 임한다면 채무자도 채무를 변제하거나 변제 약속을 이행할 생각을 갖게 됩니다.

채권자는 채권을 회수하려고 할 것이고 채무자는 채무 유예를 받고자 할 것입니다. 이럴 때 서로가 자기의 주장으로 일관하려고 한다면 이는 협상을 어렵게 할 것입니다. 협상할 때는 유연하게 채권자와 채무자 모두에게 득이 되는 서로 Win-Win 하는 방향으로 협상하여야 합니다. 이러한 채무자와의 협상의 결과 채무자가 감당할 수 있고 채권자에게 크게 불리하지 않은 한도에서 결정됐다면 이는 협상에 성공했다고 볼 수 있습니다. 채무자의 입장에서 생각한다면 의외로 문제가 쉽게 해결되는 경우가 있습니다.

협상할 때는 먼저 얘기를 하여야 합니다. 채무자에게 채무 변제를 먼저 요청하는 것 또한 중요한 포인트입니다. 이렇게 하여야 협상을 리드해 갈 수 있습니다.

만약에 채권자가 채무자에게 채무 변제를 요청하기 전에 채무자가 먼저 사정 얘기를 한다든가 물품이나 용역의 하자 등으로 트집을 잡는다면 채무자와 협상하는 효과가 반감될 것이며, 심한 경우에는 그 효과가 거의 없을 수도 있기 때문입니다.

채권 회수 협상에서는 강압적인 태도보다는 채무자에 대한 이해와 동정의 감정으로 임할 때 의외로 성공하는 사례가 많습니다. 사람은 감정의 동물이기 때문입니다.

채무자가 비열하게 속이거나 부도덕하게 행동하는 경우라 하더라도 강압적으로 협상을 하는 것보다는 채무자에게 그 잘못을 솔직히 지적하는 것이 좋습니다. 그렇게 하면 채무자도 자기의 잘못을 수긍할 것입니다.

채무자에게 채무 변제를 요청할 때는 논리적이어야 하며 협상은 끈기 있고 집요하게 하여야 합니다. 노력 없는 결과물은 없는 것이죠. 그래야 채무자도 채무 변제를 기피하다가도 변제를 할 수만 있다면 변제를 하고 재기를 모색하는 것이 자신에게 좋다는 것을 깨닫게 됩니다.

5.
기본이 결과물을 만든다

모든 일이 그러하듯 채권 회수에서도 기본을 지켜 가며 업무를 해 나가는 것이 무엇보다도 중요합니다. 문제는 난해하거나 복잡한 업무에서 발생하는 것이 아니라 기본을 지키지 않는 데서 발생하는 경우가 대부분입니다.

채권의 부실화를 방지하고 채권 회수도 잘하면서 거래처와 거래 관계를 잘 맺어 가기 위해서는 아래와 같은 기본 사항을 잘 지켜야 합니다.

- 거래처의 신용을 파악해 가며 거래를 하여야 합니다.
- 항상 채무 이행 심리를 염두에 두어야 합니다.
- 채무 변제 기일(변제 약정일)을 명확한 날짜로 정해서 받아야 합니다.
- 약속된 변제 기일에 반드시 변제를 요청합니다.(변제 기일을 지나쳐서는 안 됩니다.)
- 채권 회수와 관련한 협상에서는 채무자가 핑계 등을 얘기하기 전에 먼저 청구합니다.(먼저 얘기를 하여야 하죠.)
- 채권 회수 협상 과정에서 언성을 높이거나 다툼이 되어서는 안 됩니다.

여기서 제시한 채권 회수 방법대로 회수 활동을 한다면 채권 회수를 성공적으로 해 나갈 수 있을 것입니다.

마케팅은
하나입니다

영화를 보면 무림 고수들은 ○○ 파, □□ 파, ×× 파 등등 하면서 누가 더 우수한 무술인가를 확인하려고 끝없이 다툽니다. 그래서 툭하면 싸우고 결투를 하고 와르르 몰려가서 상대의 문파를 박살 내기도 합니다. 그 뒤엔 자신이 똑같이 당하기도 하지요.

열일곱 분의 권법을 어떻게 보셨습니까? 서로 접근하는 각도가 다를지라도 마케팅에 대한 근본적인 생각은 동일합니다. 바로 고객, 가치, 열정, 도전, 혁신의 단어입니다. 마케터로서 갖추어야 할 덕목이며, 당연한 역량입니다. 마케팅 무림은 어느 문파인가가 중요하지 않지요. 마케팅은 널리 사람을, 나아가 사회를 이롭게 하는 것이 본질이기 때문입니다.

원고를 작성하여 주신 K-마케팅포럼 열일곱 분의 교수님, 고맙습니다. 그리고 다들 꺼리는 복수 저자의 원고를 선뜻 출판하겠다고 나서 주신 두산동아 후배님인 이노다임북스 민정홍 대표님 고맙습니다.

K-마케팅포럼은 마케팅을 잘하고 싶은, 마케팅이 꼭 필요한 마케터 분들에게 더 좋은 강의와 컨설팅을 제공하도록 노력하겠습니다. 이번 출간을 계기로 교수님들의 경험과 지식이 듬뿍 담긴 마케팅 권법을 지속적으로 알려드리겠습니다.

임석빈

출처 및 참고 문헌

PART 1. 마케팅의 시작은 고객에 대한 통찰력에서부터

1장. 본질을 꿰뚫는 마케팅을 하라

1 잭 웰치,《끝없는 도전과 용기》, 이동현 역, 청림출판, 2001

2 로저 맥나미, 데이비드 다이아몬드,《New Normal : 부와 비즈니스가 움직이는 새로운 기준》, 정경란 역, 한언, 2005

3 마크 펜, 메러디스 파인만,《마이크로트렌드 X》, 김고명 역, 더퀘스트, 2018, p.22

4 김진영,《헬로 데이터 과학》, 한빛미디어, 2016, p.51

5 아이 뉴스,《빅 데이터 마케팅으로 매출 12% '쑥'》, 2018. 01. 01.

6 케빈 켈리,《기술의 충격(What Technology Wants)》, 이한음 역, 민음사, 2010, p.327

7 구자룡,《지금 당장 마케팅 공부하라(최신 개정판)》, 한빛비즈, 2019, p.55

2장. 마케팅과 영업의 사랑과 전쟁

• Morten T. Hansen,《Collaboration》, 2011

3장. 브랜드 혁신을 위한 소비자 이해하기와 통찰력

1 Belk, Russell W. (1988), "Possession and the Extended Self", The Journal of Consumer research, vol(15), No.2, pp. 139-168

2 Blackwell et.al.(2006), Consumer Behavior, 10th ed. pp. 70-71, Thomson Higher Education.

3 Blackwell et.al.(2006), Consumer Behavior, 10th ed. pp. 101-102, Thomson

Higher Education.

4   Park, C. W., & Mittal, B. (1985). A Theory of Involvement in Consumer Behavior: problems and Issues. In , Research in Consumer Behavior (pp. 201-232).

5   D. J. MacInnis & B. J. Jaworski (1989), "Information Processing from Advertisements," Journal of Marketing, 53, pp. 1-23

6   Abraham H. Maslow, Motivation and Personality, 2nd ed (New York) ; 생리적 욕구, 안전 욕구, 사회적 욕구, 이기적 욕구, 자아실현 욕구

7   C. Whan Park et al.,(1986), "Strategic Brand Concept-Image Management," Journal of Marketing, October, pp. 135-145 ; Functional, Symbolic, Hedonic Needs

8   Andrew A. Mitchell(1979), "Involvement: A Potentially Important Mediator of Consumer Behavior," Advances in Consumer Research, vol 6, pp 216-217

9   G. R. Dowling(1986), "Perceived Risk: The Concept and Measurement," Psychology and Marketing , fall, pp. 193-210

10   Blackwell et.al., Consumer Behavior 10th ed. pp. 71-74, Thomson Higher Education

11   Hoyer & MacInnis,(2008), Consmer Behavior, 5th ed. South-Western, Cengage learning

4장. 마케터의 오해

- 스즈키 도시후미,《최악의 불황에도 팔리는 건 팔린다》, 김경인 역, 월컴퍼니, 2015
- 마스다 아키코,《무인양품 보이지 않는 마케팅》, 노경아 역, 라이팅하우스, 2017
- 김지헌,《가치를 사는 소비자 공감을 파는 마케터》, 갈매나무, 2016

- 홍성준,《차별화의 법칙》, 새로운 제안, 2005

- 시어도어 레빗,《마케팅 상상력》, 이상민, 최윤희 역, 21세기북스, 2016

- 황부영, 변성수,《뷰 마케팅》, 갈라북스, 2014

- 대원제약, 신개념 짜먹는 감기약 '콜대원' 출시,《한국경제신문》, 2015년 9월 14일자 기사

- '정도 영업으로 미국 4위 증권사가 된 에드워드 존스',《매일경제신문》, 2017년 5월 9일자 기사

- ㈜한라 공식 블로그,《좋은 기업 문화 소개, 에드워드 존스》, 2014년 7월 4일

- 라이터스 편집부,《세계 생명 보험의 최강자 푸르덴셜》, 라이터스, 2006

- 일본 다이소 '괴짜 사장' 야노 히로타케 성공 스토리,《비즈한국》, 2017년 11월 24일자 기사

- CEO 열전 야노 히로타케,《인터비즈》, 2018년 2월 14일자 기사

PART 2. 마케팅의 실행은 열정과 프로세스

6장. 누구를 위하여 종을 울리나 – TARGET, TARGET이다

- 코틀러(Kotler),《마케팅 원리(제16판) Principles of marketing》, 안광호, 유창조, 전승우 공역, 시그마프레스

- 이학식, 안광호, 하영원 공저,《소비자 행동-마케팅 전략적 접근 6판》, 집현재

7장. 신제품 개발 성공의 맥

- Cooper, R. G.(1993), Winning at New Product: Accelerating the Process from Idea to Launch, MA, Addison-Wesley Publishing Co.

- Kotler, Philip & Keller Kavin Lane.(2007), Marketing Management, 12th ed., Prentice Hall

- Ulrich, K.T. and Eppinger(2004), S.D. "Product design and Development, Third Edition", McGraw-Hill.

- 백성순, "기업의 자산 관리 정책으로서 신제품 개발의 성공 요인에 관한 연구", 경기대학교 서비스 경영 전문 대학원 경영학 석사 학위 논문, 2015

PART 5. 알아두면 쓸모 있는 마케팅 팁

16장. 마케팅은 프레임이다 : 마케팅 프레이밍(Marketing Framing)

1   Tversky & Kahneman, the framing of decisions and psychology of choice : Science, 1981

2   Al Ries & Jack Trout, "The Positioning Era", 1972, Advertising Age

3   《생각에 대한 생각》, 김영사, 2012

저자 소개

PART 1. _____

1장. 구자룡

경영학 박사. 본질을 꿰뚫는 밸류 크리에이터이며, 마케팅 & 브랜딩 전문기관인 밸류바인 대표 컨설턴트이다. 마케팅 컨설팅과 코칭, 그리고 강의와 연구 활동을 하고 있다. 상명대학교, KPC(한국생산성본부), 멀티캠퍼스 및 삼성전자, 삼성금융캠퍼스, 한국야쿠르트 등에 출강하고 있다. 저서로는 《지금 당장 마케팅 공부하라(최신 개정판)》, 《마케팅 리서치(개정판)》, 《공공 브랜드의 전략적 관리》, 《한국형 포지셔닝》 등이 있다.

koo@valuevine.kr
www.facebook.com/KooJaRyong
blog.naver.com/marketing_study

2장. 유희복

한양대학교 경영학 석사 과정을 수료하고, 1994년 동서경제연구소를 시작으로 마케팅 전략 수립 컨설턴트로 활동하다가 이후 아데코코리아 등에서 마케팅 실무를 5년간 경험하였다. 엑스퍼트컨설팅을 거쳐 2007년부터 현재까지 12년 동안 약 900여 개 기업에서 마케팅과 영업 분야의 강의와 컨설팅을 진행해 오고 있으며, KPC(한국생산성본부) 및 알파코를 비롯한 여러 기관에서 연구위원으로 활동하고 있다. 세일즈사이언스연구소를 운영하며, 최근에는 2018년 중소기업진흥공단 영업 분야 NCS 평가위원으로 위촉되어 활동하고 있다.

lifecoach@naver.com

3장. 유성덕

20여 년간 국내 생활용품 회사와 다국적 기업 등에서 영업과 마케팅 임원으로 지냈고, 현재는 21C 소비자행동경제연구소 소장이며, 경희대학교 경영대학원 MBA 과정 겸임교수로 있다. KPC(한국생산성본부) 마케팅 전략 및 브랜드 커뮤니케이션 담당 전임교수이기도 하다. 마케팅과 브랜드 분야의 전략통으로, SK, 동원, 한국농수산유통교육원, 진학사, 이녹스 등에서 강의와 KOT, 대호아이앤티 등 강소기업을 위한 컨설팅을 하고 있다.

saintdyu@gmail.com

4장. 황부영

브랜딩 관점으로 인생관을 정립하는 '라이프 브랜딩(Life Branding)'에 관심을 가지고 있는 저자는 '심오한 진실을 담고 있는 것처럼 보이는 모호한 헛소리(Deepity)를 해대는 사기꾼'을 혐오한다. 1991년 제일기획에서 마케팅·브랜드 분야 업무를 시작했다. 이후 제일기획 마케팅연구소 브랜드 컨설팅 팀장, 넷밸류코리아 한국지사장 등을 거쳤다. 현재 ㈜브랜다임앤파트너즈 대표 컨설턴트로 일하고 있다. 고려대학교에서 심리학을, 동 대학 언론대학원에서 커뮤니케이션을 전공했다. 저서로는 《유니크 브랜딩》(역서) , 《뷰마케팅》(공저), 《마케터의 생각법》 등이 있다.

brandhwang@gmail.com

PART 2. _____

5장. 한석주

건국대학교 경영학 박사 과정을 수료하고, 1992년부터 현재까지 27년 동안 국내 주요 870여 개 기업에서 마케팅 강의를 해 오고 있으며, 기업의 마케팅 역량 강화 컨설팅 프로젝트도 활발하게 수행하고 있다. 마케팅성보전략연구소 소장과 한국생산성본부 마케팅 부문 지도교수, 중소기업 유통센터 평가위원으로 활동하고 있으며 '마케팅 전도사'로 불리기를 좋아한다. 저서로는 《머리를 쓰는 마케팅 마음을 얻는 마케터》 외 다수가 있다.

hsj6051@naver.com

6장. 임석빈

역사를 전공한 마케터이다. 금성사(현 LG전자)에서 특수 영업으로 시작하여 광고 회사 오리콤에서 광고와 마케팅을 배우고, 두산동아에서 마케팅과 신사업의 실전 마케팅을 체험한 마케팅의 넓이와 깊이를 공유한 마케터이다. 1993년 에이스침대의 '침대는 가구가 아닙니다' 캠페인의 전략을 수립하였다. 마케팅공화국(www.mrepublic.org)의 마케팅초등학교, 중학교 소비자 해부학 담임 선생님으로 지식 나눔을 실천하고 있다. 현재 따뜻한마케팅의 대표로 강의와 컨설팅을 진행하고 있다.

oriyim@naver.com

7장. 백성순

현재 ㈜리더스비투비 및 씨씨앤피(Creative Concept & Positioning) 컨설팅 대표로서 주로 신규 사업, 신제품 전략 부문의 컨설팅 및 브랜딩, 마케팅, 창업 분야 강의 및 기업 출강, 코칭을 하고 있다. 한국외국어대학교에서 경영학, 경기대학교 서비스경영대학원에서 MBA를 마쳤으며, 1987년 대상/청정원에 입사하여 마케팅, 기획, 영업 분야에서 20년간 경험을 쌓았으며, 이후 소디프B&F, 새론휠러 등을 거쳐 컨설팅 및 강의를 하고 있다.

ssbaik62@naver.com

8장. 노진경

경영학 박사. 세일즈마케팅연구소 대표. SMI와 데일카네기연구소에서 15여 년간 B2B, B2C 영업 업무를 수행하였다. 현재까지 13여 년간 한국생산성본부, 한국표준협회, 한국 HRD 교육센타 등에서 세일즈/영업, 마케팅 교육과 컨설팅, 코칭 업무를 수행하고 있다. 삼성서비스아카데미, 동원그룹, LG하우시스, 목우촌, 한국강소기업협회, 금오공과대학 등에서 세일즈, 마케팅, 세일즈 리더십, 영업 전략과 영업 협상 등의 강의를 하고 있다. 저서로는《영업 협상, 이렇게 준비하고 끝내라》,《B2B 영업 전략 시리즈》,《B2BC 영업 전략 시리즈》등 12권의 세일즈, 마케팅 관련 책을 집필하였다. 현재 ㈜ABM에서 영업 고문으로 활동하며, HRD 교육방송(http://hrdmaster.co.kr)에서 세일즈, 마케팅 관련 동영상으로 세일즈아카데미를 운영하고 있다.

luckyamc@naver.com

blog.naver.com/luckyamc

9장. 인덕수

MOT Partners 대표 컨설턴트. 1986년 럭키금성에 입사하여 LG, GS, LS로 계열 분리된 LS산전에서 24년간 다양한 업무를 통해 얻은 현장 지식과 충북대학교에서 경영학 박사 학위를 취득하며 얻은 이론을 겸비하여 2009년부터 기업 미래를 위한 전략 경영과 이를 구현하기 위한 마케팅, 전술적 영업 활동에 이르는 컨설팅과 교육을 진행하고 있으며 개인적으로는 원칙 중심의 삶에 관심이 많다. 저서로는《R&D 전략·기획 실무 매뉴얼》,《현장 산업재 마케팅》이 있다.

router114@naver.com

PART 3. _____

10장. 이은성

경희대, 연세대 경영전문대학원(경영학 석사)을 수료하고 대웅제약 마케팅부, 한국행동훈련원 전문위원을 역임한 후 한국 탑컨설팅 소장, ㈜성서원 대표 이사를 역임하여 이론과 실무를 경험하였다. 현재 ㈜알로에베라코리아 대표 이사 및 유네스코 서울협회 회장으로 활동 중이다. 매출 증대를 위한 영업 관리자 및 영업 사원의 능력 개발을 주제로 정평 있는 강의를 하고 있다.

tiorr@hanmail.net

11장. 김태욱

㈜스토리엔 대표이며 KPC, KMAC 홍보 마케팅 전임교수다. 오리온그룹, ADT캡스 홍보 팀장, 성신여대 외래교수를 지냈고, LG, SK, 롯데, 현대백화점, 법무부, 환경부, 국가공무원인재개발원, 서울산업진흥원, 경기복지재단, 충남문화재단 등에서 컨설팅과 강의를 했다. 저서로는《브랜드 스토리텔링》,《똑똑한 홍보팀을 만드는 실전 홍보 세미나》,《1인 기업 홍보 마케팅 전략》등 10권이 있다. 경제 주간지《이코노믹 리뷰》에 브랜드 스토리텔링 전문가 칼럼을 쓰고 있다.

twkim@story-n.net

www.pr0bang.com

12장. 정진혁

㈔국가지역경쟁력연구원에서 스마트농촌활성화센터 센터장을 맡고 있으며, 연세대 전기전자공학 석사를 졸업하고 LG전자에 입사하여 4G 기술 특허 출원, 스마트폰 사업 관련 업무를 수행하였고, 현재는 숙명여자대학교 빅데이터분석융합학과 객원교수를 맡고 있다.《더미에게 물어봐 - 페이스북 마케팅과 광고》를 번역하여 한국에 소개하였고, 명상과 IT 융합 서적인《퍼펙 타이밍 (2013)》의 공동 저자로 참여했다.

goodnvillage@gmail.com

PART 4. _____

13장. 함기수

경영학 박사. 종합 상사에 근무하며 27년을 해외 영업 분야에서 활동하였다. 그중 16년을 중화권 (홍콩, 베이징, 칭다오, 상하이)에서 주재원으로 생활하며, 해외 영업에서 세계인의 자질이 얼마나 중요한지를 실감하였다. 현재 명지대학교 겸임교수로 재직 중이며, 공공 기관과 기업체, 대학 등에서 해외 영업과 관련된 강의를 하고 있다. 저서로는《중국, 주는 만큼 주는 나라》가 있다.

ksham11@naver.com

14장. 전철호

대기업과 중소기업에서의 근무 경험을 통하여 해외 시장 진출 시 필요한 준비와 절차, 그리고 방법 등을 터득하게 되었으며, 이를 토대로 국내 기업들이 해외 마케팅과 시장 다변화를 꾀할 수 있도록 수출 지원 기관들의 무역 자문 위원으로 활동하였다. 현재 한국생산성본부 마케팅 교수, 중소벤처기업부 경영지도사, 솔빛컨설팅 대표 컨설턴트로 활동하고 있다.

junipa91@daum.net

15장. 김종원

서강대학교 영어영문학과 졸업, 서울시립대학교 국제통상학 석사, 1983년 (주)대우에 입사하여 리비아 지사에서 2년간 근무하였고, 한라자원(한라그룹) 신사업 팀장, 효성물산 중전기 팀장을 역임하였다(무역 업종에 총 34년 경력 보유). 1999년부터 한돌무역컨설팅을 운영 중이며 한국생산성본부 등에서 글로벌 소싱, 국제 입찰 실무(B2G) 등을 강의 중이다. 저서로는《수출입 쉽게 잘하는 무역의 모든 것》,《무역 계약 서식》,《아차 실수 대박 손해 비즈니스 영어 상식 99가지》가 있다.

road120@naver.com

blog.naver.com/pprocure

PART 5. _____

16장. 황순영

(주)제일기획 부국장을 역임하였으며, 현재 (주)한국프레이밍연구소 대표, 세명대학교 겸임교수로 활동하고 있다. 저서로는《우리만 모르고 있는 마케팅의 비밀》(범문사, 2003),《프레이밍 : 마음을 훔치는 안경》(로그인, 2012),《여론 조작이 파묻은 경제 민주화》(이북스펍, 2013) 등이 있고, 수상 경력으로 제22회 정진기언론문화상(매일경제신문사, 2004)과 제9회 금융 정보 보호 공모 논문 부문 수상(금융감독원, 2014)이 있다.

soonian1004@naver.com

17장. 최흥식

LS전선에 근무하였고, 우리나라에 건전한 신용 거래가 정착되는 데 기여하고자 하는 마음으로 채권 관리와 채권 회수 방법을 전하고 있다. 현재 한국생산성본부, 중소기업연수원, 상장회사협의회 등에서 강의를 하고 있고 기업체, 대학교, 금융 기관 등에서 다수의 강의를 진행하였다. 3S 컨설팅 대표 컨설턴트, 깨끗한나라의 감사로 근무 중이다. 저서로는《한 권으로 끝내는 채권 관리와 회수》,《실무자들이 가장 애매해 하는 채권 회수》,《채권 관리와 회수를 위해 꼭 알아야 할 것들》등이 있다.

3sconsulting@hanmail.net

17인의 마케팅 전문가가 전하는 마케팅 이야기

마케터, 마케팅을 말하다

초판 1쇄 인쇄 2019년 11월 20일
초판 1쇄 발행 2019년 11월 30일
지은이 K-마케팅포럼 (임석빈 외 16인)
펴낸이 민정홍
펴낸데 이노다임북스
디자인 이로울리디자인
등록 제324-2014-000049호
주소 서울시 강동구 고덕로 97길 29
전화 02-426-7960
팩스 070-4130-7960
전자우편 innodigmbook@naver.com
블로그 http://blog.naver.com/innodigmbook

ISBN 979-11-953633-8-4 13320